高等学校 真正《ほんもの》の学び、授業の深み

―授業の匠たちが提案するこれからの授業

石井英真 編著

はしがき

「高校の授業」の可能性と愉しさを探究する

今般の学習指導要領をめぐる議論では、特にアクティブ・ラーニングや「主体的・対話的で深い学び」「探究」等がキーワードとなり、大きな話題を呼び、高校にもこの流れは大きな影響を与えています。そして2022年度からの本格実施を迎え、高校でも「授業改善」という言葉は定着しつつあります。しかし一方で、まだまだ旧来型の一方的な講義型授業や、いわゆる受験対策中心の授業が多いことも事実であり、アクティブ・ラーニングや学び合い、探究を取り入れようとする姿勢も出てきたものの、形式的になってしまっていたり、誤解・曲解も多いように思います。

大学入試改革の混乱など、改革に翻弄される中で、今こそ、授業とは何か、高校の授業でめざすべきは何なのか、授業づくりの原点や不易を考えるきっかけになればと考え本書を企画しました。本書では、コンピテンシーと受験学力との関係についても示せたらという趣旨もあり、いわゆる5教科について全国の「授業の匠」たちの思想と実践を、また、「総合的な探究の時間」での探究的な学びに取り組む全国の「志ある学校」の理念と実践を紹介します。そして、「真正《ほんもの》の学び」をキーワードに、教科と総合それぞれにおける、骨太な高校授業論を具体的に提起したいと思います。

「授業改善」というと、目新しいメソッド勝負や、ICT活用に関してはアプリ勝負に走りがちな傾向もあるように思いますが、本書では、「授業を改善するとはどういうことか」を改めて投げかけたいと思います。また、授業としてアクティブでありつつも、論理的思考力やコミュニケーション力や粘り強さなどといった、コンピテンシー（社会が求める実力）のみならず、受験学力にも結果としてつながっていくような授業のあり方を提起できたらと思っています。

一見両立しがたいと思われる、アクティブ・ラーニングと受験学力とをつなぐポイントは、自立につながる人間的成長

（視座の高まりと視野の広がり）の実現であり、見えている世界の風景や自己のあり方をゆさぶる「真正の学び」の保障です。真正の学びについては、このあとのプロローグで詳しく述べます。

紙幅が限られている中でどの実践を取り上げるか思案しました。今回は、授業の可能性と教師の仕事の極めどころを示すことを重視しています。それゆえ、授業の質、そして先生や学校の志の確かさや力量の高さという観点から、まずは私自身が直接関わったり交流があったりする中で、信頼する先生方と学校にお声かけしました。さらに、著作や実践報告などを通して知っている先生方で、この先生の取り組みや実践哲学を紹介したいと思った方にもお声かけして、執筆をお引き受けいただきました。

社会科であれば地歴公民、国語科であれば小説、論説文、古文、総合・課題研究であればＳＧＨやＳＳＨの課題研究、地域課題に即した総合学習など、分野や領域の違いもできる限り網羅するように努めました。また、実践が展開された学校種等も公立・国立・私立、中高一貫校など、できる限り幅広く取り上げるようにしました。

それぞれの実践はおおよそ下記のような構成で記述されます。①授業哲学と育てたい力（生徒へのねがい）、②１単元、１時間の授業をどう構成しているか（学びの流れと授業スタイル）、③生徒の育ちとその表れ（評価）、④実際の授業（教えと学びの織りなすドラマ）。教師や学校の思いや哲学、それが具体化された学びのストーリーや結果としての生徒の学びの姿や育ちを示した上で、それを生み出した教師の働きかけや仕掛けや構えが見えるようにしたいという意図です。

本書は特定の手法や考え方を広めることよりも、それぞれの実践者や学校の教育実践としてのよさの共有を第一に考えており、ゆえに、それぞれの実践の間で学力観や教科観や授業観においてスタンスの違いを感じられるかもしれません。しかし、そうして対象とする生徒の違い、考え方や立場の違いはあっても、教育や授業を考える上で最終的に立ち戻るべき芯の部分において共通性を見出すことができるでしょうし、今の学校や子どもたちの状況と格闘する中で授業づくりに生じている、一定の方向性（授業変革のベクトル）をゆるやかに確認することもできるでしょう。

私は、そうして多くの学校や教室でじわじわと進行している授業の変化、その良質な部分を概念化する形で、「真正の学び」、特に教科においては「教科する」授業の実現というヴィジョンを提起してきました。本書では、そのヴィジョンの中身、および「真正の学び」や「教科する」授業を創る三つの視点と、確かな力をつける工夫について、まずプロローグで理論的に整理します。その上で、各教科と総合のパートごとに「「真正の学び」への扉」と題して実践の読み解きを行います。真正の学びを創る視点をレンズに、実践事例それぞれのポイントやそこで経験されるホンモノ経験（動詞）の特徴を比較した表を示しながら、各教科については、普段授業で経験されがちな作業的な動詞とは異なる、本質的な思考を体現する動詞の中身を明らかにし、「真正の学び」に向けた取り組みへと一歩を踏み出すための入口（ここから始めてみてはというヒント）を提案し、総合については、研究体験、地域体験、スキル練習を超えて、学びがせりあがり、自己がゆさぶられるような探究にしていく上でのポイントを整理しています。こうして、それぞれの実践の意義と可能性を明確化するのみならず、「真正の学び」や「教科する」授業の考え方を、高校の授業づくりのヴィジョンとして具体化し鍛え直すことを企図しています。

進学塾のような割り切った授業、ワークショップで活発には動く授業、それらとは異なる、高校ならではの深みのある授業の具体、そして、「授業」という営みの可能性とそれへの先生方のこだわりや思いが見えるような一冊になればと思っています。また、教科のみならず、学問や世の中のホンモノに出会い、主権者としての自立につながる、総合学習や課題研究を含めた、高校教育における生徒主語の学びの可能性も示せたらと思っています。

もともと本書は2020年中の刊行をめざして作業を進めていましたが、多くの原稿の初校が集まってきたタイミングでコロナ禍に見舞われ、作業の遅れもあって、刊行が遅れてしまいました。実践自体はコロナ以前のものでありますし、各先生方や学校の取り組みはさらなる進化・深化を遂げていると思いますが、本書は、変化しやすい実践の表層よりも根っこの部分に光を当てるものであり、コロナ禍を経て、むしろ各実践の先進性がより広く理解される土台も生まれているように思います。

本書で紹介したさまざまな実践に触れることで、授業づくりの迫力や面白さや深みを感じ、「変化する社会に対応するため」「改革が求められているから」といったこと以上に、「こんな授業をしてみたい」「授業で生徒たちと一緒に議論してみたい、深めてみたい」といった具合に、先生方がワクワク感をもって授業づくりを楽しむ、そんなきっかけになればと思っています。

２０２２年７月

石井　英真

目次

数学……117

理科……155

プロローグ
「真正の学び」でコンピテンシーを育て、受験学力にもつなげるために

1．改革に踊り、ゆれる「授業」

「はしがき」で述べたように、いま高校の授業がゆれている。旧来型の教師主導の授業か学習者主体の授業かといった二項対立で語られることで、高校現場が分断される状況も見られる。確かに、高校の教室でしばしばみられる、チョーク＆トークの一方的な一斉授業は、受験対策と結びついて、内容解説と問題演習に終始し、退屈な授業で生徒は受け身になり、思考しコミュニケーションする機会も欠いて、受験が終わったら忘れてしまう生きて働かない学力になりがちであった。

これに対して、新しい時代のよい授業とみなされがちな学び合いの授業は、学習者が主人公の生き生きとした姿や、アイデアの創発をめざしてはいるが、思考をゆさぶる発問など、学びを深める指導もなく、学習のめあてと手順を示して生徒を動かすだけの授業になりがちである。他方、旧来型とされる教えることや一斉授業はより塾化している。「（演習問題を）解く、進める」ことに重きを置く進学塾的な勉強文化が学校に今まで以上に影響を与えるようになり、「解く、進める」ことが「理解する」ことや「考える」ことだと生徒たちは誤認し、学校も「立ち止まり」や「回り道」という理解や思考に誘う強みと矜持を見失っているようにも思われる。

教師主導と学習者主体の二項対立の中で、旧来型とひとくくりにされがちな授業の中にある良質の遺産、そこに見出せる日本の強み、学校の強みも見落とされてはいないか。同じく一斉授業といっても、特に小学校の教師たちが追求し

てきたような、クラス全体での創造的な一斉授業は、つまずきを生かしたりしつつ、一人ひとりの考えをつないだりゆさぶったりして思考を練り上げていく質の高さをめざしてきた。だが、それは子どものつぶやきにアシストされながら、教師が想定する流れや結論を押し付ける授業になりがちであった。また、高校においては、「学問の香り、ホンモノの香りのする授業」という言葉で、ホンモノの素材や問いをぶつけ、教師の語りや背中でその道の面白さを示すような、受験勉強を超えて大学の学問につながるような授業がめざされてきた。だが、それは、一部の生徒を感化することはあっても、すべての生徒たちにその教科のうまみを保障する仕掛け（その教科が苦手な生徒もくすぐるような教材や、一人では立ち向かえない課題にグループでともに支え合いつつ挑戦するような学習形態等）が工夫されていたとはいいがたい。

学習活動は何らかの形で対象世界・他者・自己の三つの軸での対話を含んでいる。「主体的・対話的で深い学び」についても、学習活動の三軸構造に対応するもの（対象世界との深い学び、他者との対話的な学び、自己を見つめる主体的な学び）として捉えることができる。このように、自己や他者と向かい合うだけでなく、対象世界と向き合うことも忘れてはならないというメッセージが、「主体的・対話的で深い学び」という順序に表れている。ところが、よくよく考えてみると、グループで頭を突き合わせて対話しているような、主体的・協働的な学びが成立しているとき、生徒たちの視線の先にあるのは、教師でも他のクラスメートでもなく、学ぶ対象である教材ではないだろうか。授業という営みは、教師と生徒、生徒と生徒の一般的なコミュニケーションではなく、教材を介した教師と生徒たちとのコミュニケーションである点に特徴がある。学習者中心か教師中心か、教師が教えるか教えることを控えて学習者に任せるかといった二項対立の議論は、この授業という営みの本質的特徴を見落としていると言わざるをえない。

授業という営みの本質的特徴をふまえるなら、生徒たちがまなざしを共有しつつともに教材と深く対話し、教科の世界に没入していく学び（その瞬間自ずと教師は生徒たちの視野や意識から消えたような状態になっている）が実現できているかを第一に吟味すべきだろう。教科学習としての質を追求することとアクティブ・ラーニングは対立的に捉えら

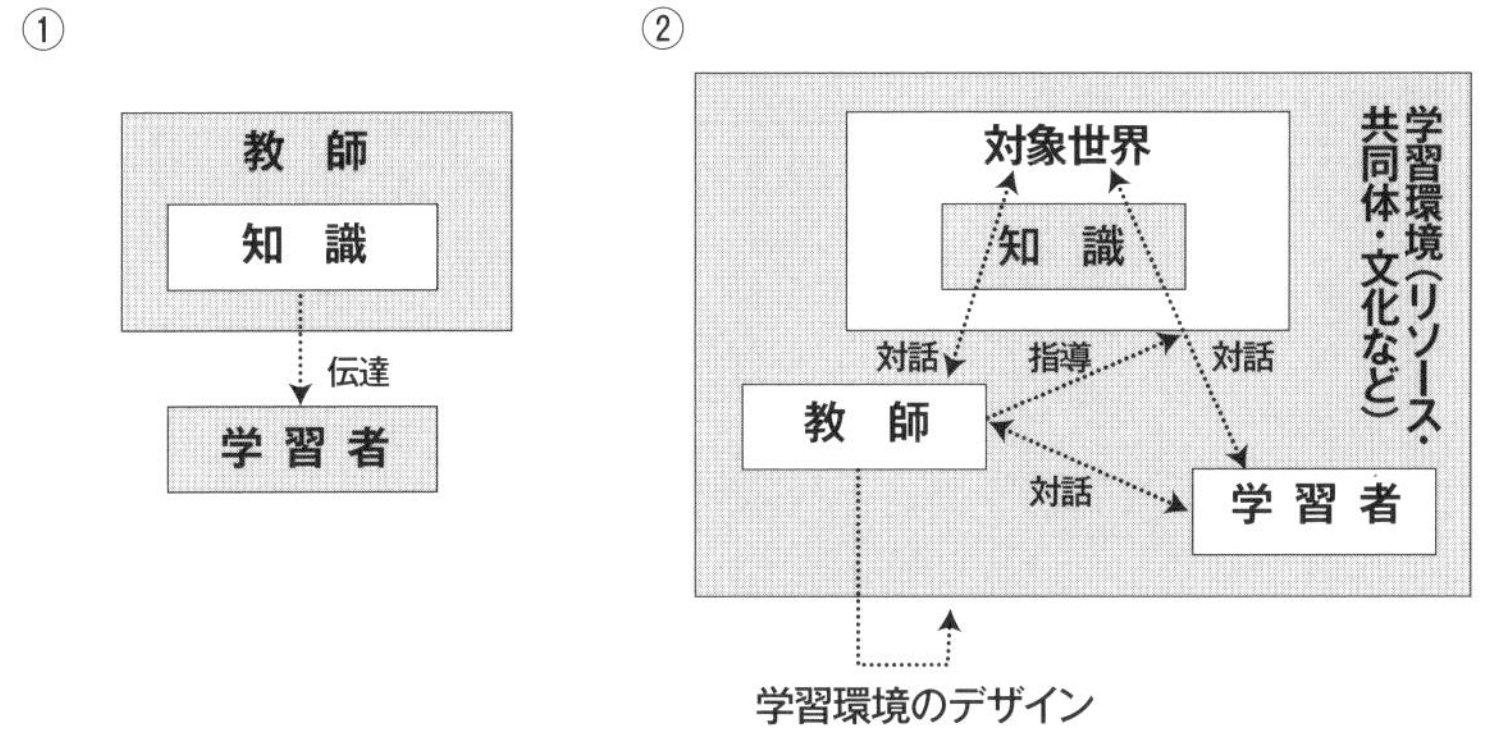

※②において、教師と学習者は、同じ対象を共有し、協同して活動している点で対等な関係にある。一方で、図の位置関係が示すように、教師は、いわば先行研究者として、学習者の学習活動を見通し導きうる位置にある。ゆえに教師は、学習者の対象世界との対話を深めるべく直接的な指導を行ったり、時には、教師自身も埋め込まれている学習環境をデザインする間接的な指導性を発揮したりするのである。

図１　教室における生徒・教師・教材の関係構造
（出典：石井英真『再増補版・現代アメリカにおける学力形成論の展開―スタンダードに基づくカリキュラムの設計』東信堂、2020年、183頁。）

れがちだが、教科本来の魅力の追求の先に結果としてアクティブになるのである。教師主導は教師を忖度する授業（図1-①）に、学習者主体は教材に向き合わない授業になりがちである。教師主導でも学習者主体でも、生徒を引き込み、成長を保障する授業は、図1-②のように、問題や教材を介して教師と生徒、生徒同士が向かい合い、ともに問題や教材に挑む「共同注視」の関係性になっている。良質の実践には、共同注視の関係、さらには、社会問題の解決や自分たちの学びに対する「共同責任」の関係性が見られるものである。

従来の日本の学校と授業の強みを発展的に継承しながら、教え込みにも学び合いにもとどまらない、生徒を問題や教材と出会わせ没入させ、学びの深さへといざなうような授業を構想することが課題である。本書では、そうした授業のあり方として、「真正の学び」の必要性を提起したい。

2．「真正の学び」とは？

第4次産業革命期ともいわれる、変化の激しい現代社会において、学校と社会とのつながりを問うことが課題となっている。だが、従来の学校の学びは、そもそも社会や生活とのつながりを十分に意識化してきたとはいえない。学校での学びの文脈があまりに不自然で、生活文脈とのつながりがみえないために、生徒たちの本来の可能性や有能性が発揮できていない。そして、学校で学んでも生活や社会で生きて働かない学力になっている。

たとえば、ドリブルやシュートの練習（ドリル）がうまいからといってバスケットの試合（ゲーム）で上手にプレイできるとは限らない。ゲームで活躍できるかどうかは、刻々と変化する試合の流れ（本物の状況）の中でチャンスをものにできるかどうかにかかっており、そうした感覚や能力は実際にゲームする中で可視化され、育てられていく。ところが、従来の学校では、生徒たちはドリルばかりして、ゲーム（学校外や将来の生活で遭遇する本物の、あるいは本物のエッセンスを保持した活動）を知らずに学校を去ることになっている。このゲームに当たるものを学校で保障し、コンピテンシー（社会が求める「実力」）にもつながる生きて働く学力を形成していこうというのが、「真正の学び（authentic learning）」の考え方である。

人は誰とどのような場で学ぶかという文脈によって、その有能性は規定される。多くの場合、高校生たちは、自分たちの実力が発揮できる「学びの舞台」（「見せ場（exhibition）」）を与えられていない。生徒がいい意味で調子に乗るようにする、舞台に乗せてその気にさせる、そのうちに場や舞台が人をつくっていく。そうした真正の学びの舞台で、知識・技能を総合的に使いこなす実力を評価するのがパフォーマンス評価である。[1] 特別活動等の教科外活動や「総合的な探究の時間」では、学校行事や自治活動や探究的な学びなど、学校外のホンモノの専門家から学んだり（from ホンモノ）、ホンモノのオーディエンスに向けて表現したり（to ホンモノ）、さらにはホンモノの当事者・実践者とともに（with ホンモノ）、自分たちも活動への責任を引き受けて協働で取り組むこともあるだろう。できる限り真正な文脈で活動し学ぶことで、生徒たちは生活や社会の問題を切実に自分事として認識するようになる。ホンモノの背中や横顔を見ながら実践共同体に参加する中で、背伸びする経験を通して視座を上げるとともに、自分たちの学校外の生活を豊かにしたり、未来社会を創る力につなげていったりするわけである。こうした「真正な学び」の核となる部分は、教科学習においても追求されるべきものである。

本書で「真正（本物）の学び」に込めた意味をまとめておこう。

①「本物＝実用」ではない。「本物」とは、教育的に（時に嘘くさく）加工される前の、現実のリアルや文化の厚みにふれることを意味する。
②「学問のにおい、ホンモノのにおいのする授業」、そんな実践を志向する文化を生かしながら、人間的成長にもつながる深くて重い学びをすべての生徒たちに保障する。
③わかっているつもりは、現実世界の複雑さから、また、できているつもりは、その文化や領域の追究の厚みからゆさぶられることで、教科の知と学びは血が通ったものになるし、「総合的な探究の時間」等において、現実や社会への関心が広がり、視座が上がることで、自己のあり方や自己と世界との関係が編み直される（パースペクティブ変容）[2]。
④生徒たちが教師と競ったり学び超えたりすることで、あるいは学校外のホンモノとともに研究課題や社会問題と向き合い、学校や教師を学び超えていくことで、社会や自らの学びへの責任を自分事として引き受けるようになる（エージェンシーとしての成長）[3]。
⑤質の高い本物の学びの経験で、パースペクティブの変容やエージェンシーとしての成長が生じることを生かし、社会が求めるコンピテンシーや進路実現で大事になる受験学力にもつなげる。

小学校の柔道の全国大会廃止が話題となっているが、行き過ぎた勝利至上主義によって将来の伸び代をつぶしてしまう点が問題の核心である。小・中学校段階などで早期に結果を残すスーパーキッズ的な存在が、大人になって結果を残している例はむしろまれである。スポーツに限らず、学校での学習という点でも、学校内外の受験対策の行き過ぎで、パッケージ化されたものを効率的に早くこなすことに最適化されて、生徒たちの伸び代をつぶしていないだろうか。自分で参考書等を選ぶこともしなくなっているし、問題とじっくり取り組んで意味や理由を考えることもなく、すぐに解き方・やり方を教わろうとする。早食い・大食いの癖がついてしまうことで、大学に入ってから学問や文化のホンモノをじっくり味わえなくなってしまったりするし、物事の意味を考えたり関連付けたりしながら学ぶ姿勢の弱まりは、受験勉強としても非効率といえる。また、大学入学までの受験勉強が「学びのピーク」になって、その後学ばなくなることは、転職が当たり前の、変化する社会においてリスクを負うことになる。社会への関心をもって学び続けることこそ、変化への一番の備えである。国立大学においても広がる総合型選抜（大学の出口の一つである大学院入試に近い出題傾向）、高校カリキュラムで重視されている探究的な学び（学校外の社会に飛び出してホンモノとつながって一皮むけていく経験）も、そうした問題状況への対応と見ることができる。

柔軟性や失敗への耐性に欠ける受け身な生徒の多さが問題視される一方で、学校から社会や世界に飛び出して大人たちとともに活動し学ぶおもしろい生徒たちも確かに存在する。18歳成人により、社会や世界に飛び出す生徒たちが増えることを期待したいし、実際に増えてもいくだろう。中高一貫校も増えているが、受験のための「先取り学習」やカリキュラムの圧縮に終始するだけでなく、高校受験がないことを生かして、そうした社会に飛び出す生徒たちがもっと生まれてくるような、そんな生徒たちの「すごさ」が見えるような学習者主語の取り組みを励ますことも重要だろう。

3．教科におけるホンモノの学びとしての「教科する」授業とは？

教科学習としての質を追求するというと、この内容を押さえているか、このレベルまで到達させているかといった具合に、内容面からの議論に視野が限定されがちである。しかし、資質・能力ベースのカリキュラム改革においては、目の前の生徒たちが学校外での生活や未来社会をよりよく生きていくこととのつながりから、既存の各教科の内容や活動のあり方を見直す「真正の学び」の保障が求められている。個別の知識・技能を習得している「知っている・できる」レベルの学力（例：穴埋め問題で「母集団」「標本平均」等の用語を答える）や、概念の意味を理解している「わかる」レベルの学力（例：「ある食品会社で製造したお菓子の品質」等の調査場面が示され、全数調査と標本調査のどちらが適当かを判断し、その理由を答える）のみならず、実生活・実社会の文脈で知識・技能を総合的に活用できる「使える」レベルの学力（例：広島市の軽自動車台数を推定する調査計画を立てる）の育成が求められているのである（表1）。なお、「使える」レベルの円の中に「わかる」レベルや「知っている・できる」レベルの円も包摂されているという図2（次頁）の位置関係は、知識を使う活動を通して、知識の意味の学び直しや定着も促されることを示唆している。

表1　学力の三層構造に対応した各教科の課題例[4]

	国語	社会	数学	理科	英語
「知っている・できる」レベルの課題	漢字を読み書きする。文章中の指示語の指す内容を答える。	歴史上の人名や出来事を答える。地形図を読み取る。	図形の名称を答える。計算問題を解く。	酸素、二酸化炭素などの化学記号を答える。計器の目盛りを読む。	単語を読み書きする。文法事項を覚える。定型的なやり取りができる。
「わかる」レベルの課題	論説文の段落同士の関係や主題を読み取る。物語文の登場人物の心情をテクストの記述から想像する。	扇状地に果樹園が多い理由を説明する。もし立法、行政、司法の三権が分立していなければ、どのような問題が起こるか予想する。	平行四辺形、台形、ひし形などの相互関係を図示する。三平方の定理の適用題を解き、その解き方を説明する。	燃えているろうそくを集気びんの中に入れると炎がどうなるか予想し、そこで起こっている変化を絵で説明する。	教科書の本文で書かれている内容が把握でき、訳せる。設定された場面で、定型的な表現などを使って簡単な会話ができる。
「使える」レベルの課題	特定の問題についての意見の異なる文章を読み比べ、それらをふまえながら自分の考えを論説文にまとめる。そして、それをグループで相互に検討し合う。	歴史上の出来事について、その経緯とさまざまな立場の声を紹介し、その意味を論評する歴史新聞を作成する。ハンバーガー店の店長になったつもりで、駅前のどこに出店すべきかを考えて、企画書にまとめる。	ある年の年末ジャンボ宝くじの当せん金と、1千万円あたりの当せん本数をもとに、この宝くじの当せん金の期待値を求める。教科書の問題の条件をいろいろと変えて発展的に問題をつくり、追究の過程と結果を数学新聞にまとめる。	クラスでバーベキューをするのに一斗缶をコンロにして火を起こそうとしているが、うまく燃え続けない。その理由を考えて、燃え続けるためにどうすればよいかを提案する。	まとまった英文を読んでポイントをつかみ、それに関する意見を英語で書いたり、クラスメイトとディスカッションしたりする。外国映画の一幕をグループで分担して演じ、発表会を行う。

学校教育の強みは、現実から距離を取って「立ち止まること」、あるいは「回り道」（知識を系統的に学ぶことなどにより、日常生活を送るだけでは生じない認識の飛躍を実現する）にあるが、生活（生きること）への「もどり」がない

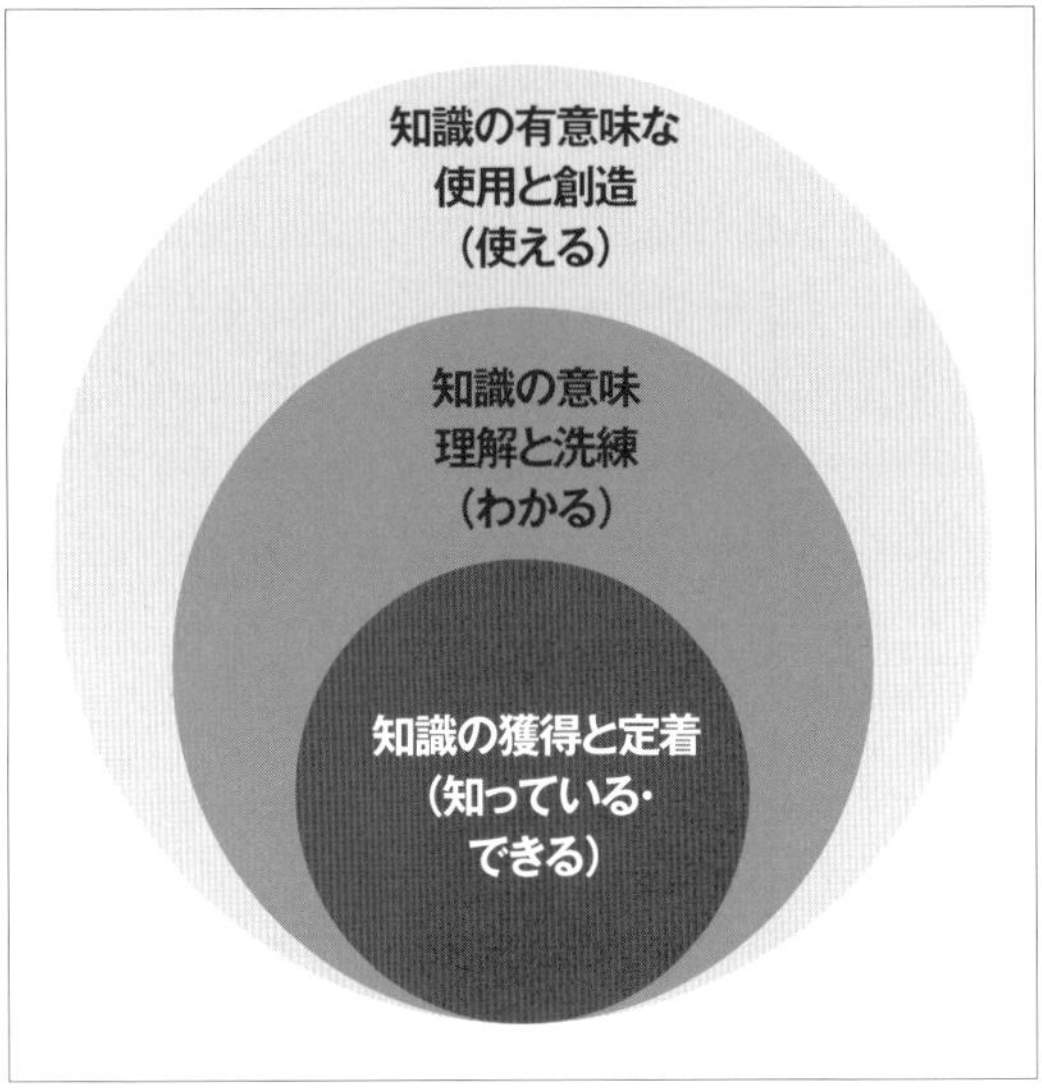

図２．学力の三層構造
（出典：　石井英真『今求められる学力と学びとは』
日本標準、2015年、22頁より抜粋。）

ために、学校の中でしか通用しない学びになってしまっている。いやそれどころか、今や「立ち止まり」や「回り道」すらもあやしいものである。

特に高校においては、保護者にも根強い、正答主義ややり方主義の学習観に流されるか、あるいはそれと対峙するかが問われている。たとえば、大学入試の良質の問題には、学問や社会からのメッセージが埋め込まれていたりする。それを問題演習の道具として入試でしか使えないパターンを教える傾向が強まってはいないか。高校で力量のある教師は、入試問題の中にある学問や社会の痕跡を掘り起こして、学問を学問として、ホンモノをホンモノとして教えてきたものだろう。

学ぶ意義も感じられず、教科の本質的な楽しさにも触れられないまま、多くの生徒が、教科やその背後にある世界や文化への興味を失い、学校学習に背を向けていっている。社会科嫌いが社会嫌いを、国語嫌いがことば嫌い、本嫌いを生み出している。「真正の学び」の追求は、目の前の生徒たちの有意義な学びへの要求に応えるものである。ただし、有意義な学びの重視は、教科における実用や応用の重視とイコールではない。教科の知識・技能が日常生活で活きることを実感することのみならず、知的な発見や創造の面白さにふれることも、知が生み出される現場の人間臭い活動のリアルを経験するものであるなら、それは学び手の視野や世界観（生き方の幅）を広げゆさぶり豊かにするような「真正の学び」となる。

教科における「真正の学び」の追求は、「教科の内容を学ぶ（learn about a subject）」授業と対比される、「教科する（do a subject）」授業（知識・技能が実生活で生かされている場面や、その領域の専門家が知を探究する過程を追体験し、「教科の本質」をともに「深め合う」授業）を創造することと理解すべきだろう。そして、「教科する」授業は、教科の本質的かつ一番おいしい部分を生徒たちに保障していくことをめざした、教科学習本来の魅力や可能性、特にこれまでの教科学習であまり光の当てられてこなかったそれ（教科内容の眼鏡としての意味、教科の本質的なプロセスの面白さ）の追求でもある。

教科学習の本来的意味は、それを学ぶことで身の回りの世界の見え方やそれに対する関わり方が変わることにある。「指数関数」という概念を学ぶことで、細菌の増殖や借金の複利計算のリスクに対して慎重になるといった具合に、教科内容の眼鏡としての意味を顕在化するわけである。また、教科の魅力は内容だけではなくプロセスにもある。たとえば、歴史科の教師の多くは、生徒たちが、一つ一つの歴史的な出来事よりも、それらの関係や歴史の流れを理解することが大事だと考えているだろう。しかし、授業で生徒たちは、板書されたキーワードをノートやワークシートに写しても、教師が重要かつ面白いと思って説明しているキーワード間のつながりに注意を向けているとは限らない。まして、自分たちで出来事の間のつながりやストーリーを仮説的に考えたり検証したり、自分たちなりの歴史認識を構築したりしていく「歴史する（do history）」機会は保障されることがない。

教材研究の結果明らかになった知見でなく、教材研究のプロセスを生徒たちと共有することで、多くの授業で教師が奪ってしまっている各教科の一番本質的かつおいしいプロセスを、生徒たちにゆだねていく。たとえば、教師の間で物語文の解釈をめぐって議論が起きたなら、テクストの該当部分についてその論点を生徒たちとも議論してみる。教科書への掲載にあたって改作された作品について、原文との表現の違いを検討したなら、生徒たちにも比較検討をさせてみるわけである。

「教科する」授業は、本物の活動のプロセス（本質を経験する動詞）を味わうなかで、活動のパーツや道具として求められる知識や能力を自ずと育てるものである（「習得→活用」の段階論にとらわれない）。そして、自己と自己をとりまく世界とのつながりを編み直し、世界への関心を広げるような、認知的に高次であるだけでなく、認識に深さや重さを伴う学びをめざす。またそれは、教師と生徒の垂直的な教え込み関係でも、生徒同士の水平的な学び合い関係でもない、教師と生徒がともに教材と向かい合い、学び手として競り合うナナメの関係を構築するものである。

ここで、「教科する」授業を創る上での三つの視点を示しておこう。以下の①〜③の視点を念頭に置いて実践を構想したり、検討したりすることで、前述の「真正の学び」に込めた意味の実現を図るのが「教科する」授業という授業づくりのヴィジョンである。また、四つ目の「学びの幅と密度」に関する視点を意識することで、内容の習得・定着や受験学力にもつなげうる。本書の本論では、それぞれの実践の特徴を下記の視点から整理することで、その意味を具体的に示したい。[5]

① **成長目標ベース（自立（人間的成長）への志向性）**

本時や単元の「ねらい」の先に、目の前の生徒たちの人間的成長への「ねがい」をみすえているか？長期的な成長の観点からプロセス寄りで教科の本質を捉え直しているか？「ねがい」から教科の当たり前も問い直す。

② **パースペクティブ変容（教養（鳥瞰的視野）への志向性）**

生徒たちの生活世界に戻り自己のあり方を問う学びになっているか？「知っている・できる」、「わかる」を超えた「本物」を経験する学習活動（問いや課題）を生徒たちに保障できているか？学力を二層ではなく三層で捉えて、「使える」レベルの学力を意識して単元をデザインする（前出、図2）。できるだけ加工する前のナマの「本物」を材とする。

③ **エージェンシーの育成（自治（民主的関係）への志向性）**

生徒が教科書の正答や教師を忖度する関係を超えて、まっすぐに教材や文化と向かい合えているか？対象へのまなざしを共有する共同注視の三角形の関係性になっているか？教え込み（タテ関係）でも、学び合い（ヨコ関係）でもない、教師と生徒が競る関係（ナナメ関係）を構築する（前出、図1）。

④ **力をつける工夫（学びの幅と密度）**

知識の吸い上げ（一人一台端末や資料集などを並列で広げ、教科書をも資料の一つとして、それらのページをめくることを大事にする）、協働と個の往還（グループでみんなで充実した学びをしたのであれば、そこでの議論を整理・総合しつつ、その思考の道筋を個人で静かにたどり直して自分のものとすること）を重視する。

ここまでで述べてきたことは、良心的な高校教師たちにとっては、自分たちが大事にしてきた授業づくりの当たり前であると感じるかもしれない。目新しい手法を用いた学び合い、最新のＩＣＴやアプリなど、見た目にスマートな未来形な授業が耳目を集めがちだが、長い目で見たときに、それが生徒たちの人間の根っこの部分の成長をもたらすものとなるかどうか、そして、教師自身の成長につながる契機を含んでいるかどうかが問われねばならない。授業はイベントではなく、教材を介して生徒と教師がともに学び合い時に競り合う関係性の下で営まれる文化的な生活であり、その経験やつながりの日常性ゆえに、いい意味でも悪い意味でも、じわじわと人を育てているものである。学校や授業の当たり前をやめて棚卸することが叫ばれ、授業とは何かがゆれている今だからこそ、授業という営みとそこでの学びの本質的特徴に立ち戻って、その不易を確認することで、むしろこだわる必要のないところ、捨てるべきものが明らかになり、真のラディカルさにつながるだろう。

4．「真正の学び」で学校からの「学び超え」と社会への「飛び出し」を促す

米国を中心に「学びの変革」を導くキーワードであった「真正の学び」は、ＰＢＬ（Project-based/ Problem-based learning）などとしばしばセットで扱われる概念であり、教科のみならず、そもそもそれ以上に「総合的な探究の時間」や課題研究等における横断的で探究的な学びと深くかかわっている。たとえば、未来形の「探究」の典型として日本でもしばしば取り上げられ、充実したＰＢＬプログラムで有名な、カリフォルニア州サンディエゴにある公立校（チャータースクール）のHigh Tech High（ＨＴＨ）の学びの四つの設計原則は、公正性（Equity）、個性化（Personalization）、真正の仕事（Authentic Work）、協働設計（Collaborative design）であり、真正性は学びの質や深さを問う原理として位置付けられている[6]。

探究的な学びについては、自分なりに問いを立て、情報を集めて分析して、まとめて発表する一連のサイクルを回すという形式に流れる傾向もみられる。探究の型や作法もさることながら、ホンモノとともにあること（共同責任）がも

たらす、対象や問題への関与の深まりと、視座の高まり（パースペクティブの変容）を大事にしてこそ、探究的な学びは、「一人前」の大人への入り口を指し示すものとなる（「学び超え」とエージェンシーとしての育ち）。「真正の学び」という観点から探究的な学びを捉え直すことは、探究的な学びの質を問うことにつながるし、その原点を確認する作業にもつながる。

「真正の学び」として探究的な学びをデザインするポイントは、先述の「教科する」授業を創る三つの視点と根本的には同じである。

①成長目標ベース（「単元の「ねらい」の先に、目の前の生徒たちの人間的成長への「ねがい」をみすえているか？」）

については、スクール・ミッション等の形で明確化された、学校のカリキュラム全体で育てたい生徒像とより直接的に対応してくる。探究的な学びの先進校においては、きれいな結論を出せること以上に、試行錯誤や問い自体の深化にこそ価値が見いだされる。研究や活動としての成功が学びの豊かさを保障するものではないし、対象や世界の見え方、その着眼点が玄人目線になってくると、問いの中身や質も変わり、そこに成長は表れるものである。目の色が変わった生徒の姿や生徒の一皮むけたような成長を目の当たりにするなど、探究に熱心に取り組む教師たちは、大学での専門的研究や職業的専門性につながる専門教育としての意味に止まらない、生徒の人間的成長に触れる普通教育としての意味や手応えを感じるからこそ、それにのめり込むのであろう。

②パースペクティブ変容（「生徒たちの生活世界に戻り自己のあり方を問う学びか？」）

については、自ら問いや課題を設定し探ったりする自分事の学びであることや、研究や社会への参画（正統的周辺参加）による先行研究・実践の吟味を伴うホンモノ経験がもたらす「巨人の肩に乗る」経験が重要となる。「総合的な探究の時間」や課題研究における探究的な学びは、SSH校のように、大学等と連携した学術研究を軸とする文化部に近いものもあれば（学問的要請）、地域創生や社会問題の解決を軸とする市民活動・特別活動的なものもある（社会的要請）。いずれにしても、研究や社会活動に参画する中で、学んだことを横断的に統合しながら、自分のやりたいことや自己のあり方を問い、総合知や自分事の関心事を育んでいくこと、一皮むけることや自立へとつなげていくことが肝要である（心理的・人間的要請）[7]。たとえば、方言に興味をもってその特徴を音声解析で研究しようとしたのに、音声解析の道具の精度を上げることに終始して、もともとの関心にまで戻らないこともしばしば見かける。これは、とことん考え抜くという点ではよいが、精密な研究をなぞるということだけだと学びは少ない。問題意識から専門的な研究上の問いの追究（研究）に至るのみならず、そこから現実の問題に戻り（実装）、さらに社会的な問題の解決へのアクション（社会活動）に至るまで探究し切ったならば、パースペクティブの変容や当事者意識や自己形成につながっていくだろう。

なお、学問（専門研究志向）・社会（社会参画志向）・自己（生き方探究志向）の三つのどれに相対的な重点があるかは、総合のみならず各教科においても実践スタイルの違いを生み出す。それは本論の実践分析を見るとよくわかるだろう。そもそも、学びの「真正性」の問われ方も、何に対してホンモノであるのか、一貫性があるのかという観点から、学問の本質的な実践と一貫性のある探究方法（学問的真正性）、教室の外の世界と一貫性のある教材と活動（現実世界的真正性）、学習者が知りたい・やりたいことと一貫性のある研究主題（個人的真正性）の三つに分類される。

③エージェンシーの育成（「生徒が正答や教師を忖度する関係を超えて、リアルな世界や問題と向かい合えているか？」）という点については、学校内外のさまざまな大人たちとの「共同注視」関係を基盤に、教師とともに問いや世界と向き合い未知を探究する「共同責任」の関係を超えて、学校外のホンモノの当事者・実践者を伴走者とする共同責任関係に展開して、教師を「学び超え」、学校から社会へと飛び出していくことが重要である（図3）。そうした「飛び出し」を促す上では、教師やコーディネーター等による、生徒のやりたいことを聴くメンター的な役割や、生徒の挑戦をまずは面白がることや、マッチングやコーチング的な役割が重要となる。

「主体的に学習に取り組む態度」「個別最適な学び」「エージェンシー」など、教師や授業や学校を必ずしも経由することなく、生徒主語の主体的・自律的な学びを求める声が高まっているが、それは集団や協働性を排して、生徒が孤立

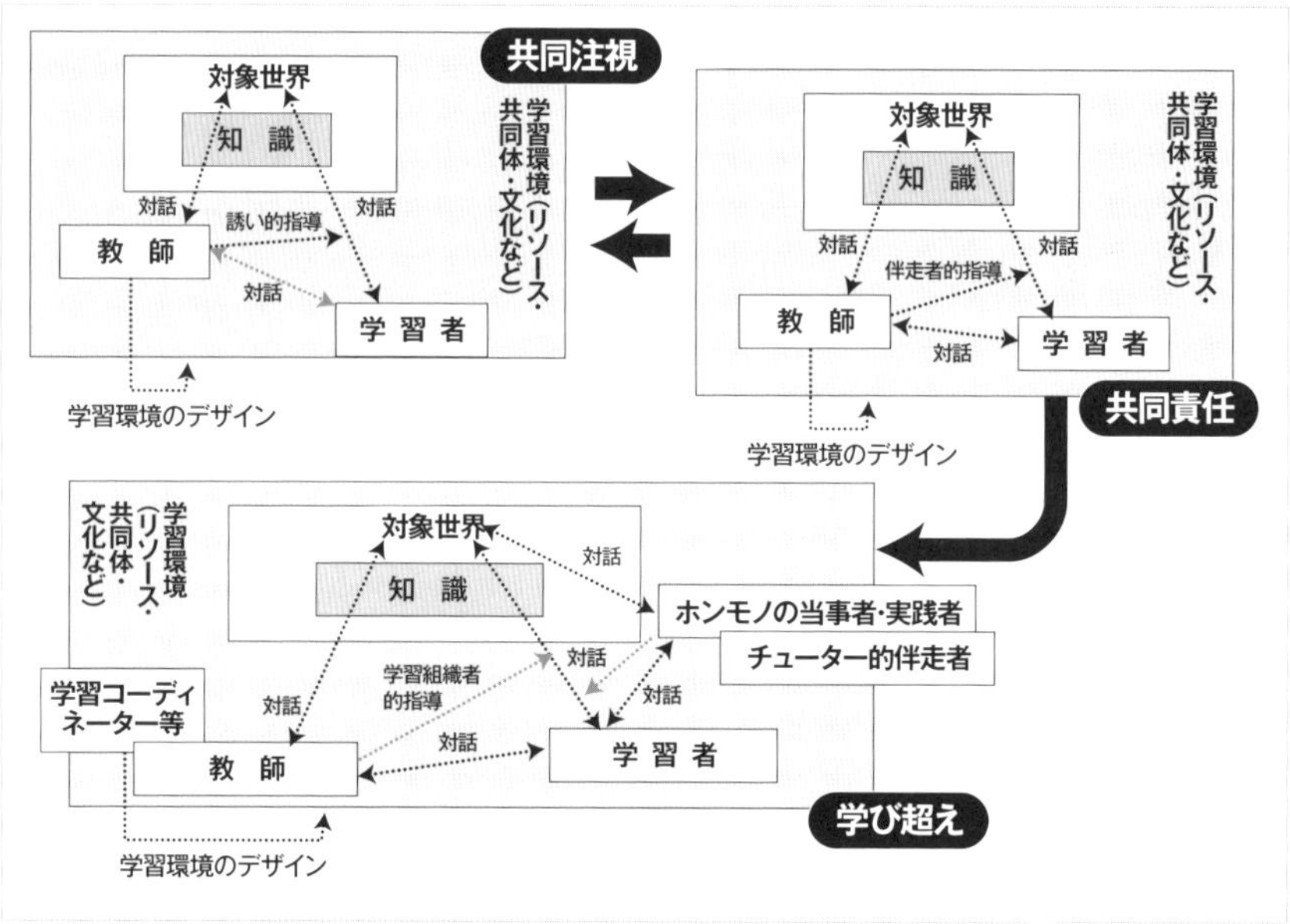

図３　「真正の学び」における「共同注視」関係の展開と「学び超え」の構造

（出典：筆者作成）

して学ぶこととイコールではない。[8] 孤独に自分と向き合う時間は重要だが、そんな時でも、家族や友人や教師、これまで出会った人たち、憧れの人物、先哲など、「見えない伴走者」も交えた自己内対話によって学びは支えられている。自律的に学び続けていたり、空気に流されず自立的で独創的な活動を展開しているように見える人たちにおいて重要なのは、個人としての自由で強い意志をもって、目標設定と振り返りといった効率的な自己管理が上手ということでは必ずしもない。自立とは依存先を増やすことであるという見方もあるように、自分なりの社会的責任を引き受けていて、それゆえに次々と問いや課題を投げかけてくる対象があること、そして、多くの良質な「見えない伴走者」を心の中に棲まわせていることが重要である。

学校外のホンモノたちは自分たちが責任を持つ活動を第一に考えるので、生徒たちと活動はともにしても、学びに積極的に伴走することは難しい。学校や教師に限らず、大学院生のTAなど、生徒のやりたいことや問いを育て、点の内容や体験を線のストーリー（生徒主語の学びのカリキュラム）としてつなぐのを促したり、時には視野を広げるべくゆさぶったり外につないだり、生徒たちの探究を支える仲間や先輩などとの学びのコミュニティや文化や仕掛けを作って見守ったりする、支援者（日常的伴走者）の役割は不可欠である。学校でともに学ぶことの意味、教師の役割が問われる中、生徒たちと学校生活を共にし、生徒たちの学びや成長を目的として生徒たちに関わる大人である教師だからこそ果たせる、伴走者としての「足場かけ」や「課題提起」者的役割を大事にしたい。

【注】

1　パフォーマンス評価については、西岡加名恵編『高等学校 教科と探究の新しい学習評価』（学事出版、２０２０年）、石井英真・鈴木秀幸編著『ヤマ場をおさえる学習評価　小学校・中学校』（図書文化、２０２１年）などを参照。

2　「真正の学び」は、実践共同体への参加として学習を捉える状況論的学習観を基盤としている（レイヴ，J．＆ウェンガー，F．（佐伯胖訳）『状況に埋め込まれた学習』産業図書、１９９３年）。そしてそれは、「アンラーン（unlearn）」、すなわち、実践する経験と省察を通して、認識枠組み（フレーム）、視野や視座や風景（パースペクティブ）、自分らしさ（アイデンティティ）を編み直すことを基調とする職場での学習や成人学習論の観点から、学校の学習のあり方を問い直すものである（メジロー，J．（金澤睦・三輪建二監訳）『おとなの学びと変容』鳳書房、２０１２年）。

3　学校から仕事への「移行（transition）」が、不安定化・長期化・複雑化・多様化し、キャリア編成の「個人化（individualization）」が進行している現代社会において、自己アイデンティティや人生キャリアを自立的に編成し、社会の創り手ともなる行為主体性（エージェンシー）が強調されるようになっている（白井俊『OECD Education ２０３０プロジェクトが描く教育の未来』ミネルヴァ書房、２０２０年、溝上慎一『社会に生きる個性』東信堂、２０２０年）。

4　「使える」レベルの課題を考案する際には、E.FORUMスタンダード（https://e-forum.educ.kyoto-u.ac.jp/seika/）が参考になる。そこでは、各教科における中核的な目標とパフォーマンス課題例が整理されている。

5　「わかる」授業、さらには「教科する」授業へとバージョンアップさせていく、授業づくりの具体的方法論については、石井英真『授業づくりの深め方』（ミネルヴァ書房、２０２０年）も参照。

6　HTHホームページを参照（https://www.hightechhigh.org/about/）。「真正の学び」、パフォーマンス評価、「逆向き設計」など、米国における学びやカリキュラムや評価の改革の展開については、石井英真『再増補版・現代アメリカにおける学力形成論の展開』（東信堂、２０２０年）を参照。

7　学問的要請、社会的要請、心理的要請、人間的要請というカリキュラム開発の立場の違いについては、安彦忠彦『改訂版・教育課程編成論』（放送大学教育振興会、２００６年）を参照。

8　学びの個別化・個性化と協働化との関係については、石井英真『未来の学校―ポストコロナの公教育のリデザイン』（日本標準、２０２０年）、奈須正裕『個別最適な学びの足場を組む』（教育開発研究所、２０２２年）などを参照。

国語

National language

国語

1 学び続ける国語の力

渡邉　久暢（福井県立藤島高等学校教頭）

■「生きて働く高次の学力」を育てたい

筆者が国語科の授業を通して培いたい学力は、「生きて働く高次の学力」である。国語科で育む力は、「話す」「聞く（訊く）」「書く」「読む」の4領域にわたる。生徒自身が4領域に関わる知識や技能を意図的に使いこなす高いレベルの学力を獲得し、良い話し手、聞き手、訊き手、書き手、読み手を目指して学び続けるよう支えたい。

このように考える背景には、筆者の生徒観がある。田近（1975）は言語行動を「認識」そのものだと捉えた上で、国語科教育の目的の一つを「言語を媒介とする認識力・伝達力」に基づく「言語行動主体」の育成に置いた。筆者も、生徒一人ひとりを「状況や他者と関わり合いながら絶えず自己を相対化した上で、内面から自己を変革していく主体的存在」として捉える。その上で、自立した学習者として学んでほしいと強く願い、単元づくりに取組んできた。

単元を作る際に最も重視しているのは、目の前の生徒の状況を理解することだ。これまでの学習を通してどのような力を身に付けていて、何が足りないのを見極める。ただし生徒の頭の中を覗くことはできないから、生徒が授業を通して見せてくれるパフォーマンスを通して、生徒の力を吟味していく。筆者は毎朝生徒全員のノートを回収し、生徒が授業日の朝までにどのような思考を巡らしたのかについて、写真のように形成的に評価し、その日の授業デザインを検討すると共に、単元計画の修正を行う。特に単元終了時には丁寧に学習をふりかえらせた上で、その記述を分析し、次の

写真

単元の構想を練り上げる。

生徒の状況を理解することは、生徒への新たな期待を生み出すことにつながる。たとえばネット上のフェイクニュースを根拠として意見が書かれたノートを見ると「情報の信頼性を吟味して読み解いた上で判断・表現してほしい」と期待する。とはいえ、生徒の状況を理解し、期待を生み出すだけでは、良い単元をデザインすることはできない。単元の目標、つまり、単元を通して培うべき「生きて働く質の高い学力」を明確化することが求められる。

単元目標を明確化する際には、２０１８年学習指導要領改訂にて示された「知識及び技能」「思考力、判断力、表現力等」「学びに向かう力、人間性等」の資質・能力の3つの柱をふまえる。たとえば「論理的に話すことができる大人になって欲しい」という期待を実現したいならば、生徒が「主張の信頼性を高めるには根拠と理由付けが必要である」という「知識」を獲得するだけでは物足りない。「どのような論理構成が説得的か」を考える「思考力・判断力・表現力」、さらには「スピーチ原稿を粘り強く練り上げる」などの「主体的に学習に取り組む態度」を身に付けることも求める。このように、まずは単元終了時にそれぞれの生徒がどのような姿を見せるのかを具体的にイメージし、どのような力を生徒が獲得すれば良いのかを明確化することが、筆者の単元づくりの第一歩である。

■ 目標を実現するために効果的な学習活動を構成

ここで、２０１８年9月に福井県立若狭高等学校（以下、本校）にて実施した単元づくりの過程を順を追って紹介する。まずは、生徒の実態の分析である。対象となる生徒は、入学して約半年が経った、1年2組（文理探究科28名）、

1年3組（海洋科学科30名）1年9組（普通科39名）である。いずれの生徒も、学習への意欲は高い。本校はSSH指定校であり探究学習の成果をプレゼンテーションする機会が多くある。自身の考えを他者に披露することについても得意とする生徒が多い。

ただし、書く領域の学習においては、主張―論拠―根拠という型に照らした主張の組み立てに課題がある。ここでいう論拠とは、「主張がなぜ成り立つかを説明するための根拠と理由付けのことであり、根拠のみならず、主張が妥当な理由付けに支えられていることを示すもの」（２０１８年学習指導要領解説より）を指し、根拠とは論拠を支える事実・データ・情報である。

筆者はこれまで、意見文を書く際には主張を支える根拠が重要であることは伝えてきたが、論拠にまで踏み込んだ指導は行っていなかった。生徒の課題研究等におけるプレゼンテーションを見ても、アンケート調査を分析したデータを根拠に、論拠を暗黙の前提としたままで主張を行うことが多かった。しかし、理由付けである論拠には、その人が暗黙に前提とする、ものの見方・考え方が入り込むことが多い。それゆえ、筆者が生徒に単元を通して適切な指導を加え、論拠に含まれる自身のものの見方・考え方を検討の俎上に上げることの必要性を痛感した。その結果、主張を構築する際に、論拠を明示して対象化し、自身のものの見方・考え方を粘り強く問い直し高めていくことが、書く力だけではなく、話す力、ひいては「メタ認知」や「批判的精神」といった高次の学力の向上に寄与するとの仮説に至る。そこで「伝統・文化を考える」という単元名の下、単元の目標を以下のように設定した。

論理的に考える力や深く共感したり豊かに想像したりする力を伸ばし、他者との関わりの中で伝え合う力を高め、自らのものの見方・感じ方・考え方を見つめ直したり深めたりする。特に、読み手の理解が得られるよう、論理の展開、情報の分量や重要度などを考えて、文章の構成や展開を工夫する。

この目標を実現する過程は、生徒が自分自身の世界認識を明らかにしていくことでもある。なぜなら、自身の考えを明らかにするために選ばれ、吟味されたことばは、生徒自身の個性や世界認識の表れ以外のなにものでもないからだ。高校1年生のこの時期に、自らのものの見方・感じ方・考え方を見つめ直したり深めたりすることが、自身の在り方・生き方を考えることにもつながると考え、本単元の目標を設定した。

次のステップは、目標を念頭に置きつつ教材を吟味し、具体的な学習課題や発問を検討するなど、学習活動を組織化することだ。渡邉（2017）で指摘したとおり、教師自身が主体的に目標を設定したとしても、豊かな学習活動は目標から直線的に導かれるものではない。特に国語科においては教材の選定が、目標実現の鍵を握っている。

本単元では、書く力を育むと同時に、自らのものの見方・感じ方・考え方を見つめ直したり深めたりすることを狙っている。だからこそ、それを可能にする教材、つまり「生徒が学ぶ意義や有効性（レリバンス）を感じる教材」を発掘し、発問の検討を行い、活動を組織することが求められる。石井（2020）も「教材それ自体の文化的価値が高く、内容に深みがあればこそ、その真価をつかむためにはともに知恵を出しあわざるを得ず、協働的な学びや深い学びが要求される」と述べる。

今回は本校が採用する教科書に掲載されている西江雅之の「『食べ物』と『伝統』」を中心教材とした上で、多角的に考え表現する力を培うとともに、生徒のものの見方・考え方を揺さぶることを狙って、青木保『多文化社会』、岡真理『「文化が違う」とは何を意味するのか?』、柿木伸之の『パット剥ギトッテシマッタ後の世界へ』、平田オリザ『わかりあえないことから』、渡邉靖『〈文化〉を捉え直す』等から抜粋した文章を教材化した。教材化できるテキストは事前に選んでおくものの、単元の展開によって柔軟に取り扱う。

教材の精選と並行して、それを取り扱う際の活動デザインを構想する。本単元では教師が選定した教材を読み、その内容を整理した上で、考えたことを言語化するという活動を繰り返し仕組んだ。生徒は、自身とは異なる考えを述べる他者の論を知ることで、考えが揺さぶられるとともに、自身のものの見方考え方を見つめ直すことにもつながると考えたからだ。言語化した考えは、口頭で伝える場合もあれば、ノートの回覧等、文字で伝える場合もある。毎時間ペアやグループを変えることで、クラス内ではあるが多様な意見と触れる機会を多く持つ工夫などを通して、目標の実現に向け、生徒の考えを引き出し揺さぶる活動となるようデザインした。

その上で、「自己」への問いが自然と促される活動を仕組むこと、さらには最も重要な学力の要素である「主体的に学習に取り組む態度」を発揮させ、今後とも「自己」のあり方を問い続けるよう育むことも見据えている。内容のまとまりごとに、簡単にそれまでの学びをふりかえらせるとともに、第10時には、目標に掲げた「自らのものの見方・感じ方・考え方を見つめ直したり深めたりする」ことを促す1時間としてたっぷりと、ふりかえりに浸れるようデザインした。このように、設定した目標と照らし合わせて学習活動を考え、練り上げていくことが重要である。「見た目がアクティブかどうか」にこだわらず、目標を実現するために効果的な学習活動を組織する。

単元の開始前におおまかに単元計画を立案するが、実際には生徒の状況に応じて柔軟に展開を変更する。本単元では、以下のように計画を立てた。

次	時	目標
1次	1時・2時	「動物図鑑」『食べる 増補新版』のテキストを通して、伝統・文化に関する自分なりの問いを生み出す。
2次	3時・4時	捕鯨や女性の人権に関するテキストに基づき、反応をあらかじめ予想した上で、論拠を挙げて自身の意見を述べる。
3次	5時・6時・7時	伝統・文化に関する様々な論者の意見を理解した上で、今後自分が書く意見文の「問い」を検討する。
4次	8時・9時	他者の意見も参考にしながら、様々な情報を拾い上げ、整理し、可能性のある複数の仮説について検討した上で、より説得力のある証拠や論拠を用いて結論を作り上げる。
5次	10時	他者からの評価もふまえて推敲し意見文を完成した上で、振り返りを書く。

■ 生徒の記述に見る育ちの姿（評価）

本単元における評価の規準は２０１８年版学習指導要領にて示された3観点に基づき設定した。

知識・技能	文、話、文章の効果的な組み立て方や接続の仕方について理解している。
思考・判断・表現　等	集めた情報の妥当性や信頼性を吟味して、自分の考えが的確に伝わるよう、自分の立場や考えを明確にするとともに、相手の反応を予想して論理の展開を考えるなど、話の構成や展開を工夫する。（新学習指導要領「現代の国語」Ｂ　書くことの(1)アに準拠）
主体的に学習に取り組む態度	伝統・文化といった内容にこだわらず、自身の考えを表出する活動に積極的に関わり続け、他者とものの見方・感じ方・考え方と対話し、問い直す機会を作り出し続けている。

このうち、まず重視するのは「思考力・判断力・表現力等」の観点である。その中でも「ことばを吟味する」側面を重点的に評価する。新指導要領に示された「言葉による見方・考え方」を「対象と言葉、言葉と言葉との関係を、言葉の意味、働き、使い方等に着目して捉えたり問い直したりして、言葉への自覚を高めること」と捉えた上で、ことばを吟味して意見文を作成しているかどうかを評価する。

その上で最も重視するのは、「主体的に学習に取り組む態度」の観点である。育成を目指す資質・能力の三つの柱のうち、最も上位に位置しているのが、学びに向かう力・人間性等である。ここでいう「学びに向かう力」は「主体的に学習に取り組む態度」の観点で評価されるものであり、知識・技能や思考力・判断力・表現力等を、どのような方向性で働かせていくかを決定付ける重要な要素である。

本単元では、意見文やノートへのふりかえり記述に基づき、「自身の考えを表出する活動に積極的に関わり続け、他者とものの見方・感じ方・考え方を対話し、問い直す機会を作り出し続けている」かどうかを評価する。観点別評価になじまない生徒個人の良い点や、可能性、進捗の状況については、もともとかなり差があることをふまえ、生徒一人ひとりが以前と比べてどう変化したのか、個人内評価を通じて確認することも重要になる。

意見文作成にあたっては、思考・判断・表現の観点について、表1の評価基準表（ルーブリック）に基づき形成的評価を行うことを構想した。生徒の意見文はもちろん、生徒自身が学びの足跡を記したノート等に基づくポートフォリオも対象として形成的評価を行った。

表1　意見文の形成的評価に用いた評価基準表

	「問い」の設定	探究の過程と導かれた結論	ふりかえり
1	その「問い」は、伝統・文化に関する重要な「問い」とは認めがたい。	「問い」の解決に関連する情報をほとんど用いずに結論を作成している。	「ふりかえり」を書こうとしているが、全体的に量が少ない。
2	その「問い」が、伝統・文化に関する重要な「問い」であることを自覚しているが、様々な情報を参照しなくても答えを出せる、または、参照しても答えを出すことができないような「問い」である。	他者の意見や様々な情報を反映しようとしているが、可能性のある複数の仮説について検討していない。	意見文作成を通して学び、考えたことだけではなく、ノートに記されている、それまでの他者や自分の考えを引用・参照・言及して具体的な「ふりかえり」を書こうとしているが、全体的に量が少ない。
3	その「問い」が、伝統・文化に関する重要な「問い」であることを自覚しているが、その「問い」に決めた理由や、決定に至った過程がわかりづらい。	他者の意見も参考にしながら、様々な情報を拾い上げ、可能性のある複数の仮説について検討しているが、説得力のある結論には至っていない。	ノートに記されている、それまでの他者や自分の考えを引用・参照・言及して具体的な「ふりかえり」を書いているが、意見文作成を通して学び、考えたことに関する記述が少ない。または、その逆である。
4	その「問い」が、伝統・文化に関する重要な「問い」であることを自覚した上で、その「問い」に決めた理由や、決定に至った過程をわかりやすく、論理的に述べている。	他者の意見も参考にしながら、様々な情報を拾い上げ、整理し、可能性のある複数の仮説について検討した上で、証拠や論拠を用いて結論を作り上げる。	意見文作成を通して学び、考えたことだけではなく、ノートに記されている、それまでの他者や自分の考えを引用・参照・言及して具体的な「ふりかえり」を書いている。
5	その「問い」が、伝統・文化に関する問題の核心を突く重要な「問い」であることを自覚した上で、その「問い」に決めた理由や、決定に至った過程をわかりやすく、論理的に述べている。	他者の意見も参考にしながら、様々な情報を拾い上げ、整理し、可能性のある複数の仮説について検討した上で、より説得力のある証拠や論拠を用いて結論を作り上げる。	意見文作成を通して学び、考えたことだけではなく、ノートに記されている、それまでの他者や自分の考えを引用・参照・言及して「ふりかえり」を書いている。特に、学習過程において自らが視点を転換したり視野を広げたりしてきたこと、自分の思考を何度も問いなおしていること、そして自覚的に探究を進めてきたことが具体的にわかる記述になっている。

ここで形成的評価の実際について紹介しよう。以下は、生徒Aが第4次の8時に書いた第一回目の意見文である。冒頭には「文化の役割とは何か」という「問い」の設定理由がある。

私は、「文化の役割とは何か」という問いを設定した。なぜなら、文化はあらゆる面で私たちと深い関わりを持っており、友好のきっかけにもなれば、争いのきっかけにもなりうるものだからだ。文化は私たちにとってどのような存在であるべきか疑問に思い、この問いを持った。

生徒Aは文化の様々な側面を理解した上で、その役割を明らかにすることが重要であることを強く自覚していることがわかる。問いを決めた理由もわかりやすく述べられており、「問いの設定」の観点については4に値すると評価できる。続いて生徒Aは文化の役割についての自身の考えを以下のように述べる。

私は文化の役割を「人々を支え、人々を生かすもの」であるべきだと考える。なぜなら、文化はそれぞれの人の生活の仕方や楽しみ、そして生きがいそのものだからだ。たとえば、私が生まれてから今まで触れてきた文化は数えきれないほど様々だ。言語、料理、慣習、娯楽。自分の家庭だけのもの、他人と同じもの、違うもの。同じ小浜に住んでいても、しゃべり方や食べるもの、今まで見てきたもの、してきたことがおなじ人は一人もいない。私の生活リズムと隣の人の生活リズムは違う。私にとっては心の支えになるようなものも、他人にとってはどうでもよかったりする。「人々を支え、人々を生かすもの」は一人ひとり違う。だからこそ私たちは自分らしく生きることができる。

生徒Aは、文化の役割を「人々を支え、人々を生かすもの」と定義し「なぜなら」と続けて定義の理由づけを行おうとした。しかし、それには成功していない。さらに、具体例として自身の個性が様々な文化と関わることで作り上げられてきたことを示し、文化の重要性を強調しようとしているが、結果として定義づけの妥当性については疑問が残る。この後、生徒Aは譲歩・逆接の構文を用いて、自身の論の説得力を高めようと工夫しつつ読者を結論へと導く。

たしかに現状では文化が「人々を支え、生かすもの」としての役割を完全に果たしているとは言えない。一人ひとりが異なるゆえに、文化の対立やそれによる争いが起きているからだ。これでは、文化はむしろ「人々の分裂を招き、破滅させるもの」になってしまう。

しかし、文化の違いは互いを傷つける理由にはならない。文化はあくまでも人々を「生かす」ものだ。我々は文化によって生かされている。私たちが意思を持って、今生きていることがその証拠だ。一人ひとりが互いの文化を知った上で、互いを生かす道を探すべきなのだ。現在、世界ではグローバル化が進み、たくさんの文化が入り乱れる時代を迎えている。より多くの文化に触れることは、自らの文化を豊かにするための大切なことだ。一方で、より多くの対立が生まれることも必然だ。互いを生かす文化が生まれるのか、それとも破滅につながるのかは、私たち次第である。

　以上から、私は文化の役割を「人々を支えるもの、人々を生かすもの」と考え、これから文化の担う役割はより大きくなると考える。


　生徒Aは、文化には負の側面があることを示した上で、人々を支え、人を生かすという文化の重要な役割を指摘した。とはいえ、先ほど述べたとおり、文化にそのような役割があると言える論拠は不十分である。ただし、ここでこの意見文に赤ペン等で指導言を書き込むことは行わない。論拠を充実させるための手がかりを、学習ノートから探る。生徒Aの学習ノートに記された構想メモには、「文化＝アイデンティティ」という記述があった。また、「グローバル化が進展している今だからこそ、個々人が自身の個性と文化との関係を理解し、他者の個性の背景にある様々な文化的背景を尊重することが大事」とのメモも残されていた。生徒Aが文化を価値観や信念に近いものとして捉えていることを理解した上で、授業者である筆者は、付箋に「文化が人々を支え、生かしている具体例を教えて」とだけ書き、ノートに付箋を貼り付けて返却した。生徒Aに対して行ったように、担当生徒それぞれに一言ずつのコメントを書いて返却した第4次9時には、クラスメイトの文章を読んだ上で自己評価を行ったり、クラスメイト間で相互評価を行ったりする学習活動を組織した。これらの活動を通してそれぞれの生徒が自身の文章を再度検討し、改善することを期待してのデザインである。

　ただし、意見文を書く過程だけを充実させても良い文章は生まれない。文章を書くまでに、丁寧に思考を揺さぶり、考えを深めさせることが必要となる。それでは、単元の前半である第1次～第3次にどのような工夫を行ったのか。ここでは第2次4時を中心に紹介する。

▣「問い」を磨いていく実際の授業

第2次は、第1次の「文化・伝統に関する問いを生み出す」活動を受けて、様々なトピックについての生徒自身の考えを論拠を伴って表出する活動である。

第2次4時の目標は、「相手の反応を予想した上で論拠を工夫して、自分の主張を伝える」である。目標を実現するための教材（資料1）は筆者が作成したオリジナルである。アムネスティ日本のホームページに掲載されている女性差別に関する記事を引用した上で、記事を読んだ架空の4人の生徒の考えを創作し、どの立場を支持するかを考えさせるための教材である。

問二 以下の文を読んで、あなたは

一　みどりさんに近い立場　　二　たくまさんに近い立場
三　めぐみさんに近い立場　　四　りょうすけに近い立場
五　誰とも異なる立場

以上五つの立場のうち、どの立場に立ちますか。
立場を明らかにした上で、前回と同じフォーマットに沿って、意見を述べてください。

資料　三　以下は、アムネスティ日本のホームページの記事です。

「机や椅子がなくてもいい。ただ勉強したいだけ」そう言ったパキスタンの少女マララさんがタリバンに銃撃されたのは、二〇一二年十月九日でした。
アフガニスタンやパキスタンでは、教育や仕事、結婚などさまざまな分野で女性の権利は制限され、家庭や社会で差別と暴力を受け続けています。早婚を強要されたり、親が反対する結婚相手を選んだだけで肉親から殺されることもしばしばです。しかし、法律は女性を守ってくれません。一方、女性を差別する法律や慣習を変えようと取り組む女性たちは、その活動ゆえに脅迫を受け、身の危険にさらされています。

マララさんもその一人と言えるかもしれません。日本では考えられないような女性への差別が、現実に行われている国があることについて、あなたはどう思いますか。

みどり

女性の人権の問題は、文化を超えた普遍的な価値についての問題であり、是正が必要だ。とはいえ、ある国の文化を他国が強制的に変えさせようとすると、反発を招いて問題が余計にこじれてしまう。まずはどうしてそういう文化があるのかをその国の人に詳しく聞いた上で、対話や教育によってじっくりと、時間をかけて改善を図るべきだと思う。

たくま

もちろん、人権の擁護は伝統や文化・宗教に優先されるべきだ。しかも、今回の事例は、命に関わる問題でもあるため、悠長に事を構えているわけにはいかない。人権侵害に当たるような文化であれば経済制裁などの手段を用いてやめさせるべきだ。話し合いなどの手段をとっても、今困っている人たちの問題をすぐに解決することが難しい。

めぐみ

西欧諸国は、一人一人の人権の保障を大前提にする「人間中心主義」「個人主義」の価値観に立っているが、イスラム教を信じる方々の基本的立場は、人間には神の命令を履行する義務があり、その義務の履行を保証することが社会と政府に求められるという、「神中心主義」・「集団主義」の考えだ。今回の事案を女性への差別と認識すること自体が、すでに西欧中心主義の考え方だ。

りょうすけ

日本こそ、女性の性を商品化する商売がたくさんあったり、いかがわしいビデオが多く販売されたり、子どもが読む漫画雑誌にまで女性の水着写真が掲載されるなど、女性の人権が大きく侵害されている。生活苦のため、仕方なしに性風俗の仕事に就いたものの、思い悩み、自らの命を絶つ女性もいるなど、むしろ日本の方が重大な問題を抱えている。よその国のことに口出しする前に、まず自国の女性の人権の擁護に向けた活動をしっかりと行うべきだ。

資料1　第2次4時に用いた教材

教材に合わせて、学習課題も検討する。その際には、知識・技能を定着させる課題（たとえば「意見文の形式や論拠の重要性等を知る」）と、高次の能力を培う課題（たとえば「他者からの反論をあらかじめ想定して意見を構築する」）を取り混ぜることが多い。高次の能力を引き起こすためには、多様な考えが生まれ生徒間での対話が促されるような良い課題を投げかけることが求められる。

前時である第3時には、捕鯨禁止について、賛成・反対双方の立場から出された意見を踏まえた上で、どちらかの立場に立って口頭で意見を述べるという課題に生徒は取組んだ。この第4時では課題のレベルを少し上げ、異なる4人の意見を提示した上で、4人のどの意見とも異なる立場も含む5つの立場のうち、どの立場に立つかを意見文として書かせる活動を組織した。また、意見文を書く際には、論拠を伴

うよう指示した上で、以下の資料を配布した。論拠の重要性への理解を促すための仕掛けである。

論拠とは、主張がなぜ成り立つかを説明するための「根拠」と「理由付け」のことで、根拠のみならず、主張が妥当な理由付けに支えられていることを示すものだよ。
例えば、生徒会執行部が「今年から文化祭のクラス企画は、クラスでの企画・展示はなく演劇にすべきである」ということを全校生徒に向けて主張する場合、「アンケートによると、文化祭ではお客さんを楽しませる娯楽的な側面よりも文化的側面を重視すべきだという生徒の意見が多いからだ」という根拠だけでなく「娯楽的側面を重視しすぎると遊んでいるように見られてしまい、文化祭の存在意義が疑問視される懸念がある」と「なぜ、そう言えるのか」という理由付けすることで、主張に説得力が加わるね。

さらに、第3時と同様に以下の形式に従うよう指示した。意見文の形式を理解させるとともに、他者の反論をあらかじめ想定した上で意見を構想するという高次の能力を培うための仕掛けである。

1 自身が誰の立場に立って意見を述べているか「私は～」
2 なぜ、そのような立場に立つのか「なぜなら～」
3 そのような立場の妥当性を保証する具体例「たとえば～」
4 自身の主張への予想される反論「たしかに～」
5 予想される反論への再反論「しかし～」

第5時には各自が意見文をクラスメイトと相互評価する。相互評価を終えた生徒は、他者からの評価を踏まえた上で、自己評価に基づき意見文を修正し、完成させる。

まとめよう。第1次、第2次において、生徒は教師から提示された学習課題を把握した上で、まずは自力で解決する。さらに自身の考えを他者と相互に交流し、再度吟味し修正を行い、それをふりかえった上で、再度資料を見渡し「問い」に対する自身の考えを多角的に検討してきた。本単元では、このような探究の活動サイクルを何度も繰り返すことを通して、生徒一人ひとりが考えの多様性を知るとともに「自己」を問う書き手、話し手へと成長することを狙った。

第3次以降は、新たな資料も読みつつ、徐々に自分自身の問いの質を高めていく。生徒が実際に編み出した問いは、「若者の伝統文化への関心を高めるにはどうすべきか」「女性の差別をどう克服すべきか」「多文化共生と考え方の変化の必要性」「全く知らない文化の相手と友好関係を築くにはどうするべきか」「文化と人権のあり方について」「異文化理解の本質は何か」「文化の多様性の喪失をどう防ぐか」「文化の違いは存在すべきなのか」など、多岐にわたる。第4次では、その問いを追究していく。定期考査後の第5次ではふりかえりに浸る。

ここで定期考査についても触れておこう。筆者が以前勤務した若狭高校では基本的に定期考査ではこれまで取り扱った教材を、考査の素材として扱わない。『羅生門』を授業で学んだとしても、『羅生門』を素材とした考査問題はつくらない、ということだ。定期考査を重要な総括的評価場面の一つと位置づけ、初見の文章を読み、考えを形成する力が授業を通して獲得できているかを確認する。今回の考査では児童婚について書かれた新聞記事を提示し「この新聞記事を読んだクラスメイトが、以下のように会話しています。これらの考えをふまえて、最後にあなたはどう発言しますか。」と問うた。

ただしこの総括的評価としての定期考査には、大きな課題が残った。50分の試験時間では、深い思考を促すわけにもいかず、課題文や資料を素早く読み取って、型に合わせて書くことを求める評価課題を作成することしかできなかったのである。今回の単元目標を総括的に評価するためには、せめて90分程度の時間をとって考査を行うか、レポートにて評価することが望ましい。目標と評価の一体化を図るための工夫を今後も検討する。

【参考文献】

・田近洵一（1975）『言語行動主体の形成』新光閣書店。
・渡邉久暢（2017）「『アクティブ・ラーニング時代』の高等学校において『目標と指導と評価の一体化』を実現するための課題と展望――目標と活動の関係を問う――」『教育目標・評価学会紀要』27、教育目標・評価学会　21頁－28頁。
・石井英真（2020）『授業づくりの深め方：「よい授業」をデザインするための5つのツボ』ミネルヴァ書房。

国語

2 半径5メートル以内に引きつけよう
――実感できる評論読解――

松本　匡平（ヴィアトール学園 洛星中学校・洛星高等学校教諭）

■今までとは違う何かを感じ、考え始めるために

「半径5メートル以内に引きつけて考える」ことを、どのような文章や課題を取り扱う授業でも大切にし続けてきた。高校国語科の取り扱う範囲は非常に広く、あらゆる言語活動がその対象となる。特に現代文の分野は、定番の名作に触れるだけではなく、その文章を通じてどのような力を身につけるかが大きな課題である。私の課題意識は、生徒自身が自分に引きつけて対象をとらえ、今までとは違う何かを感じ考え始めるために授業をどう組み立てるのか、という点に尽きる。

そもそもどのような文章を読むべきなのか、あるいはどのように文章を読むのか、特に現代文分野では判然としない面がある。それは評価においても同じで、特に記述解答やレポート、発表については、どのように点数化され、どのように評価されるのか、生徒が自身で判断することは至難である。そうした状況において、文章を正確に読み、自分の意見を的確に構築する授業展開は、おそらく教師人生のすべてを費やしても、完璧といえるものにはならないであろう。授業でもがき苦しみながら、生徒と共に学び、果てしない道をひたすらに歩む覚悟が求められる。

さて、現代文、特に評論文の読解を中心とする授業では、高校では特にその内容は難解で抽象的なものが多い。一読しただけでは理解できない難解な教材が教科書にも収録されており、大学入試問題においてもその傾向は強い。取り扱

われる分野も、言語・社会・文化・政治・哲学・情報・メディア・環境など多岐にわたり、また、その文章の多くは書籍のほんの一節であることがほとんどで、授業準備には相当な時間がかかる。授業者は、まずその準備段階で、授業で扱う評論文の背景や前後の文脈をとらえ、目標をどこに置き、生徒にどのような課題をぶつけ、どのような活動を授業で展開し、どのように次の文章や課題、さらには実生活につなげるかを考えることになる。

また、このようにいくら準備をしたとしても、授業は想定通りに進まない。ライブ感とでも言うべき、その日のそのクラスの、一人一人の生徒のそれぞれの状況との相互関係、というものがある。授業は「段取りは八分」であり、「現場で二分」の変化が必ずある。ゆえに授業では、現場での変化を学びが飛躍する瞬間につなげて昇華すべく、緊張の中で、生徒に教材を提示し、問いをぶつけ、時に当初のもくろみを崩しその場で再構築しながら、よりよい授業を成立させようと奮闘する。

さらに、その授業を共通の記憶として生徒と共有し、別の文章との共通点や相違点、何らかの関係性を共に掘り起こしていくことで、らせん階段を昇るように、少しずつ正しい文章読解と的確な意見構築ができるよう、促していくことになる。それは、評論に限らず、小説や古典作品にも、日々の学校生活にも、そして生徒一人一人の実生活にもつながっていくことを意味する。

世界がめまぐるしく変化するということは、どの時代でも変わらない。それは、人間が成長する存在でもあるからだ。その成長する自分を見つめ、変化する社会を見つめ、他者と共に生きていくために、自分に身近なこととして、時代や空間を超えて存在する他者の書いた文章を読む。そして、自分の意見を構築し、言葉を介して自分を形作っていくことを生徒が自覚的にできるよう、授業を展開したい。その本質は、問いかけを通じて学びの新たな「入り口」を示すことだと考えている。

■ 1単元・1時間の授業構成

単元目標を先にある程度決め、そこから逆向きに教材として用いる文章を決めていく。中心となる教材を柱とし、その教材の内容を理解し、読解を深めるための力をつけるよう、他の教材と組み合わせていく。本単元の大まかな流れを次の表にまとめた。大きな目標は、「正しく読み、創造的に書く」とした。中心教材は⑦市村弘正「失敗の意味」とした。抽象度の高い、一見すると難解な文章を、自分の「半径5メートル以内に引きつけて考える」ことを通じて理解を深め文章を書くとともに、次の文章を読む際の下敷きになるように授業を組み立てた。

単元目標：「正しく読み、創造的に書く――半径5メートル以内に引きつけて考えることを手がかりに」

		教材	授業の概要
導入	①	若松英輔「本当の幸せ」（日本経済新聞、2018年3月11日）	・基本的な評論文の読み方、構成を確認 ・引用文に注目
	②	石牟礼道子『苦海浄土』（講談社、1969年）	・別テキストの影響の考察
	③	神谷美恵子『生きがいについて』（みすず書房、1966年）	
	④	池澤夏樹「被災者とその他の人たちの距離」（『震災と文学　講義録』、東北学院大学地域共生推進機構編、2017年、荒蝦夷）	・若松の文章の類似型として取り上げ、文学と震災の関係を別の視点から考察
	⑤	伊坂幸太郎『砂漠』（実業之日本社、2017年）	・これまでに浮上した「共感」というキーワードの考察を深める
	⑥	高橋源一郎『非常時のことば』（朝日新聞出版、2012年）	

展開☆（中心）	⑦	市村弘正「失敗の意味」（『標識としての記録』所収、日本エディタースクール出版部、1992年）	・これまでの文章と関連づけながら読み進める
	⑧	映画『水俣の甘夏』（株式会社シグロ、1984年）	・文章理解の補助
	⑨	栗原彬編『証言　水俣病』（岩波新書、2000年）	
まとめ	⑩	「今日なお劇的なるもの」という市村の言葉について考察し文章にまとめる	
別単元での関連づけ	⑪	竹西寛子『五十鈴川の鴨』（幻戯書房、2011年）	・例えば被爆者の悲しみを取り扱った文学という別のテキストでも学んだ内容を有効活用できることを示した

※本実践は2020年2月頃、高校2年生を対象に行った。

▣「終わらない震災」を実感する生徒たち

「東日本大震災の記憶がすでに頭の中から消えてしまっていた」「僕の記憶の中から次第に薄れていた東日本大震災、水俣病」という学習者に対し、授業者は、2011年の東日本大震災におけるその後の生活において義父が見せた言動を、生徒の「半径5メートル以内」に引きつける補助線として用いた。

東北地方に住む義父は、原発事故以降、毎年育ててきた米や自宅の裏山の山菜を、家族が帰省しても一切食卓に並べなくなった。子や孫に老後の農業への思いを語らなくなり、放射能の検出がなくなった今もなお自慢の食材を出さない。寡黙なその姿から、終わらない震災を実感する――。

不条理ともいえる出来事の前に、人間は何を思うのか。その不条理と向き合い、どう生きるのか。この不条理を、いつの時代でも、人々は突きつけられてきた。これを語る授業者は、まるで余談のように学習者に問いかけるのだが、この余談のような「問いかけ」こそ、震災や公害などの強烈な事実が実は身近に潜んでおり、その事実に気付くきっかけを作った。義父の話はその一例に過ぎないのだが、ある意味での「自分語り」を、教壇の上で「余談の形をした問いかけ」に昇華させ、学習者の思考を揺さぶる。意味の無い余談は実は一切なかったのだと学習者は授業後に気付くのだが、教材と問いかけがダイナミックにつながることで、沈黙しつつも個々の内面で教材との「静かなる対話」が展開され、生徒は「半径5メートル以内に引きつける」ことを試み始める。以下は、『水俣の甘夏』鑑賞（⑧）後の感想である。

「記録映画を観たのは初めてでしたが、事実だけを映した映像からのめり込んだような感じで観ることができました」「映画内の人々の方言はほとんどわからなかったのですが、漁師だった男性の海に対する未練や、会の将来に対する真剣さは痛いほど伝わってきました」。

市村が述べた「今日なお劇的なもの」について書くという課題（⑩）では、身近な失敗を例示し、失敗を失敗として受けとめた経験はないかと問いかけ、クラブにおける部員同士の考えのぶつかり合い、文化祭企画の立ち上げとその挫折、ボランティア活動の再考など、その生徒自身の経験と重ねて考えることを促し、それぞれにしか書けない文章を書くことにつながった。

授業から得た「今日なお劇的なもの」という視点を自分語りの中に差し挟んでみることで、今まで考えていた記憶や見えていた景色とは違うものが生まれていく。何度も記憶を呼び起こしながら、新たな意味を加えていくという作業の中で文章が洗練されていく。その創造性が、自己を創り上げていく。自分が少しでも変わり、次の「入り口」に立つこと。授業はそのきっかけとなった。次も生徒の書いた感想である。

「『記録することは創ること』だということを意識していこうと思います。今まで書くことは少なかったけれど、より多くの人をひきつけて何かを共有することができるようにしたいです。『正しく読む』ことをそのために心がけていきます。一つだけ考えたことがありまして、東日本大震災について考えていたけれど、それじゃあ関東大震災や大昔の災害、名前もないような天災（これは存在自体が〝失われた〟かもしれない）で〝失われたもの〟についても考えられるようになりたいと思いました。」

■ 実際の授業

市村弘正『標識としての記録』所収「失敗の意味」⑦は、映画『水俣の甘夏』の意義について述べている。水俣病がテーマであるが、公害問題は日本の近代社会と共に常に存在しており、古くは足尾鉱毒事件、近年では放射能汚染処理が今も続く福島第一原発の問題がある。近代化が全国で一定期間以上進められてきた以上、歴史的な背景も踏まえ、全国の高校生がそれぞれの地域で公害を含めた近代化の弊害を目にすることや感じることはあるだろう。

この文章を通じて涵養した「見る目」はその意味で普遍性を持つものであり、今後読んでいく文章や触れ合う作品でも活用できるという意味を理解するべく、単元冒頭に若松英輔「本当の幸せ」①という文章を用いた。若松の文章では、石牟礼道子『苦海浄土』②と神谷美恵子『生きがいについて』③について言及されている。テーマは２０１１年に発生した東日本大震災である。この文章を読み進めることで、「悲しみ」とどのように向き合うかという筆者の考えに触れ、自分や他者の「悲しみ」との向き合い方について意見を交わす機会を作った。

例として、「悲しいな」と言っている人に「そうか」と応じることは簡単だという話から始めた。「悲しい」という言葉で語ることができる人は、その悲しさを「悲しい」と説明し、今後その内容を整理していくきっかけをすでに得ていると考えられる。「確かに、悲し～って言ってる人は、悲しそうじゃないものね」という反応が返ってくる。では、「悲しみ」と向き合うとはどういうことなのか。自分の親しい友人が、当の本人も分かっていない「悲しさ」をにじませていたらどうか。「友人」であることが試されているのはこういう時ではないかと語りかける。その親しい友人の側に、君たちは、理屈を超えて側にいて支える存在になっているのか。逆に、自分が悲しいと言えないほどつらい時に、何が救いになったのか。学習者たちは、ガヤガヤした喧噪からしばしの沈黙の中に入る。あえて反応を求めることなく、文章の内容に戻っていくと、文章に対する姿勢が自然と深まっていく。

このような問いかけは、友情や愛情を自分のこととして捉えるきっかけになる。そして、文中の概念的で遠い存在だった筆者や記述された人々が、等身大の身近な存在へと変わってゆく。伊坂の『砂漠』⑤（「そこまでして何かを伝えようとした、という事実が衝撃」）や高橋の『非常時のことば』⑥（「『僕』あるいは『私』から、どうやって、それ以外の『他人』に、ことばを贈り届けることができるのか、（中略）その『他人』は、もしかしたら『僕』なのかもしれない。」）は、その意味で学習者の心に届きやすい。この読書経験が、映画『水俣の甘夏』を鑑賞する準備となり、水俣病患者同士が互いに不信感を募らせていきながらも、それを乗り越えるまでの空白の３ヶ月を想像することにつながる。

また、栗原彬編『証言水俣病』⑨を援用し、身体レベルの水俣病の重さと共に、精神にまで重くのしかかった水俣病のあり方を読み、文章には別の文章を連ねて考えることが重要だということをさらに実感できるよう工夫した。重度の水俣病で、親さえ認識できていたかどうかわからない患者が、その親の死を境に、今までとはまったく異なる行動にでるようになったという逸話を授業者が語るとき、学習者は、しんと静まりかえりながらも、自分と親の関係にその逸話を重ねていく。この経験が、後に自分の読書経験において別テキストと関連付けて読むということの素地になるであろう。

「失敗の意味」⑦は、タイトル通り「失敗」が主題だ。そして、この失敗自体を成立させないすさまじい消費社会の有様の理解がまず必要となっている。失敗が社会的に成立しえないとはどういうことか。身近な例から捉えられるように、「リスク」という言葉を重ね合わせて考えることを促した。リスクが声高に叫ばれ、自己責任という言葉が横行する社会では、生徒達も、「リスク」「自己責任」などは耳慣れた言葉となっている。例えば各種契約には「同意書」が、医療現場では「誓約書」が求められる。一度失敗すれば取り返しがつかないという意識が、教育現場にも浸透している。成果を求めることは、リスクと裏腹な関係にある。このような例は枚挙にいとまがないが、要は、いかに失敗する経験から人々は逃れ、失敗を有害なものとして除去する方向に動いているのかということが身近に感じられれば良いのだ。このような「例え」を授業に投げ込むことは、時に「余談」だと思われがちだが、この「余談」のような問いかけこそ授業のライブ感を生み出す秘訣といえる。

評論では、効率化や利益を求めるあまり失ったものが多い、という論が頻出だが、ここでは「失敗」を失ったということの理解が必要となる。この理解をさらに深めるために、映画『水俣の甘夏』⑧を鑑賞した。この映画は、水俣病患者の人々が無農薬の甘夏作りを進める中で、農薬を散布する家庭が出て来たことから急展開する。農薬を散布した家庭をどう取り扱うのか、それを撮影するスタッフまで巻き込んで、最後はその家庭を排除するのではなく、「失敗の会」として受け入れていくまでの過程が、豊かに見える水俣の自然と、当事者達の生々しい言葉によって紡ぎ上げられていく。授業におけるこの映画鑑賞のポイントは、仮に文章を読むことなく映画を鑑賞したとして、果たして市村の述べるような内容にまで考えが達することはできるのかという問いを持つことにある。ただ漫然と映画だけを見ても、市村の考えには達しない。

　以上、若松の文章から始まり、多様な文章に触れながら震災や公害への視点を理解し、「共感」というキーワードを押さえてきた。そして、本単元の「やま」となる、市村がこの映画に対して述べた、「今日なお劇的なるものの表出とはこのようなものであるのか」という部分の実感に踏み込んでいった。映画『水俣の甘夏』を観て、私たちが生きているこの社会においても、同じ様な「劇的」なことが起こっているのではないか、という視点の確立ができるかどうかが鍵となる。そのためにはまず、「劇的なるものの表出」が、この文章においてはどういう意味を持つのかを正確に把握する必要がある。生徒自身にも解答を書かせた後に、相互に添削を加える活動を差し挟んだ。互いの解答の「至らない点」を指摘するのではなく、

⑦の板書の一部

優れた部分を見つけて褒める活動から入ると、教室に和やかさと共同性が立ちあがってくる。その上で、例として「A除草剤事件当事者の苦悩を記録する映画制作者は、B画面に映らない立場ながらも、C否応なく事件の関係者となり、D撮影自体が事件の過程を創りあげるものになったということ。」という授業者の解答を示し、それぞれA~Dの要素が本文中のどこにあるかを確認しながら、理解を促した。色ペンを用いて「A」「C」などの要素を相互に確認していくと、「この部分はCだよね」「これはよく書けているように思ったけど、D要素がないから0点じゃない?」などの議論が生まれ始める。

さらに、添削用メールを用いて学習者からあらかじめ解答を回収し、名前を伏せて「A・B……」と無作為に順序づけ、授業者が作成した解答も潜ませておき、どれが優れているかを投票させた。時に授業者より学習者の解答が高評価を得ることがあり、授業者もまた学習者の立場に立つことで、教室内の雰囲気を活気づかせ、一方的な解答伝達を待つ姿勢や、授業者の解答を類推するような態度に学習者が陥ることを防ぐことができる。

これらの活動を通じて、「予期せぬ見馴れない事態」と向き合うことで生まれる恐れの感覚が、失敗を失敗として切り捨てるだけの近代の弊害から人々を辛うじて救い出し、他者と悲しみや苦しみを共有することへとつながるという考察が浮かび上がってくる。市村が最後に述べる「水俣からの認識とは、生存感覚に発し、それを包みこむ関係への認識であろう」と述べる理由につながった。

最後に、その実感を持って自分自身の生きる社会や世界と向き合うことを生徒に求め、その成果を文章にまとめる活動⑩を実施した。今までに培ってきた読解力や思考力を手がかりにした、積み重ねられた経験や知識が必要不可欠となる。そして、まだ見たことのないような他者をそこに想像し、自分と重ね、あるいは重ならない部分を意識して書くことで文章は生まれると考えている。正しく読むことなくして、創造的に書くことはできない。

硬質な評論文ほど、自分の身近な例や経験に重ねながら読み進めることでしか理解が進まない。一冊の新書すら読み通すことが難しい生徒も確かに存在する。だが、問題意識のない生徒に「本を読め」というのも酷な話である。まずは生徒自身が問題意識を持ち実感しながら読めるよう、その知的好奇心を刺激することが肝腎である。授業を通じた問いかけと答えの応酬を踏まえ、その都度様々な文献を紹介していく地道な語りかけが、結果として長い文章を読み通せることにつながる。この授業では、映画『水俣の甘夏』の制作者たちが、事件の当事者としてその現実に巻き込まれ、結果として現実そのものを担う存在として急浮上してくるという市村の指摘を踏まえ、生徒自身が現実を担う一人の人間としての自覚を持ち、身近な出来事を「劇的」なものとして捉えるきっかけを得ていることが、学習者の書いた文章からも読み取れる。

なお、別単元だが、竹西寛子『五十鈴川の鴨』⑪を扱った。友人が亡くなったことを知らせてきた女性と「私」の会話に、「私」と友人の記憶が重なりながら小説世界が構築されている。その友人は戦争中に広島で被爆し、そのことが友人の人生に大きく影を落としていたという内容である。被爆という悲劇が何年も何十年も人間を苦しめることの実感は持ちづらいかもしれない。しかし、市村の「今日なお劇的なるもの」という視点があれば、作品タイトルにある「五十鈴川の鴨」の描写を契機とし、被爆にとどまらない、不条理に対する普遍的な悲しみや苦しみに迫ることができる。

本単元を通じ、学習者は、授業者の「余談」のような問いかけを通じて世の不条理を身近なものとしてとらえ、他者への想像を育み、一人一人が内面で自己と深く対話した。そして、「劇的なるもの」という市村の視点を援用し、世界を対象化し熟考を重ね、文章化していった。授業を底支えする教材研究と、生徒と共に「問題」の入り口まで共に歩んでいく姿勢を、これからも大切にしていきたい。

国語 3

ことばで生活を切り開く授業

―「私達が立っている場所」（錬成現代文）20年の軌跡―

小山　秀樹（大阪府立今宮高等学校教諭）

■ 現代生活に生きることばの力を育てる

国語科の学校設定科目として「私達が立っている場所」（以下「私達」）を展開して20年になる。総合学科3年生の現代文選択授業として２０００（平成12）年に開講した。私達の社会がどうなっているかを知り、その中を生き抜くことばを獲得する授業を願ってこの科目名となった。私はかねてから、ことばの学習が日常生活に生かされるような、また日常生活からことばの課題が発見され、学習として取り上げられるような、そんな授業をめざしてきた。「私達」の授業では、高校生としてできる最高の思考水準で授業と日常をつなぐことをこころがけた。受講生は精一杯思考し、時間も相当使うことを覚悟して選択する。

「私達が立っている場所」という授業名の着想から述べてみたい。私は国語科の教員になった当初からグループ発表の授業を展開してきた。複数でのしっかりした話し合いが個人の力になることを高校、大学時代の自身の体験から学び、そんな授業がしたいと国語科の教員になった。20代の、国語科の教師になったばかりの私は、授業展開として話し合いという方法意識は旺盛であった。学習者にどのようなことばの力をつけることが必要かということの確信は、その後にもつこととなった。

指導の目標となることばの力はどんな力か。あるできごとが私の確信を支えるヒントとなった。クラスの生徒が私に相談に来た。顧問の先生が決めているクラブの練習方法がどう考えても無理なことなので、どうすればいいかという相談である。

私　「先生に言えばいい」

生徒「逆らってると思われる」

私　「意見なら言える」

生徒「意見って何や？」

生徒は私と話した後、クラブ顧問のところへ行った。
生徒は、私に励まされ、クラブ顧問を訪ねた。しかし、的を射ない生徒のことばに顧問は苛立ったらしい。

顧問「僕の指示に従えんのか。文句ばかり言うな」

生徒は、その瞬間顔を真っ赤にして、顧問にこう言った。

「これは文句と違う。これは、意見や！」

この生徒のことばは、私につけるべきことばの力を教えてくれていた。私は、自分自身の考えを十分説明できず、「意見や！」と叫ぶことになったこの生徒に、堂々と顧問とわたりあえることばの力をつけなければならないと考えた。
意見を言う力は物事を把握し、理解する力を基礎に持つ。また、自身と他人との関係をことばにする力でもあり、それは、社会をとらえる力に繋がる。

「(社会が)どうなっているかをことばでとらえる」

「(自身や共同で)どうするかを考える」

こうして日常生活とつなぐことばの学習を、私は「私達が立っている場所」の授業の目標として確信することになったのである。

■「私達が立ってる場所」の構成

「私達」の授業は、「学ぶこと、考えること、感じること」「私達とこの現代社会」「しくみの中をことばで生きる」「私達が立っている場所とつくっていく場所」など、年間を四つの単元で構成する。授業はまず、力のある教材を使って自分達の日常生活を見つめなおすところから始める。そして年間2回のグループ発表、討論会の開催、中学生や保護者向け体験授業の実施、大学教授など外部講師による授業など、その都度ふさわしい方法を用いて授業を日常のことばとつないでいく。見据えることばの学習の目標は、これまで述べてきたとおりであり、迷いはない。力をつけるための学習段階をおよそ3つに区分する。①教材を使って日常を見つめる段階、②日常の課題を教材から離陸させる段階、③日常の課題を授業で検討する段階である。それぞれの段階をどの単元でも小さなステップにして指導する。

学習段階、使用教材とその実際を表にするとおよそ次のようになる。

	学習段階	学習の実際
1	力ある教材を使って日常を見つめ直す。（授業の側から現実へ向く意欲とことばの力をつける）	*「『である』ことと『する』こと」（丸山真男）：日常の問題をことばにする絶好の教材である。授業は意見交換の機会をいつ、どのようにつくるかが重要である。話し合いで、人の意見に触れ自分の意見を相対化することは、問題を教材から離陸させ、現実の問題とさせる。（資料1） *「文学のふるさと」（坂口安吾）：生きている現実がやむをえない形をしていて、自分もまた例外ではないこと、そしてそのことが生きる勇気になることは高校生の現実へのエールとなる。 *「パニック」（開高健）：個としての人間と集団のなかの人間、全体と部分など、矛盾のなかを生きるテーマは高校生を引きつける。「構造図」を作成させ、読みとる力も鍛える。（資料2）

2	教材による学習から発展的な現実の課題とつながった学習へ（授業の側から日常を見つめる）	＊「服装自主規制」問題、「下校時刻」問題の考察：アンケートなどの実施。小冊子の発行。授業主催の討論会の実施。 ＊「国語表現」「倫理」「現代社会」などの科目への学びの広がり：小論文を書くときの課題認識の方法と意見、社会科学系の科目へのリンクなど、「私達」の授業の学びを他の教科学習の学びと総合させる。 ＊オープンスクールでの体験授業の実施：「私達」の学びを授業者として中学生・保護者へ『世界がもし100人の村だったら』を考察する」「激突！　プレゼンテーション大会決勝戦」「必勝！合格マニュアルづくり」。
3	現実の課題意識を授業にのせる（日常の側から授業を構想する）	＊「生きるとは？」討論会：養護教諭も参加して実施した、少女売春をあつかった討論会。 ＊さまざまなマニュアルづくり：「今高授業マニュアル」「水球部マネージャー完全マニュアル」など、日常の見つめなおし、確認、改善のためのマニュアルづくり。 ＊外部講師による授業：「ニーチェとの対話」「言葉に執して生きた人々」「文学に遊ぶ、文学に学ぶ」―短歌をめぐって―（大学教授、高校教諭、社会人講師など）。 ＊「君たちはどう生きるか」（吉野源三郎）：作品の課題、日常生活の課題を総合しての文章づくり、討論会。 ＊ハーバードへ留学する！：サンデル先生の白熱授業を見る。カントの講義を丸山真男と重ねる。「サンデル教授@東大」を語る（授業を受ける態度、発言のようすなどがたいへん刺激になる）。

私が授業でこころがけることは、若い学習者の学びのエネルギーを全開させることである。長時間の話し合い、場面を切り開く力を持った友人の発言や私の助言。それらひとつひとつを彼らのことばの経験として蓄積させることができれば、かれらはその獲得したことばでこれからの場面に立ち向かっていくことができる。それは今の自分よりもましになりたい、よくなりたいというエネルギーに導かれ、継続的な学びの運動ともなる。

▣ 生徒たちに「ことば」は生成、蓄積されたか――検証

「私達」の学習が日常生活に生きる「ことば」を鍛える学習である限り、学びの成果は、受講者のなかに確かな「ことば」として生成、蓄積されなければならない。その「ことば」の一つひとつを受講生から聞き、知ることができれば、これからの授業を確信して進めることができる。遠い将来に生きると信じて展開した授業に、また今後展開される授業にそんなかけがえのない「ことば」を与えたいと考えた。私はそんな気持ちから、卒業した受講者にアンケートを送った。自由記述から受講者の回答を見ていくことで「私達」の授業を検証してみたい。

(1) どんな授業だったか

a 「私達」を受講して、投げ出したくなることが正直何度もありました。筆者の言いたい事や考えている事を、何度読み返してもなかなか理解できなかったり、イメージとしては浮かんでも、うまく言葉にしてグループのメンバーに伝えられなかったり。何度も何度も、諦めたくなりました。でも、逃げませんでした。ここで逃げたら、この先逃げ続けることになると思ったからです。どこにいても「言葉」というものが絶対についてくる。言葉から逃げるというのは人と向き合うことから逃げるのと同じなんじゃないかと思いました。だから「今もこの先も逃げない」と、この授業を受講した時に心に誓ったんです。

b 「私達」は一言で言えば、よく考える授業であったと思います。後にも先にも、「これでもか」と考えた授業はこれが初めてと言っても過言ではない気がします。卒業後、このような授業があったという話は他の人からは聞かないので、自分は恵まれた環境にいたと感じました。卒業後、人と議論をする際は、相手の話をじっくりと聞き、その考えを理解したうえで、ズレが生じないよう、自分の考えを話すようになりました。また自分の考えも、発言する前に相手に伝わりやすいかどうか考えるようになりました。「思考する」ことが、この授業で一番身についたことだと感じています。

c話し合いでうまく意見の伝えられないもどかしさ、限られた時間での活動、Q＆Aの恐怖や、発表の緊張…。大変なこともたくさんありましたが、すごく達成感がありました。あれだけ必死にグループで学習する授業は、ないと思います。受験のためだけにした勉強は、正直ぼろぼろと忘れていっています。でも「私達」の授業で学んだことは、些細なことまで覚えています。これって、すごく大切なことなんじゃないかなと思います。

理解したことや考えたことをことばとして伝えることの難しさに直面し、悩み、もがいた後に達成感を持って成果を得たことがうかがえる。それは、具体的な学びの場面として記憶され、蓄積されている。

(2) どんな態度・姿勢・考え方が身についたか

eまず、なによりもレジュメの作り方、プレゼンの仕方を身につけることができました。大学でも発表の機会は多々ありますが、レジュメを作るときの根本は今でも高校の時とほぼ同じです。そして同じ班で発表をした人とは目指した大学が同じだったこともあり、最終的には違う大学になりましたが今でも仲良くやっています。そのような人と会うと話題になるのが「私達」のことです。

f「私達」での学びは、そのまま大学での学びで通用しました。演習はもちろん、他大学の生徒と自主ゼミを作って語り明かした時でもいつも脳裏には「私達」での激しい討論がありました。もちろん学問だけでなく、サークル等の人間関係においても「私達」は出てきます。まず何事も「真剣」に考え、取り組むことができるのです。「私達」では抽象的な事柄を多く学びましたが、それが現実と関係ないかというとそうではなく私の「考え方」の支えとなっていたので人間関係で迷った時も偽りなく人とぶつかり合って接することができました。

学習の方法や得た達成感が以降の学習に対しての考え方や学習の態度として自分自身のものになっている。それは、これから出会う課題に対して取り組む態度ともなっている。

(3) ことばで生きるということ

gこの授業を受けたことは、今の自分に極めて影響しているように思えます。本を読むことで得られるものというよりも、もっと人というものがわかったような気がします。同じ作品を読んでいるのに人によって捉え方が様々で、同じ人間なのに違う。改めて、強く感じました。この授業は、生半可では通用しないくらい内容が高度で充実していました。もちろん小山先生も魅力的で、私達は恵まれていました。だけど、自分の1年間の記憶は表面的でしかなかった。本当に失礼で、やはり、この授業はやる気が凄くある人が対象であるのに、結果、自分は単位が取れればいいに終始していました。そうであるのに、得たものが非常に大きく、まさに今の自分ができあがり、視野が広がり、いろいろな考えができるようになりました。

h「本当にそうなのか?」の思考を、もはや意識的にではなく、日常的に行うようになったこと、これは私の中で「私達」が生き続けていることの何よりの証拠であると、日々感じている。

i私は今、法学部ですが、法律が作られた目的などで民主主義の考え方があげられることがとても多いです。例えば、「権利の上に眠るものは保護に値しない」という言葉は民法を学ぶ上でよく使われます。これはこの言葉だけ聞いても意味はわかりますが、やはり丸山真男の「日本の思想」を読んだ上で聞くのとは理解の深さがかなり変わってくると思います。このように1つの事柄でもその根本となる考えを知っているかどうかで、新しく得た知識をどこまで自分のものとして理解できるかが大きく左右されます。「私達」はこの根本となる考えを扱い、また新たに知っていく機会を与えてくれたと思っています。

j「私達」での学びの経験は、大学で度々訪れるその場面で、私を多弁にさせるより、むしろ寡黙にさせたように思う。もちろんそれは、考えることを放棄したからではなく、むしろ「考えを尽くした上での言葉」の重さ、つまりその場の思いつきで浮かぶ言葉は軽く、それらはいくら集めたところでたいした重さにはならないが、考えに考え抜いた上での言葉は、たとえ一言でもずっしりと響くということを「私達」で身をもって学んだからである。実際、大学の授業における議論の中で、私が絞り出した、たった一言がその後の議論の方向やテーマを決定付けたときは、「考えること」の重要さを改めて思い知るとともに、「私達」でやっていたことが報われたようでうれしかった。

ことばで人間や社会を理解すること、またそれらとつながっていくことを確信できているような文章である。ことばを手がかりに今後も向き合うことができるたくましさも感じられる。

▣ 実際の授業、指導の実際――グループ発表の授業を例に――

生徒が「私達」の授業に期待するものに、年間2回実施するグループ発表がある。私は生徒を主体的に活動させることの方法を先人の実践に学びながら、30年以上展開してきた。「『である』ことと『する』こと」(丸山真男)を教材にした授業の実際を以下に紹介する。

受講生を5つのグループに分ける。ひとつの班につき2つの段落を担当させ、話し合ったことを発表させる。発表の当面の目標は、文章の理解である。文章を理解するためには、自分達の手による言い換え、わかりやすい具体例、図による解説は欠かせない。発表資料は2枚を限度とした。資料の締め切りを発表の3日前とし、それにあわせて班員全員を集めた。Q&Aと称して、発表資料に書かれてあることが班員全員のものになっているか確かめた。そして、本発表、補充発表へと向かう。ひとつの班は、およそ次の表のような学習活動をする。(4・5が、授業での発表、1・2・3・6が課外での活動となる。)

1	班による文章への取り組み	自分達のことばに置き換えているか。具体例は適切か。
2	発表資料の作成	B4用紙2枚が基本。
3	Q&A	班に対し、発表資料をもとに教員が質問、指導。
4	本発表（約35分）	発表班以外の人は、感想表に記入、班に提出。
5	補充発表（約10分）	感想表をもとにしてさらに話し合い、補充発表資料1枚を作成。
6	提出してもらった感想表の質問に答え、意見を書き、個人に返却。	

話し合いを進めていくと、生徒は作者のことばに追いつく瞬間に出会う。また、自分達の考えをあらわすことばにたどり着く。私は生徒達がそのような自分のことばの獲得ができるよう、どんな小さな機会をも取り逃がさないようにアシストしていくことを心がけた。自分のものになったことばは授業の壁を破って日常に、現実に向き合うことばとなるという確信が、私を生徒に対峙させることになった。

私は毎日、５時半を過ぎてから発表準備をしている３年の教室をまわった。グループ発表のドラマは、放課後の教室で展開される。ある日のことである。１班はその日、激論となっていた。「権利の上に眠る者」を自分達のあげた具体例で克服した彼らは、「制度の自己目的化」の解説に取り組んでいた。この概念は、若く、純粋で、なんとか世界をことばで捉えたいと考えている生徒達の心に響く。制度の自己目的化を退けるためには、制度の理念が必要である。議論はどうやら、理念と制度自体との関係についてのようであった。私はしばらくその議論を聞き、その場を離れた。隣の教室には、２班がいた。２班は、ふたりしか残っていない。そのふたりもそれぞれに離れた場所で教材に向かっているのである。

「他の人は?」

「クラブみたいです」

お互いに確かめることができず、集まることができないもどかしさ。準備は進めなければならないという実直な気持ち。まじめなふたりは帰ることができず、しかし一緒にもなれず、別々に文章を読んでいる。それは2班固有の課題であるが、私達が直面する現代の課題と繋がる。グループ発表は、生徒達自身が持っている課題を浮き彫りにする側面を持つ。

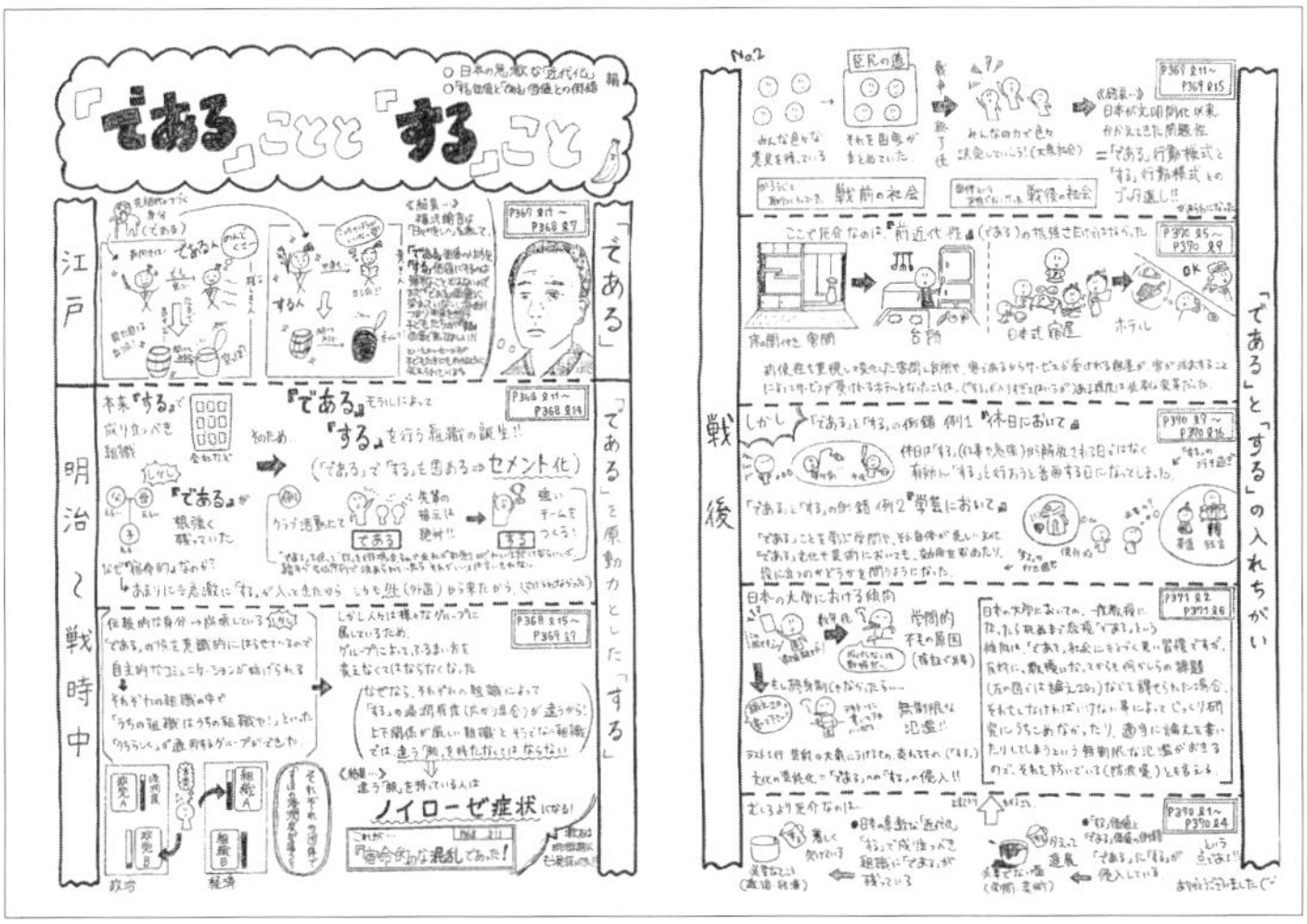

資料1

「マグネット15個用意できますか。」「簡単な確認の問題を最初にやっていいですか。」発表も中盤になると、具体的なやりとりが中心になる。班のエネルギーを支えているのはみんなに理解してもらわなければいけないという責任感と、自分達が教壇に立って授業を進めるのだという挑戦する気持ちである。最初の班の指導は特に重要である。早い回に優れた発表があれば、おおよその成功は見込める。生徒達が相互に学びあう力は、想像以上に高い。授業を通して生徒達にどんなことばの力をつけるのか。私が何度も自問自答し、こころがけるのはそのこと以外にはない。その確信がグループ発表の指導に力強さを生み、生徒達に将来花開くかもしれないことばの種を植えつけることになる。

迫って来る発表日に後押しされ、集まらない班員にどうやら鬱憤をぶちまけたらしい。その切実なことばに動かされ、2班は発表日まで爆走した。お互いに宿題を出し合い、毎日早朝からの話し合いである。下校時刻後はなんと、校門の外で立ったままテキストを広げているのである。期限があることは、ものごとを掘り下げていく上で、重要な契機となる。私は彼らにその契機を確実にものにさせようと、それでもやはり迫るのである。生徒が発表用に作成した資料1は、日本の近代化の特質を「である」と「する」ということばを手がかりに説明している。聞き手の理解のためには、具体的な事例を挙げることはもちろん、本文の語の自分たちなりの解説のことばも書き込み、聞き手の授業後の復習に役立つように作成する。聞き手の生徒からの評価は抜群に高く、それがさらなる発表班の意欲となり、補充発表での学びも大きかった。「どう考えてするか」に加えて「それがどう受けとめられるか」という視点が、発表の場面を支えている。

「私達の課題は、民主主義が私達のものであることをしっかり考えることだと思う。そしてその重みを感じることだと思う。私達にとって民主主義は自分達の手で手に入れたものではなく、与えられたものに過ぎない。問題は、それがどのようにして私達のものになったか以上に、私達がそれをどのように扱っていくかだと思う。」

「「である」を深く内に蓄えた人が「する」をすることが大事だ、というところで、「やっぱり　そうかあ。」と思った。私にはまだまだ「である」価値の蓄積が必要だ。」

例の2班の生徒が書いた文章である。消費されるのではなく、温められることばを身につけるということ。それはどんなに小さなことがらを指していても、現実をつかむことばである。そしてそのようなことばの経験の重なりだけが、世界を切り開いていく力となるのである。

グループ発表とは違った授業展開の成果のひとつとして資料2を挙げる。中編小説の『パニック』（開高健）を読んでその内容を構造図としてB4用紙1枚にまとめさせた。小説全体を1枚の用紙にまとめるというなかば無茶ぶりのような課題である。資料2の生徒作品では、人間の組織での役職と行動を時系列で明示し、それぞれについて考察を加えている。小説の細部と全体をとらえ、ことばを選びながら構造として表現できた作品である。

「私達」の授業では、どのように学びが獲得されるのだろうか。日常生活に生きることばは重層的な経験を背景に、ある種の「もがき」とともに生み出される。そんなことばは、必然としてどれも素朴な、真正面からのことばになることが多い。若い学習者は生きる上で何か大切なこと、かけがえのないことに触れたとき、ほんとうのことを言いあらわすことばを探す。そしてそれはほとんどの場合、おずおずとした質問の形をとる。私は今までの指導の経験から、この質問を発した学習者が将来を切り開くことばをこころに蓄積したことを知るのである。

「まずは「私達」という授業が生徒と卒業生をつないでいるということを再認識しました。それと、知らないことを知る喜びが「私達」という授業にあるということ。あと、子ども以上大人未満の高校生は、熱せられた鉄のように熱く、何にでも形を変えることができる危うさと希望に満ちているということ、あるいは、そんな3年を過ごす存在だということです。」

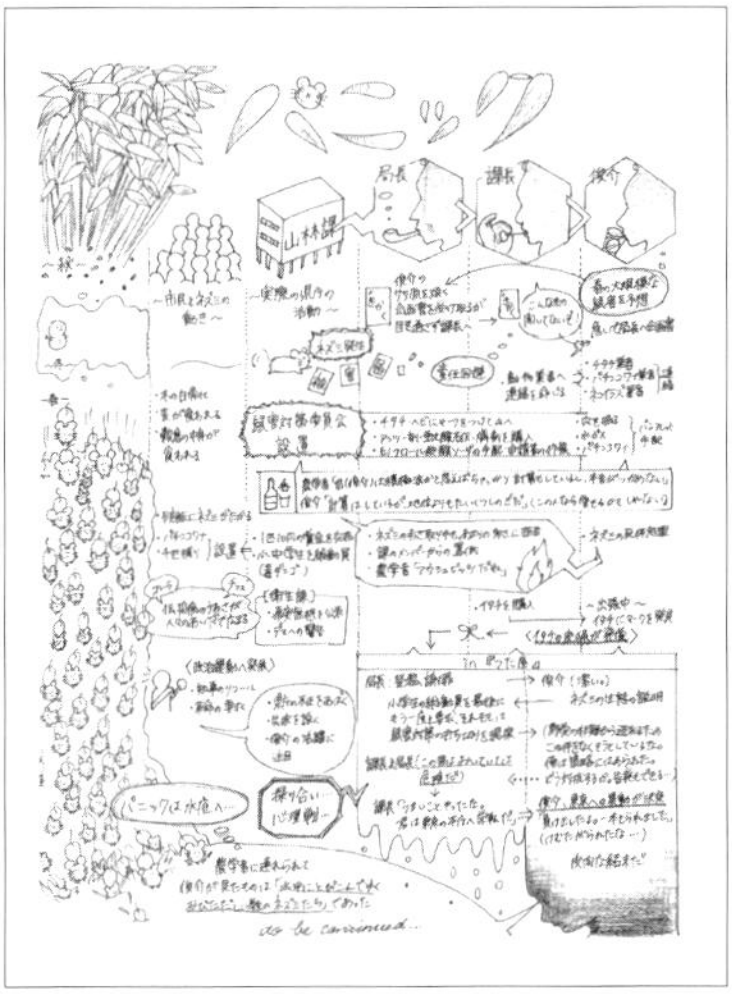

資料2

アンケートからのことばである。現在の受講生と卒業生の間に「私達」の授業が成り立つとすれば、「今、この場所から」学び、その学びを「今、この場所を出発するというかたちで」始めたこの授業は、より深化するに違いない。卒業生の学びは、現在もつづいている。私はことばの学習の指導を通して自分自身をつかみ、生活に生き、人や社会と関係をつくることばを獲得する運動を力強く継続させることに今後も資したいと思う。

4 鴻門の会を演じる――「物語」を自分の力にする――

笠原　美保子（神奈川県立横浜翠嵐高等学校教諭）

■「物語」のストックを生きる力にする

進学校で勤務していると「古文・漢文は裏切らない」という言葉を、よく耳にする。模擬試験のたびに得点に揺れがある現代文に比べ、古文や漢文は文法・古文単語・句法の暗記がそのまま点数に現れる、だから国語の学習は古典を中心に勉強せよ、という意味のようだ。しかし、文法や語釈は古文・漢文で身につけたい力の中心ではない。

古典を学ぶ意味は、人間の持つ「物語」のストックを古典の中から増やすことにあると考える。なぜなら、「物語」のストックのバリエーションが多いほど、多様な視点から自分の「物語」を作っていけるからだ。

自分がなぜ、何のために生きているのか、自分の生きる基盤や方向性の支えになるのが「物語」だ。小川洋子は、「誰でも生きている限りは物語を必要としており」、「たとえば非常に受け入れがたい困難な現実にぶつかったとき、人間はほとんど無意識のうちに自分の心の形に合うようにその現実をいろいろ変形させ、どうにかしてその現実を受け入れようとする。もうそこで一つの物語を作っているわけです。」（『物語の役割』筑摩書房、２００７年）と述べている。

だが、目の前の高校生を見ていると、その「物語」を作る力に乏しい生徒が多い。進学校には、「なんでも完璧にこなせて最上位の成績をとる物語」を持って入学して来る生徒が多く、中学校で最上位だった生徒ばかりが集まる進学校に入って、今までと違う立ち位置にいる自分に気づいたとき、古い物語にしがみついたまま、現実の前で立ち往生してしまう。たとえば、「課題が多すぎて仕上がらない」という未知の事態に直面したときに、強い抑うつ気分を訴える生徒。「精一杯やったが間に合わなかったので後日提出すると先生に言おう」とか「間に合わない場合は全部を期限内に仕上げようとしないで、自分のなかで優先順位をつけてやってみよう」とアドバイスしても、それを受け入れることができない生徒。「なんでも完璧にこなせる物語」の世界には、「課題が間に合わない」ことは存在しないからだ。

生徒たちの「物語」のストックは少ない。生徒に自分の読書を振り返らせる課題には「最近、量が減った」「小学校高学年をピークにどんどん減っている」「高校に入ってからぱったり読書はやめてしまった」など、高校に入って読書量が減ったことを述べる記述が多い。

古典には、先人が生きる意味に迷い、苦しんだ中で生み出された沢山の「物語」がある。それを、単語の暗記と文法の理解だけの科目として矮小化してはならない。様々な「物語」をくぐらせ、さらに自主的な読書に導いていくのが国語科の使命であると考える。

今回とりあげる作品『史記』は、周知の通り、司馬遷が宮刑という屈辱的な刑罰に耐えながら完成させた中国最初の正史である。授業では、この作品の「鴻門の会」の場面を劇化し、登場人物がその時何を考えていたかを考え、「その場」を演じることで、一つの「物語」を獲得させたい。

▣ どのように単元を計画するか

単元を作るにあたっては、一人ひとりが表現を熱心に読み、その意味を考えるようなしかけをどこかで作ることを心がけている。今回の単元では『史記』の教科書に掲載されていない部分と教科書本文の関連づけがそれにあたる。

時	生徒の活動	教師の支援
1（1H）	・教科書本文「鴻門の会」の訓読。	史記に関連した読書案内をする。

2(3H)	・教科書本文の訓読および現代語訳	個人作業→グループで共有の流れを作る。
3(2H)	・「項羽本義」(『新釈漢文大系 39』より)の教科書以外の部分を分担して読む。 ・自分が読んだ部分と教科書の関連を解説する。	グループを回り、解説が必要なのに触れられていない部分があったら指摘する。
4(1H)	「鴻門の会」を劇化する。 ・各場で一人一人が登場人物の一人を担当し、実際の会話だけでなく、心の中のセリフや補った解釈もセリフ化して付箋に書く。 ・それぞれが分担したセリフの付箋を「劇化シート(台本)」に貼り、グループでセリフの妥当性を検討したり、全体のバランスを整えたりする。	全員がセリフを言う形に分担を作成する。 5㎝×7・5㎝の付箋を用意し、その付箋に貼るとシナリオが完成するようなシートを作成する。
5(2H)	・劇の発表とフィードバック。 ・「劇化を終えて」シートの記入。	4場面で一つになる劇を2セット上映させる。 2セットの劇の解釈の違いをフィードバックする。

■ 生徒の育ちの姿(評価)

テキストを正確に読み込むこと、自分の中で「物語化」することと、それを適切に表現することを「思考・判断・表現」として評価した。たとえば、教科書に載っていない部分を分担して読み、解説する活動の中では、自分が分担して読んだ部分と教科書本文とを結びつけて語る力に着目した。

この活動では、次のような会話があった。

生徒A「范増は項荘に『君王、人と為り忍びず』、項王は残忍なことができない、って言ってるけど、宋義っていう将軍がいて、この将軍は項羽の伯父の項梁の戦死を予言した優秀な軍師なんだけど、項羽はこの将軍のやり方が気に食わないっていって部屋に入って行って突然頭を切り落としたりしてるから、残忍なことができないっていうのは違うんじゃないかと思う」

生徒B「僕の読んだところでも、秦の章邯っていう将軍が項羽のところに下って仲間になって、だけど、その軍の20万人の兵士を、信用できないって言って穴埋めにしてるって書いてあった。降伏してきたのに、かなり残忍だよね」

生徒A「じゃあさ、なんで范増の『沛公を殺せ』に従わなかったんだろう。単に人に指図されるのが嫌だったからかな？」

生徒B「ああー、俺様キャラ、的な？　自分から進んで残忍なことをするのはオッケーってこと？」

教　師「項羽は人に指図されるのが嫌っていうのは、なんとなくそういうキャラじゃないかっていう根拠のない推測だよね。資料を使っているんだから、できるだけ資料を使って考えて」

生徒C「あの、鴻門の会の前の日に項伯っていう項羽の伯父さんが、沛公が項羽の到着を待っていたということを説明して『之を撃つは不義なり』、義理人情に反するみたいなことをいうと、『項王許諾す』、よしわかったみたいなことを言ってるから、それで、次の日の宴会で殺したら義理人情に反するってことじゃないかな」

生徒A「あー、そうなんだ」

生徒D「鴻門の会のあとで、范増が『豎子ともに謀るに足らず』って言っていて、豎子って小僧とか青二才のことなんだけど、義理人情に反するって言われたことにこだわったところを青二才って言ってる？」

生徒B「筋を通すことにこだわるヤンキーみたいな？」

生徒A「そういえば樊噲を気に入ってたあたりもそういう感じあるよな」

評価の方法は、観察と、ワークシートの点検によって行った。班を回り、生徒の説明を聞いたり、班員が説明を聞き取って書いたワークシートを見たりすることで、説明が不十分であるところには問いかけをしたり、アドバイスを書いた「一言メモ」を渡して支援した。「一言メモ」は、各班で必ず話し合ってほしいと私が考えた以下の4点についてあらかじめ用意しておいたものである。

一言メモ

①沛公はなぜ項羽に謝罪しなければならないのか。
②項羽はなぜ沛公を引き留めて酒宴に誘ったのか。
③なぜ項羽は范増の「沛公を殺せ」という指示を無視したのか。
④項伯は項羽の伯父なのになぜ敵である沛公を守るように剣の舞を踊ったのか。

生徒たちが作り上げたシナリオ（後述）では、劇のセリフを観察し、項羽本義の他の部分の記述を根拠にしたり、その場の情景を想像したりして、登場人物の心情や情景の描写が適切にできているかを、劇のあとに口頭で評価した。

また、劇化の後に、「沛公が命拾いできた理由」を自分の言葉で記述させ、内容の理解度を評価した。これは、劇化が「楽しかった」だけで終わらないためのしかけでもある。そして振り返りシートに「沛公が命拾いできた三つの理由を簡潔に記すことができている」を「A」とするルーブリックを示すことによって、自分が演じた場面だけでなく、全体の流れを振り返って整理する場を設けるねらいもある。

また、同シートの「2.『鴻門の会』を自分で演じたり、演じたものを見たりしたことによって、感じたこと、考えたことがあれば書いてください」という欄からは、演じたことによってどのような発見ができたかを検証した。

さらに、この単元の後、他の単元をはさんだのち、「四面楚歌」の読解を行い、その後、「『史記』を読むことによってどのような考えを持ったか」を書かせた。授業の全般を通じて、古典を学ぶことによって自分の中の「物語」を増やしてほしいというメッセージを繰り返し出していたので、ここでは、生徒に「物語」の獲得ができたかどうかを「学びに向かう力」として評価した。

「物語」が獲得できた感想とは、以下のようなものである。

X　「鴻門の会」はすごく緊張感がある場だった。自分は国際的な仕事をしたいと考えているが、国際的な交渉でも、こういうかけ引きはあると思う。そこには勉強というより広い力が必要で、いろいろな経験をしないといけない。

Y　私は沛公派です。今も昔も変わらず人の話を聞ける、他の人を尊重できる人は人の信頼を得られる。人の上に立つ人にとってこれほど強力な武器はないと思う。

Z　項羽の最期のいさぎよく負けを認めるところや故人を思う心がかっこよかった。劉邦のように部下や他人を頼って考えを聞くわけではないけれど、一人で力をつけ、のぼりつめていく所がすごい人だと思う。（笠原注：「故人を思う心」は最期の地で古い知り合い（故人）に会い、その人に自分の首を与えたこと）

Xは、自分の将来と「鴻門の会」の緊張感のあるやりとりを結びつけて、「いろいろな経験を通して広い力をつけて、国際的に活躍する物語」を獲得している。そしてYは、

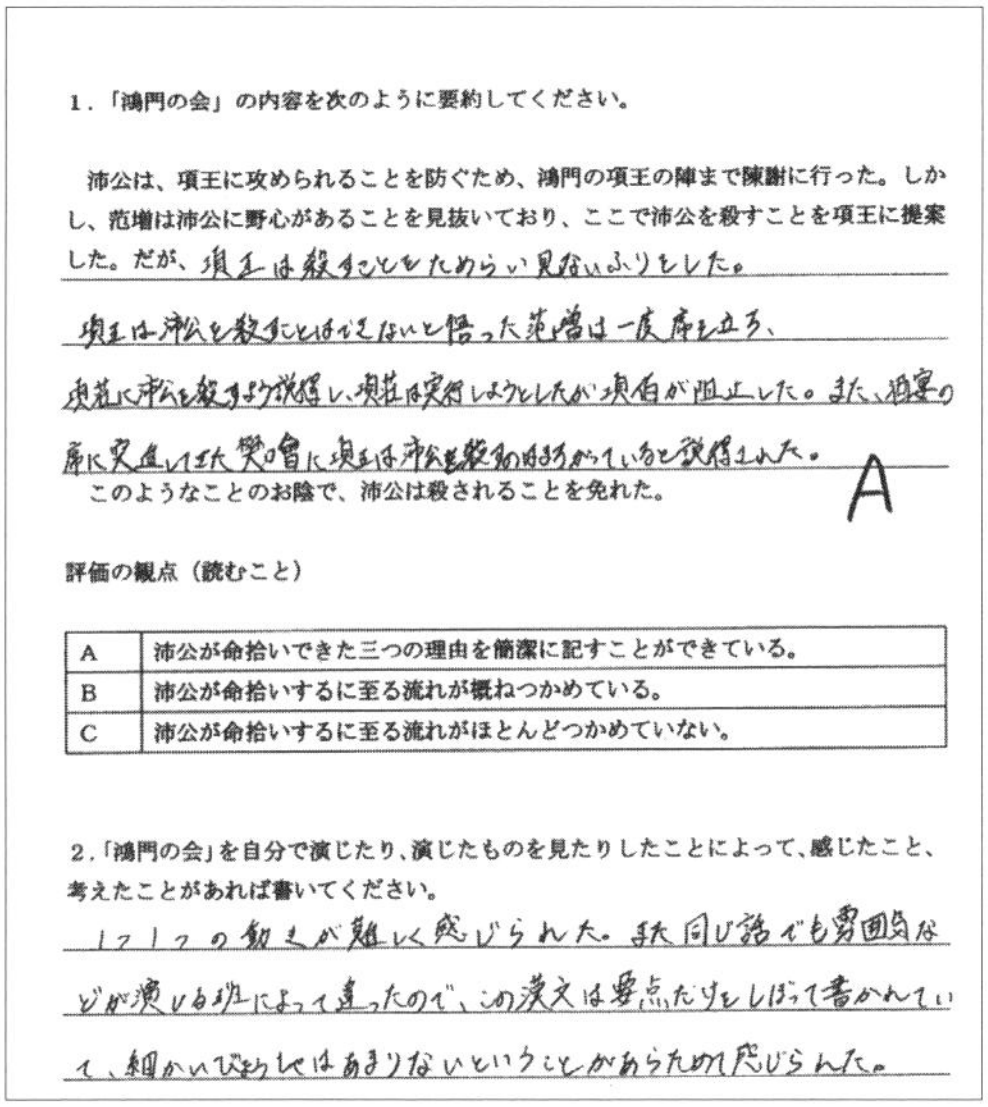
1.「鴻門の会」の内容を次のように要約してください。

沛公は、項王に攻められることを防ぐため、鴻門の項王の陣まで陳謝に行った。しかし、范増は沛公に野心があることを見抜いており、ここで沛公を殺すことを項王に提案した。だが、項王は殺すことをためらい見ないふりをした。
項王は沛公を殺すことはできないと悟った范増は一度席を立ち、
項荘に沛公を殺すよう説得し、項荘は実行しようとしたが項伯が阻止した。また、酒宴の
席に突進した樊噲に項王は沛公を殺すのはまちがっていると説得された。
このようなことのお陰で、沛公は殺されることを免れた。　A

評価の観点（読むこと）

A	沛公が命拾いできた三つの理由を簡潔に記すことができている。
B	沛公が命拾いするに至る流れが概ねつかめている。
C	沛公が命拾いするに至る流れがほとんどつかめていない。

2.「鴻門の会」を自分で演じたり、演じたものを見たりしたことによって、感じたこと、考えたことがあれば書いてください。
1つ1つの動きが難しく感じられた。また同じ話でも雰囲気などが演じる班によって違ったので、この漢文は要点だけをしぼって書かれていて、細かいびょうしゃはあまりないということがあらためて感じられた。

振り返りシート

『史記』「鴻門の会」劇化シート　第二場

役割分担

ナレーター（　　　　　）・項王（　　　　　）

范増（　　　）・沛公（　　　　　）

項荘（　　　）・項伯（　　　）第一場より

※ナレーターと項荘は第三場「交戟の衛士」で登場

(1)ナレーター「范増起…項荘謂曰」

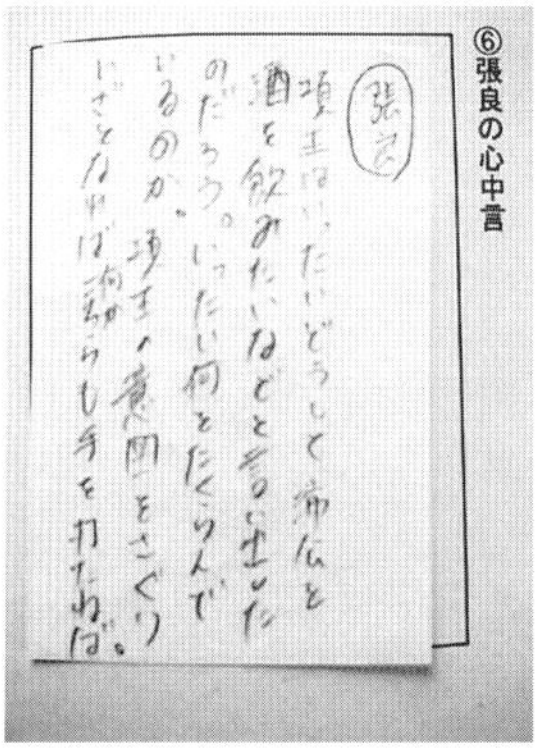

⑥張良の心中言

「他人を尊重して信頼を得る物語」を沛公の言動から読み取っており、一方Zは、項羽の言動から「一人で力をつけ、のぼりつめていく物語」を読み取っている。

■ 実際の授業

具体的には、1クラスを8班（1班4～5名）に分け、それぞれの班に一場面を分担させた。テキストは4場面に分けたので、同じ場面を2つの班が演じることになる。

クラスによって生徒の人数が違うので、班の人数に合わせて「劇化シート」の人数を加減した。また、その場に登場するがセリフのない役（たとえば酒や肉を運ぶ召使）は、他の班の生徒にやってもらうようにした。

台本（「劇化シート」）として、自分たちが考えたセリフを書いた5㎝×7・5㎝の付箋を貼るスペースを設けた「付箋台本」を考案した。付箋を使うと作業が効率化する上に、演じる時に手の裏に貼って見ることもできる。

テキストは以下の四つの場に分けた。

第一場　宴の席次の説明、范増の合図に項羽が従わない場面。

第二場　項荘が剣の舞で沛公を殺そうとするが項伯が防ぐ場面。

第三場　樊噲が話を聞き、帳の中に入ろうとする場面。

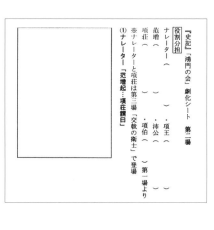

第四場　樊噲の演説に項羽が反論できず「座れ」という場面。

また、それぞれの場の流れがわかるように、テキスト本文と場の流れを説明したプリントを作成し、それぞれの班に配布した。

小道具としては、以下のものを用意した。

○名札（項王、沛公などと書かれた大きなもの。首に下げる）
○おもちゃの刀（3本）
○大きな盃（重箱で代用）
○肉の塊（新聞紙と袋で作成）
○戟（箒で代用）
○玉玦（段ボールで作成）
○盾（段ボールで作成）

舞台は、教室である。

前もって教室配置の指示を出しておき、授業開始ともに劇が始められるようにする。

一つの場の最後の演技を終えた者が「以上」というルールを作り、「以上」を聞いたらすぐ次の場を演じる生徒が前に来て、名札をつけかえて準備する流れを作った。

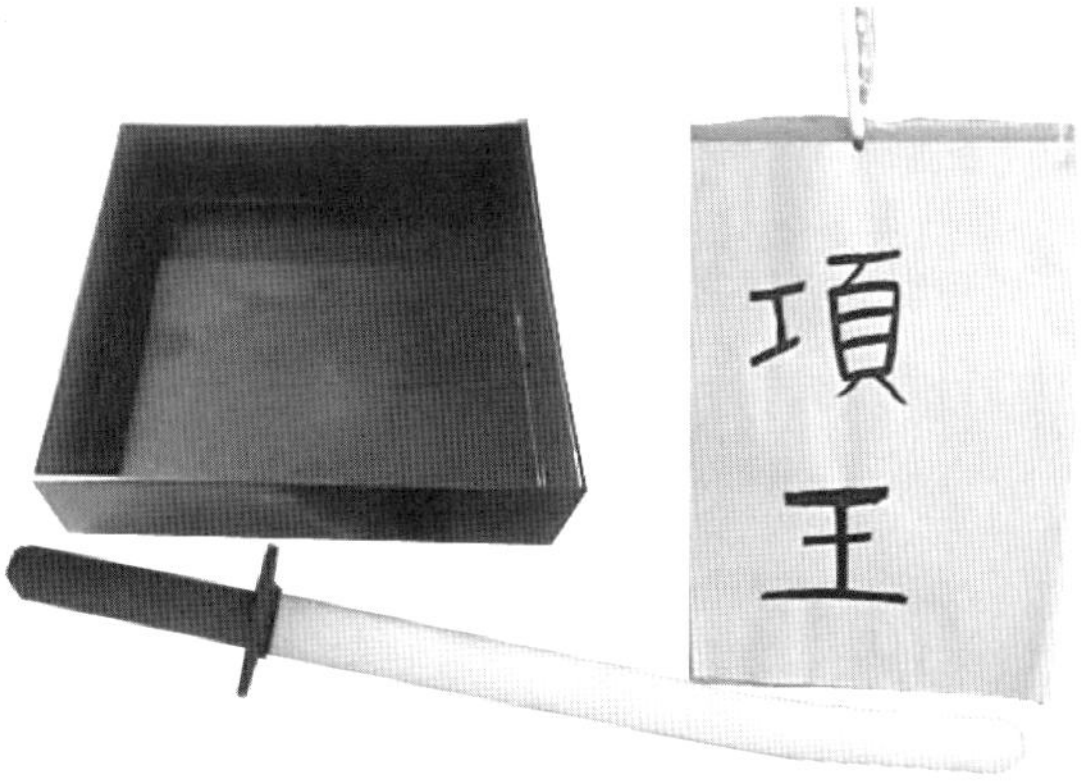

生徒の作った台本の一部

第一場より
―范増、項王の方に目配せし、三回玉玦を見せる。
○范増（項王、今こそが沛公を殺す好機です！　なぜ動こうとなさらないのですか？　合図は玉玦、そう話したはずでしょう！）
○項王（…。義を通さずして、沛公を殺せぬ。私の名が汚れるくらいなら、殺さないほうがましだ。）

第二場より
○項荘「主君は沛公殿と宴を開いていらっしゃいます。しかし、軍の中では音楽を奏でる者もおりません。ですから、その代わりにどうか私に剣舞をさせてください」
○項王「よろしい。」（項荘、良い策を考えたな）

実演後のフィードバックとしては、次のようなやりとりがあった。

教　師「第一場のAチームでは、項王が范増の合図に従わなかった理由を（…。義を通さずして、沛公を殺せぬ。私の名が汚れるくらいなら、殺さないほうがましだ）と表現しているけど、これはなぜ？」

A－1生徒「鴻門の会の前日に、項伯っていう伯父から沛公を撃つのは不義、義理人情に反するって言われて承諾してるんです。だから、義を通すことを優先したっていうふうに解釈しました」

教　師「Bチームでは、同じところを（もう沛公は殺さなくていいんじゃないか？）としていましたよね。どうしてこういうふうにしたか、説明してくれる？」

B－1生徒「前の日の項伯の説明と、沛公が自分を「臣」（臣下の自称）と言ってへりくだっていることによって、項王自体が沛公に野心がないことに納得していると読み取りました。だから、項王は沛公を許す気持ちになっていると」

教　師「資料をきちんと読み込んだ上でこうした解釈の違いがあることは面白いですよね」

教　師「第二場のAチームは、項荘が剣舞をしたいと言ってきたところで、項王に（項荘、良い策を考えたな）とつけているけど、これはどういうことか説明して」

A－2生徒「項羽は沛公を危険だと思ってるけど、和解のための宴会の場で突然沛公を切りつけるのはやっぱり美学に反するっていうか、だけど、下っぱがうっかりやっちゃったっていうならいいかなっていう解釈です」

教　師「なるほど。一方Bチームは（こいついきなりどうしたんだ）というセリフになっていましたね。これを説明して。」

B－2生徒「僕らの班では、項羽はこの時まだ項荘の意図に気がついていないと解釈しました」

教　師「これも、どちらの解釈も成り立ちますね。同じ作品をきちんと読んでいるけれど、班によって作り上げる物語が微妙に違って、自分たちの物語にできていますね」

▣ 楽しく、そして成績向上へ

学年末に思いがけなく担当クラスの生徒から、クラス全員の授業の感想を組み込んだ箱（写真）をもらったが、そこには次のようなことが書かれていた。

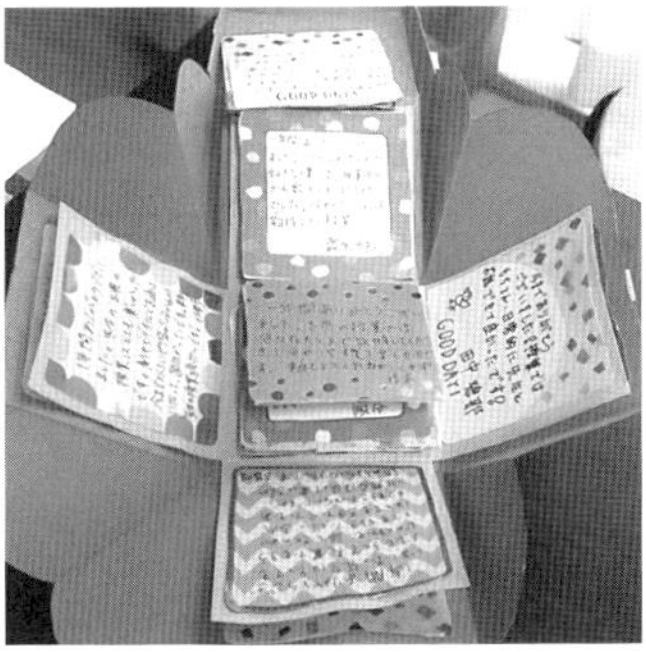

・古典は高校になって覚えることが多すぎてあまり好きじゃなかったのですが、古典の面白い所を先生の授業から感じられたので、楽しかったです。

・先生の古典の授業を受けて格段に成績が伸びました。

・先生の授業のおかげで模試の古典も少しずつできるようになり、漢文の点数が1年の時の3倍くらいもありました。

「古典が楽しくなった」というのは私がもっとも目標としている育ちの姿であるが、「点数がよくなった」というのは、「物語」を作り上げて読む経験を通じて、受験勉強に向かうモチベーションが上がったからであろう。劇化の活動を「受勉に関係ないことにつきあわされている」と迷惑に感じる生徒の様子は特に見られず、むしろこうした授業が成績上昇につながっていると感じている記述は、「劇化」が遊びに終わらないようにするための様々なしかけを生徒が理解してくれているからかもしれない。

「真正の学び」への扉——実践を読み解く

渡邉実践は、単元の出口の生徒の姿をイメージしつつ、意見文を書くことを軸に、単元を貫く問いと課題を設計している。そして、見た目がアクティブかどうかにこだわらず、生徒たち一人一人が自ら問いを立てて、探究サイクルを回すこと、そして、自らの意見の「論拠」の吟味を通して、自らの世界認識や自己の生き方・あり方を問う、「総合的な探究の時間」の探究を彷彿とさせる自己主導型学習も含んだ国語科実践が構想されている。

松本実践は、教師が選び抜いたテクスト、特にその難解な文章とカギとなる言葉の意味を、関連して読むテクスト群も手掛かりに、自らの経験などと重ねながら深く読んでいく。それは良質の大学入試問題の中に学問の痕跡を読み取り、受験テクニック的な問題演習ではなく、テキストクリティークという学問的読みの対象として読み解くものである。生徒全体への問いの投げかけや問答による、学問の香りのする国語科実践が構想されている。

小山実践は、クラブの顧問に自分自身の考えを十分に説明できず、「意見や！」と叫ぶことになった生徒に、堂々と顧問とわたりあえることばの力をつけなければならないという、生徒の言語生活の実態への問題意識から始まっている。社会問題や自分たちの足元の生活などを題材として、自分のほんものの声をことばにする経験をとおして、生徒たちの言語生活にインパクトを与える実践である。特別活動、大学等での自主ゼミや自治の学生文化ともつながる国語科実践が構想されている。

笠原実践は、古文を訳したり講釈したりするだけでなく、自分たちでテクストの場面を劇化する言語活動を軸に単元を設計している。劇化（「使える」レベル）は、テクスト読解とは別にとってつけた活動ではなく、劇化を通して解釈の深さ（「わかる」レベル）を問うものとなっている。訳読の対象として捉えられがちな古文を、先人の生きざまの表現として、自己の人生の物語のストックを増やすものとして捉え直す、文化の味わい方を学ぶ国語科実践が構想されている。

それぞれに実践のモチーフは異なるが、生徒たちは以下のような「動詞」の意味の再定義を伴って、ホンモノのプロセスを経験していると考えられる。たとえば、「書く」ことは、「形を整える」ことではなく、「論じる」ことや「自分と向き合う」ことへと、「読む」ことは、「書かれている文字を追う」ことではなく、「作者の認識の地平に追いつく」ことへと、「発表する」ことは、「うまく話す」ことではなく、「考え抜いて言葉を紡ぎ出す」ことへと、そして、「古文を読む」ことは、「訳す」ことではなく、「読み継がれてきた思想に触れる」「当時を生きたことばとして味わう」こととして経験される。

国語科で「教科する」授業に取り組む際には、読みっぱなしではなく、パフォーマンス課題のように、読んだうえで自分の解釈や意見をまとめて議論することから始めてみてもよい。自分が一緒に読みたい、生徒がそれをどう読むのか知りたい、生徒たちが読みたいテクストについて、解釈を交流し読み合わせるところから始めてみる。生徒の日々の言語生活から考えてもよいだろう。卒業論文等を一度しっかり書き切ったりすると「世界が変わる」ように、スポーツや芸事の学びにも通じる言語の学びは、一度徹底的に深め切ったりして、「突き抜ける」とレベルが上がるし、日々の言葉との向き合い方が変わるものである。読んでいたつもりが読めていなかったことに気づくといった自らの日常的な言語活動へのメタ認知が重要である。

表.「真正の学び」（「教科する」授業）というレンズで見た各実践のポイント

	成長目標ベース（自立）：ねがいの意識	パースペクティブ変容（教養）：学力の三層構造知の総合ややもどりによる深くて重い学びへ	エージェンシーの育成（自治）：脱正答主義 教師と生徒が競る関係へ
渡邊久暢先生／「書くこと」（意見文の作成）	より良い言葉の使い手（話し手、聞き手、訊き手、書き手、読み手）を育てること。	テクストを素材に、伝統・文化に関する自分なりの問いを立て、論拠を挙げて意見文をまとめる（類似の活動を繰り返しながら単元を貫く言語活動）。意見文の作成を軸にした、自分の問いから始まる探究的な学びのサイクルを回し、自己のものの見方や生き方・あり方を見つめる。	形式等は指導しても、追究する問いは自分で立て、相互評価や自己内対話を組織し側面から支援しつつ、時にゆさぶる。
松本匡平先生／「読むこと」（評論文読解）	時代や空間を超えて存在する他者の書いた文章を読み、それを「半径5メートル以内に引きつけて考える」こと。	抽象度の高い、一見すると難解な文章とカギとなる言葉（市村弘正の「今日なお劇的なるもの」という言葉）を身近な例や経験と重ねながら読みこなし理解するのみならず、その意味を考察して、自分や自分たちの生きる社会と結びつけて小論文にまとめる。	生徒の書いた記述を相互添削する際、授業者が作成した解答も含めて、どれが優れているかを投票させ、時に生徒の解答が授業者のより高評価を得ることも生じる。
小山秀樹先生／「話す・聞く」を含め、総合的なことばの学習	社会がどうなっているかをことばで捉え、どうするかを考えて自分の意見が言える、日常生活とつながることばの力を育てること。	ゼミでのテキスト報告的なグループ発表、「服装自主規制」といった学校生活の問題や少女売春といった社会問題を扱った討論会、学校生活の日常を見直すマニュアルづくり、中学生や保護者向けの体験授業の実施など、大学のゼミ、学校生活、社会生活につながる総合的な言語生活（知的な言語生活）を多様な形で組織する。	グループ発表で自分たちが教壇に立つ経験とそれに向けた自主ゼミの実施を促すなど、生徒たちに学びの責任を委ね、自治や相互の学び合いを重視する。
笠原美保子先生／「古文」（漢文）	古典を学ぶ意味は、「物語」のストックを増やすことであり、多様な視点から自分の人生の物語を作る力を育てること。	『史記』の「鴻門の会」を、教科書に掲載されていない部分と教科書本文とを関連付けながら読み解いた上で、グループで劇化し、実際に演じることを通して、読みを深める（読んだことを総合的に生かす形で単元を貫く言語活動）。	劇化にあたり、テクストには書かれていない、登場人物の心の中のセリフを補うなどすることで、資料を読み込んだうえで生じる解釈の違いを可視化し、どちらの解釈も成り立つことを確認し、それを互いに味わう。

力をつける工夫・学びの幅と密度	教師が選び抜いた良質のテクストの一節の文章を読んで、意見をまとめる活動を繰り返すとともに、意見文の質を見直す基準がルーブリックの形で明示化されている。意見文のための足場かけの仕掛けがある。捕鯨禁止についての賛成・反対双方の意見をふまえて、どちらかの立場に立って口頭で意見を述べる活動を行うなど、意見をまとめる活動を繰り返す。根拠とは異なる「論拠」とは何かを明示的に指導したりもしている。	入試問題の生徒にとっての難解さの背後に学問的思考を見出し、入試問題に加工前のホンモノのテクストに戻って、大学での学問する経験のように授業する。身近な例や経験を総動員し、別のテクストをも重ねながら、硬質な文章を、その一文の意味をつかんでいくという、テクストクリティークの基本的な営みの中に、問題解説・解答作成の練習を自然と組み込む。	生徒が相手意識と責任感を持って総合的な活動に取り組むよう仕掛けるとともに、グループ発表で、教師からの口頭試問的なＱ＆Ａによって、班員全員が理解できているかどうかを確かめたり、小説全体を一枚の用紙に構造図としてまとめさせたりするなど、学びの可視化と理解の吟味の機会がある。「今の自分よりもましになりたい、よくなりたい」というエネルギーを大事にする。考えたことをことばとして伝える難しさに直面し、もがいた後に達成感を得る経験を積み重ねる。	現代語訳した内容をもとに劇化するだけでなく、それを通して、本文の理解を深め、それを確かめる機会を組み込んでいる。「筋を通すことにこだわるヤンキーみたい」といった生徒たちの文脈での登場人物理解も許容しながら、資料に根拠を求めることは厳しく求める。本文以外のまるごとのテクストを読み解く活動の中で、本文の訓読や現代語訳は手段化されて学び直される。
ホンモノ経験（教科の本質を経験する動詞）	形を整える、書きっぱなしではなく、言葉と論理を吟味する、書くことで自己と向き合う。	テクストの文字を読むのではなく、そこに言語化された作者の考えや認識の地平に追いつく。	自分の考えとは離れたところで、うまく話したり発表したりするのではなく、考え抜いて言葉を紡ぎだす。自分でほんとうに考えたことをことばにしようともがく。	遠い時代の文章を一言一句正確に訳すよりも、時代を超えて読み継がれてきた人生の物語（「古典」）として、客観的かつ、自分の経験と結びつけて解釈し、味わう。

地理歴史公民

Geography and History

アカデミックな楽しさを喚起する

高木 優（神戸大学附属中等教育学校教諭）

■「アカデミックな楽しさ」を知ってほしい

「こんなに授業が楽しいと思ったのは地理総合が始めてです」。春学期中間考査後のある生徒の感想である。「地理総合」のどのような点に楽しさを感じたのであろうか。「地理がこんなに楽しいなんて思っていなかった。地域ごとの特徴や文化など、どんどん解像度を上げて見ていくのがとても学んでいて楽しい」。同じ生徒の春学期末のアンケート調査での記述である。様々な視点を通して、多面的・多角的に考察することに楽しさを感じているようだ。もちろん、解像度を上げて見ていくのは生徒自身である。主体的にかつ能動的に授業に取り組んでいる様子が表れている。同じ生徒の年度末の「歴史総合」に対する感想である。「グループ学習の意味をあまり感じないことが多い。だが、世界のつながり、関わり合いを感じることができた」。ただ、形式的にグループ学習を取り入れても楽しい授業にはならないようである。

生徒に楽しく授業を受けてほしい。これはすべての教員にとっての共通の願いではないだろうか。もちろん、この楽しさは、コミカルな楽しさではなく、アカデミックな楽しさであってほしいものだ。本章ではこの楽しさを生み出すためにどのように授業（単元）を構成したのか、「地理総合」の大項目Ｂ「国際理解と国際協力」の中項目Ｂ(2)地球的課題と国際協力（以下、単元とする）の実践を通して紹介する。

「地理総合」は持続可能な社会づくりを目指し、環境条件と人間の営みとの関わりに着目して現代の地理的な諸課題を考察することに加えて、グローバルな視座から国際理解や国際協力の在り方を、地域的な視座から防災などの諸課題への対応を考察することと学習指導要領解説では説明されている。また、本単元では世界各地で見られる地球環境問題、資源・エネルギー問題、人口・食料問題及び居住・都市問題が学習内容の例としてあげられている。しかし、授業の実践において、これらの地球的課題を網羅的に学習するのでは、環境条件と人間の営みとの関わりに着目して考察したことにならない。したがって、資質・能力の育成にもつながらないし、楽しい授業にもならない。グローバルな視座から国際協力の在り方を考察するためにはどのように単元全体を構成し、その中でどのように授業を構成すればよいのだろうか。地球的課題の各地で共通する傾向性や課題相互の関連性、地球的課題の解決には持続可能な社会の実現を目指した各国の取組や国際協力が必要であることを理解するためにはどのような学びが必要なのであろうか。ここでは、単元ごとに主題を設定する学習が示されていることを踏まえ、地域統合を主題とし、単元を貫く問いを「日本はどの国・地域と地域統合すれば良いのだろうか」とした単元の構成を提示する。

■「同じ問い」で貫く単元構成

本単元の構成は図1の通りである。最大の特徴は、単元の最初と最後の授業で同じ問いに対して取り組むことである。つまり、単元の始めに単元を貫く問いを提示し、その問いを思考、判断するために必要な自然システム的アプローチや社会・経済的アプローチの過程を経て、再度単元を貫く問いに向き合う。そうすることで、生徒は単元の主題に対する自らの思考の変容を自覚し、教員はその変容に基づき、生徒の資質・能力を評価することができる。

「地理総合」は、グローバル化する国際社会に主体的に生きる平和で民主的な国家及び社会の有為な形成者に必要な公民としての資質・能力を育成する科目である。本時の評価の観点を主体的に学習に取り組む態度とし、評価の場面を日本を含む地域統合の最終作品例を紹介するワークシート（図2）とした。主体的に学習に取り組む態度は知識及び技

時	各時の主題	各時の問いと主な活動	各時のねらい(評価の観点)
	事前調査	日本が参加すべき地域統合に関する事前認識調査	
1時	【主題学習】	問い：日本はどの国・地域と地域統合すれば良いのだろうか	日本が参加すべき地域統合を探る
	地域統合①	個人思考の結果をグループで共有し方向性を探る	【主体的に学習に取り組む態度】
2時～3時	【主題学習】	問い：世界にはどのような地域統合があるのだろうか	世界の主な地域統合について調査し，グループで共有することで，その特徴について理解する
	地域統合②	個人作業の結果をグループで共有する	【知識・技能】
4時～5時	【自然システム的アプローチ】	問い：なぜ乾燥する地域があるのだろうか	地球上の水資源は偏っていることを知る
	水資源の偏在	これまでの単元の学習を踏まえ，水資源の偏在の自然システム的要因を知る	【知識・技能】
6時	【事例地域】	問い：石油収入以外にどのような産業があるのだろうか	ドバイのリゾート開発を通して石油収入依存からの脱却を読み取り口頭で説明する
	砂漠での生活と開発～西アジアを事例に～	エネルギー資源が豊かな地域の学習からエネルギー資源の偏在に着目する	【知識・技能】
7時～8時	【事例地域】	問い：オーストラリアから日本へ運ばれているものは資源だけだろうか	オーストラリアと日本の関係について資料から資源と人に注目して読み取る。
	エネルギー資源の開発～オーストラリアを事例に～	エネルギー資源以外の結びつきに着目する	【思考・判断・表現】
9時	【主題学習】	問い：日本はどの国・地域と地域統合すれば良いのだろうか	日本が参加すべき地域統合を探る
	地域統合③	水資源とエネルギー資源の両面から地域統合の在り方を探る。	【思考・判断・表現】
10時	【社会･経済システム的アプローチ】	問い：資源の枯渇に対してどのような対策が取られているのだろうか	エネルギー資源の偏在からもたらされるエネルギー問題について考える
	エネルギー資源の偏在	資料比較からこれからのエネルギー問題について考察する	【主体的に学習に取り組む態度】
11時	【事例地域】飢餓と飽食	問い：人口の偏在が食料の偏在をもたらすのだろうか	水資源の偏在を踏まえ人口の偏在と食料問題の関係性について考える
	～バングラデシュとアメリカ合衆国を比較して～	様々な資料を比較することから人口の偏在と食料問題の関係性を考察する	【思考・判断・表現】
12時～13時	【主題学習】	問い：日本はどの国・地域と地域統合すれば良いのだろうか	日本が参加すべき地域統合を探る
	地域統合④	個人思考の結果をグループで共有し方向性を探る	【主体的に学習に取り組む態度】
	事後評価	日本が参加すべき地域統合に関する判断についての調査	

図1　B(2)地球的課題と国際協力　単元の展開と評価

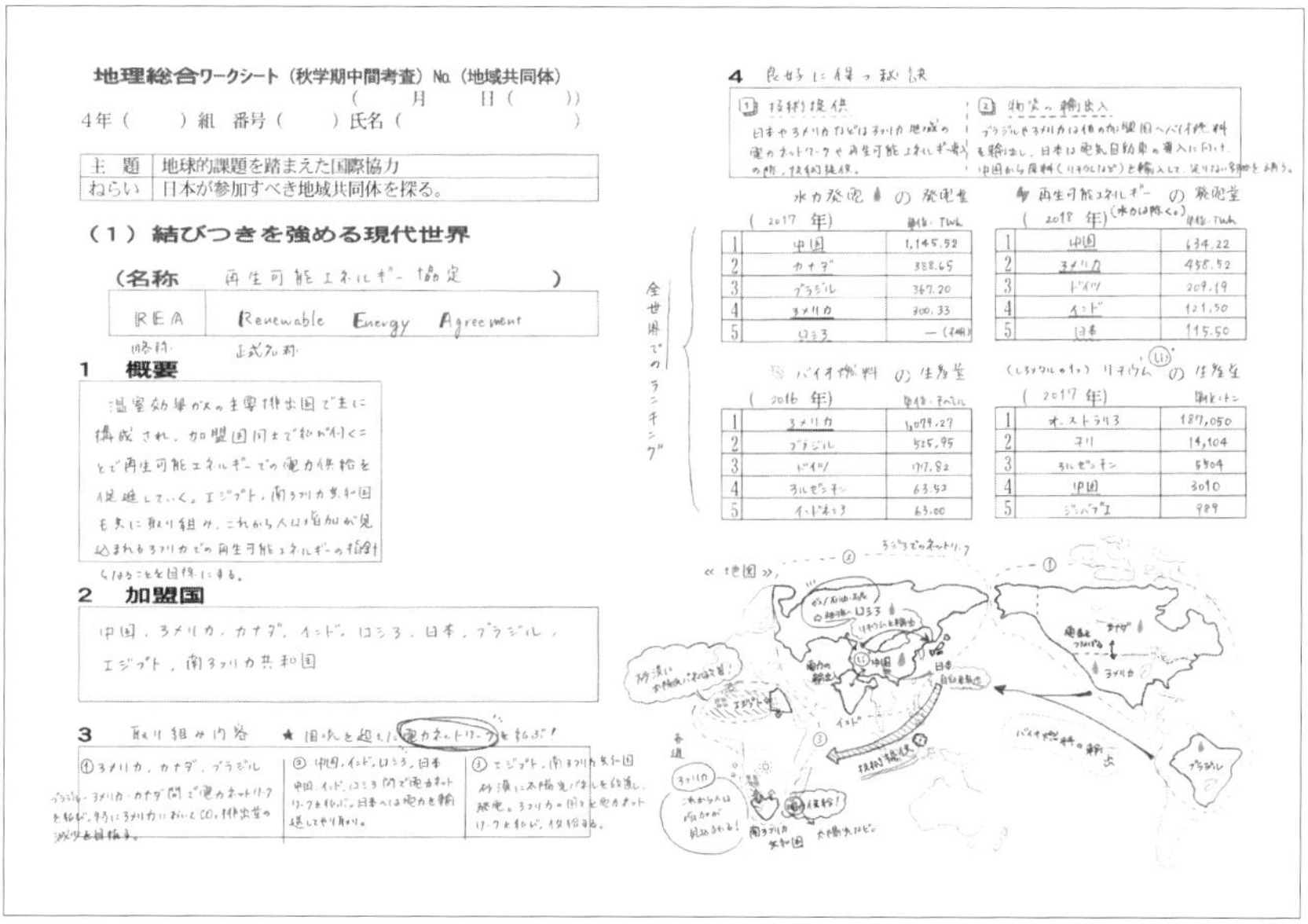

地理総合ワークシート（秋学期中間考査）№（地域共同体）
（　月　日（　））
4年（　）組　番号（　）氏名（　）

主　題	地球的課題を踏まえた国際協力
ねらい	日本が参加すべき地域共同体を探る。

（1）結びつきを強める現代世界

（名称　再生可能エネルギー協定　）

REA	Renewable Energy Agreement
略称	正式名称

1　概要

温室効果ガスの主要排出国で主に構成され、加盟国同士で結びつくことで再生可能エネルギーでの電力供給を促進していく。エジプト、南アフリカ共和国も共に取り組み、これから人口増加が見込まれるアフリカでの再生可能エネルギーの推進も目標にする。

2　加盟国

中国、アメリカ、カナダ、インド、ロシア、日本、ブラジル、エジプト、南アフリカ共和国

3　取り組み内容　★国境を超えた電力ネットワークを結ぶ！

①アメリカ、カナダ、ブラジル　ブラジル・アメリカ・カナダ間で電力ネットワークを結び、特にアメリカにおいて CO_2 排出量の減少を目指す。	②中国、インド、ロシア、日本　中国、インド、ロシア間で電力ネットワークを結び、日本へは電力を輸送してもらう。	③エジプト、南アフリカ共和国　砂漠に太陽光パネルを設置し、発電。アフリカの国々で電力ネットワークを結び、供給する。

4　良好に保つ秘訣

①技術提供　日本やアメリカなどは、アフリカ地域の電力ネットワークや再生可能エネルギー導入の際、技術提供。
②物資の輸出入　ブラジルやアメリカは他の加盟国へバイオ燃料を輸出し、日本は電気自動車の導入に向け、中国から原料（リチウムなど）を輸入して、足りない部分を補う。

全世界でのランキング

水力発電の発電量（2017年）単位：TWh

1	中国	1,145.52
2	カナダ	358.65
3	ブラジル	367.20
4	アメリカ	300.33
5	ロシア	—（不明）

再生可能エネルギー（水力は除く）の発電量（2018年）単位：TWh

1	中国	634.22
2	アメリカ	458.52
3	ドイツ	209.19
4	インド	121.50
5	日本	115.50

バイオ燃料の生産量（2016年）単位：千toe

1	アメリカ	1,079.27
2	ブラジル	525.95
3	ドイツ	177.82
4	アルゼンチン	63.52
5	インドネシア	63.00

（レアメタルの1つ）リチウム（Li）の生産量（2017年）単位：トン

1	オーストラリア	187,050
2	チリ	14,104
3	アルゼンチン	5504
4	中国	3010
5	ジンバブエ	989

図2　生徒作品例　地域統合最終作品

能を獲得したり、思考力・判断力・表現力等を身に付けたりすることに向けた粘り強い取組みを行おうとする側面を評価する。これからの日本が加盟すべき地域統合をこれまでの学習を活用し、粘り強く構想する場面（図1、13時）は主体的に学習に取り組む態度の観点の評価対象としてふさわしい。その際に評価規準を日本が参加すべき地域統合を探るとしているが、地域統合を組織することを目標とはしていない。つまり、地域統合を探る過程を評価対象とし、その地域統合の方向性を示した最終作品内の地図で評価している。したがって、評価基準は日本を含む地域統合の方向性を地図で的確に示すことができていればA評価（十分満足できる）となる。

図2はエネルギー資源の共有が大きな要素となっており、加盟国・地域が日本、アメリカ合衆国、インド、エジプト、カナダ、中国、ブラジル、南アフリカ共和国、ロシアと世界中に広がっている。地域統合の方向性をイラストや矢印などで的確に示せており、十分にA評価に値する。また、次の感想は図2の生徒の本単元のふり返りである。「現在の地域統合は近くの国々でまとまって

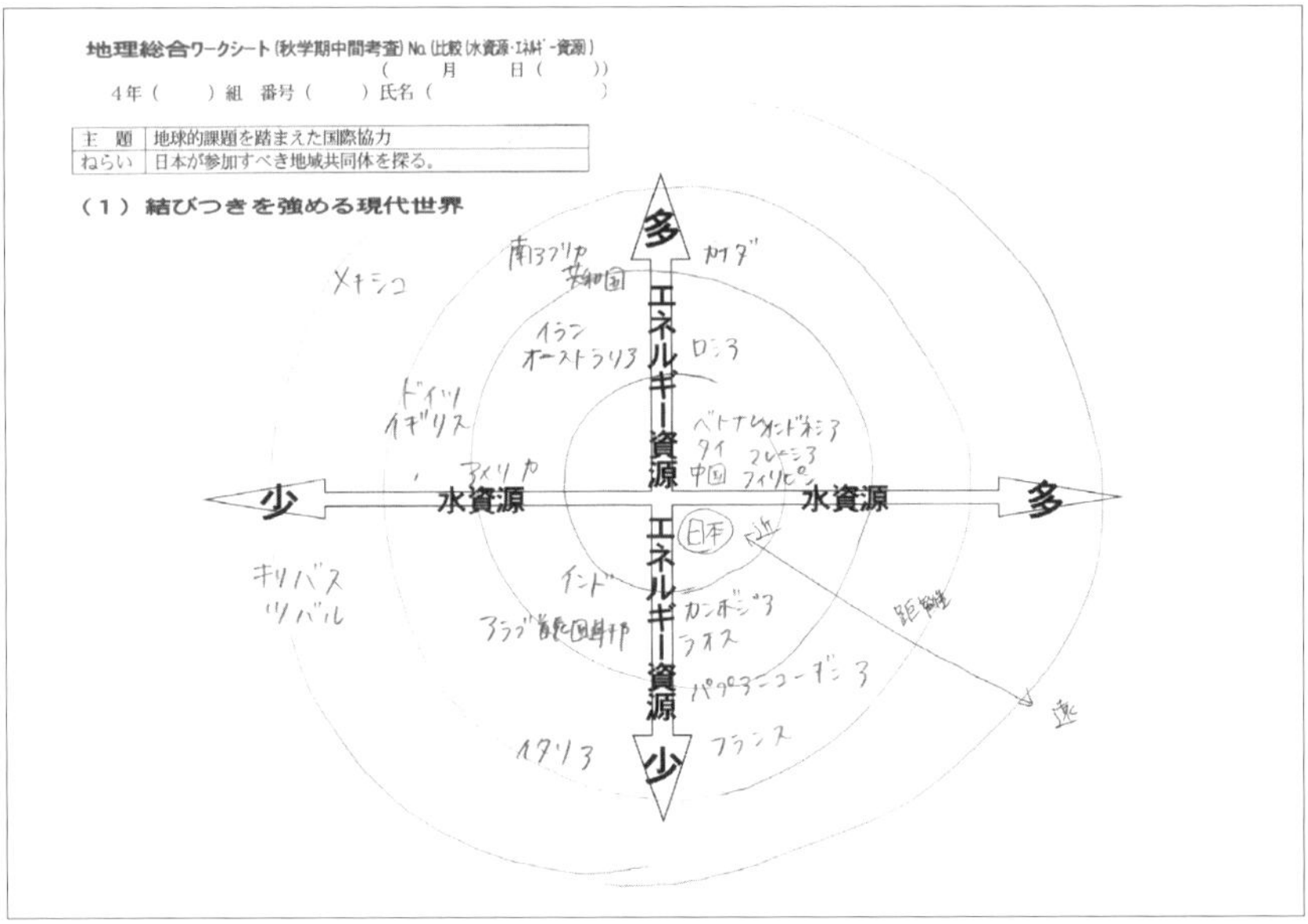

図3　生徒作品例　水・エネルギー資源の偏在

いることがほとんどですが、あえて、離れた国々がまとまることで、水やエネルギー資源など、お互いに足りていないものを補足し合うこともできるのではと考えました」。このように、近接性を超え補足し合うことを構想した点に国際協力の在り方が表れているといえよう。紙面の都合でB評価やC評価の作品例は紹介できないが、おおむね地域統合の方向性は示せてはいるが、一部不十分な点があるものがB評価（おおむね満足できる）となる。

さて、このように近接性を超える地域統合の要素が表れる作品はどのような学習活動で生まれてきたのであろうか。本単元の実践について紹介する。

■「答えありき」ではない実際の授業展開

日本はヨーロッパ連合（EU）や東南アジア諸国連合（ASEAN）のような地域統合に、現時点では加盟していない。そこで、地域統合を主題として学習する際に、単元を貫く問いを「日本はどの国・地域と地域統合すればよいのだろうか」とした。ただし、この単元の真のねらいは日本を含む地域統合を組織することではない。日

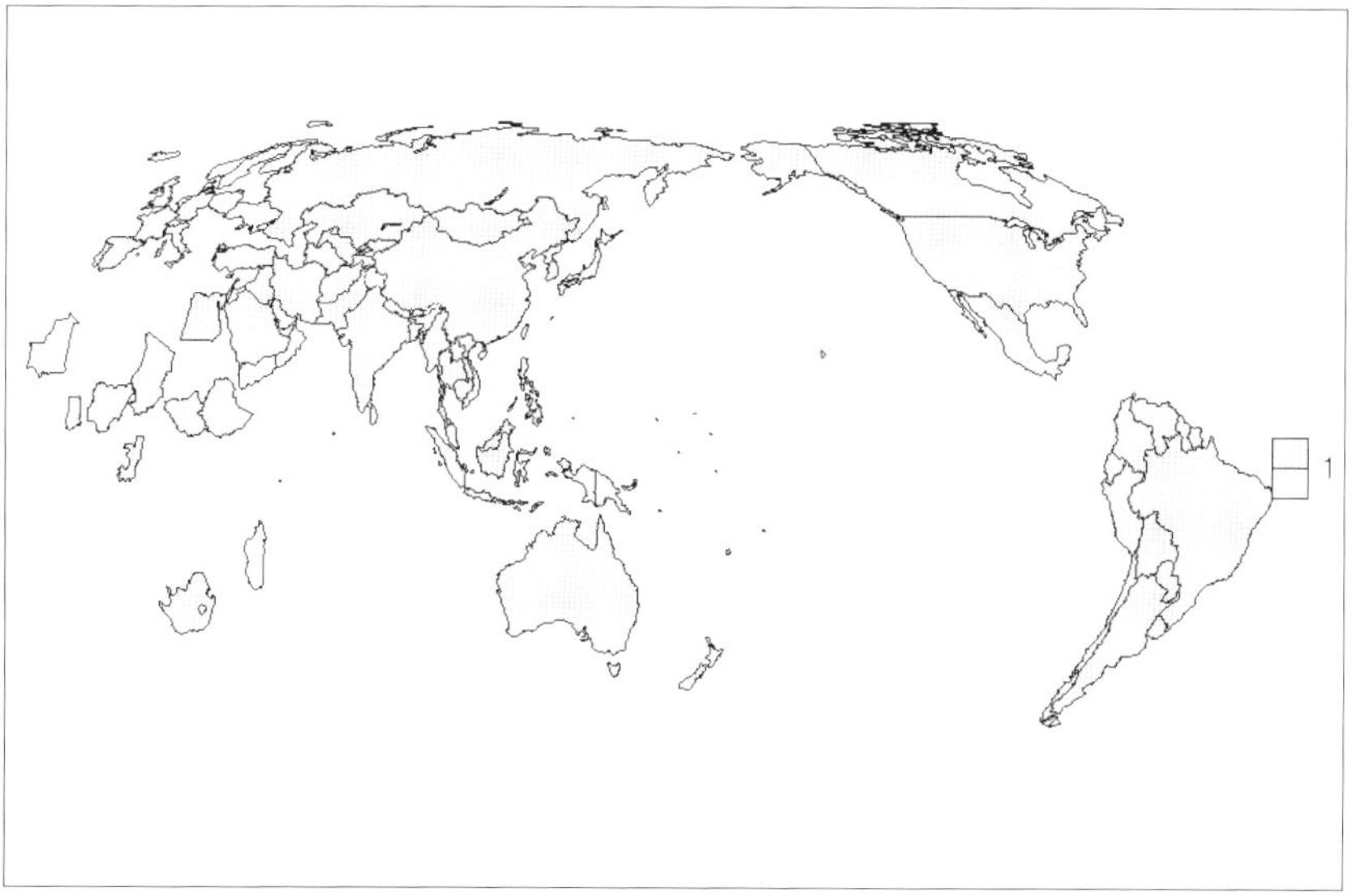

図4　地域統合中間まとめ出現国・地域
※地理情報分析支援システムMANDARA10により作成

本を含む地域統合を思考・判断する中で、地球的課題の各地で共通する傾向性や課題相互の関連性、それらを踏まえた国際協力の在り方を考察することである。逆に、地球的課題を踏まえ、地域の結び付きや持続可能な社会づくりなどに着目して、国際協力の在り方の方向性を考察する本単元の目標を達成し、生徒の資質・能力を育成するためには、地域統合を主題とすることが最も適切である。

地域統合の加盟国を構想するためには、世界の多様な国をある程度分類することが必要である。本単元が様々な地域統合による地球的課題の解決をねらいとしていることから、分類する際の見方・考え方として水資源とエネルギー資源の偏在を提示する。この学習活動は資源・エネルギー問題の各地で共通する傾向性や課題相互の関連性などを大観し理解することにつながる。また、地球的課題の解決には持続可能な社会の実現を目指した各国の取組や国際協力が必要であることを前提として学習が進む。水資源とエネルギー資源の偏在の関連性を把握するために、クロスチャートを活用する（図1、8時、図3）。日本はエネルギー資源に乏しいため、エネルギー

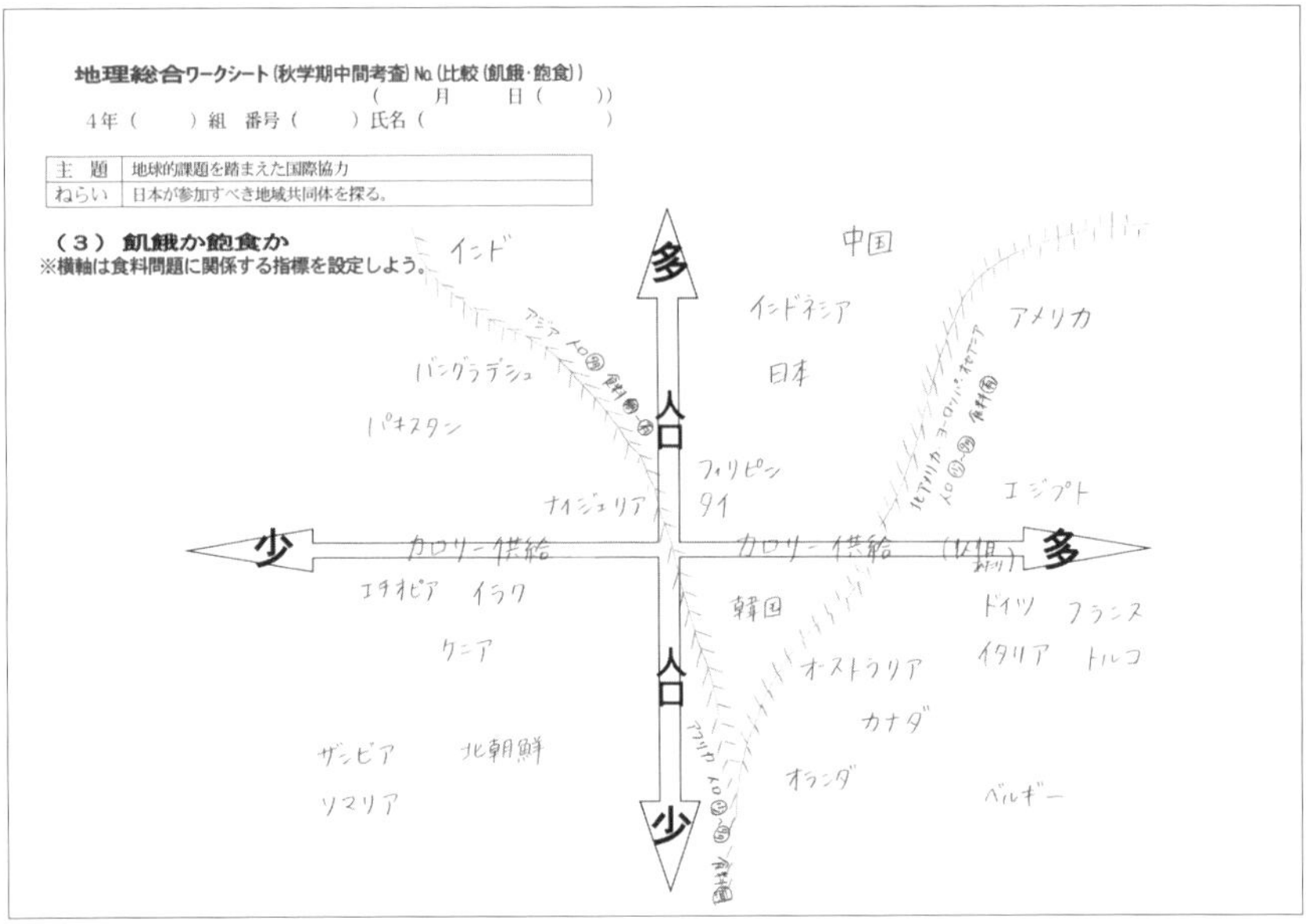

図5　生徒作品例　人口・食料の偏在

資源の偏在を強く意識する場合が多いが、日本では豊富な水資源が乏しい国があることにも気づく。このように、日本と同じように世界の様々な国で水資源とエネルギー資源のバランスがとれていないことを理解する。また、資源として水資源を見た際にその活用において、さらなる潜在性を意識する生徒も増える。図3で、降水量が多い国であっても一概に水資源が多いと示されていないところに、その様子が表れている。

さらに、日本を含む地域統合を単元の中間まとめとして構想した（図1、9時）。高等学校では2022年（令和4年）度から新学習指導要領が実施され、指導要録に観点別学習状況を記載することになった。生徒の学習活動の一場面のみで達成度を判断し、観点別学習状況を見取り評価することは難しい。その単元の中での変容を見取ることで正しく評価できる。本単元でも日本を含む地域統合を最終作品と比較するために単元の中間まとめとして確認した（図4）。地域統合中間まとめには81か国・地域が登場し、一人あたり平均6・9か国・地域の構成数となっている。

分類する見方・考え方の視点を増やすために人口と食料の偏在を提示する（図1、11時）。水資源とエネルギー資源の偏在と同様にクロスチャートで示すが、人口の偏在は比較的容易に示すことができるのに対し、食料の偏在はどのような指標を用いるかによってクロスチャートに示される国などの分布が違ってくる（図5）。図として可視化されたものを共有することで、日本を含む地域統合の構想が深まる。また、人口と食料の関係については、人口が多いからといって食料不足を起こすとは限らないことを各グループのクロスチャートを共有することから読み取る。

図6は、各グループの作品を共有する際の生徒の様子である。この眼差しの先には残念ながら教員の姿はない、あるのは他のグループの作品である。逆に一方的な教員の説明のみに終始する授業で、生徒がこの眼差しをすることがあるだろうか。一つの問いに教員が示す一つの解だけでなく、様々な生徒が思考・判断し、そして表現した複数の解が存在するなら、その解は新たな問いを生み出し、新たな学びを生み出す。「地域の特徴を地理を通じて理解することができた。授業ごとに『学んだな』と思える授業だった。問い形式で考える機会も多く、周囲の人と考えることで理解が深まった」「班で考えたり、個人で発表したりすることが多々あったので、授業時間内だけでなく、授業時間外でもしっかり考えることができたので良かったと思う」「世界の国の特色や課題を地理的な視点から考えることで、新たな学びを発見することができたと思う。小集団学習で問題を解く授業が楽しかった」。これらの年度末の生徒の感想の中に教員の姿は見えない。しかし、冒頭の生徒の感想に

図6　各グループの作品を共有する際の生徒の様子

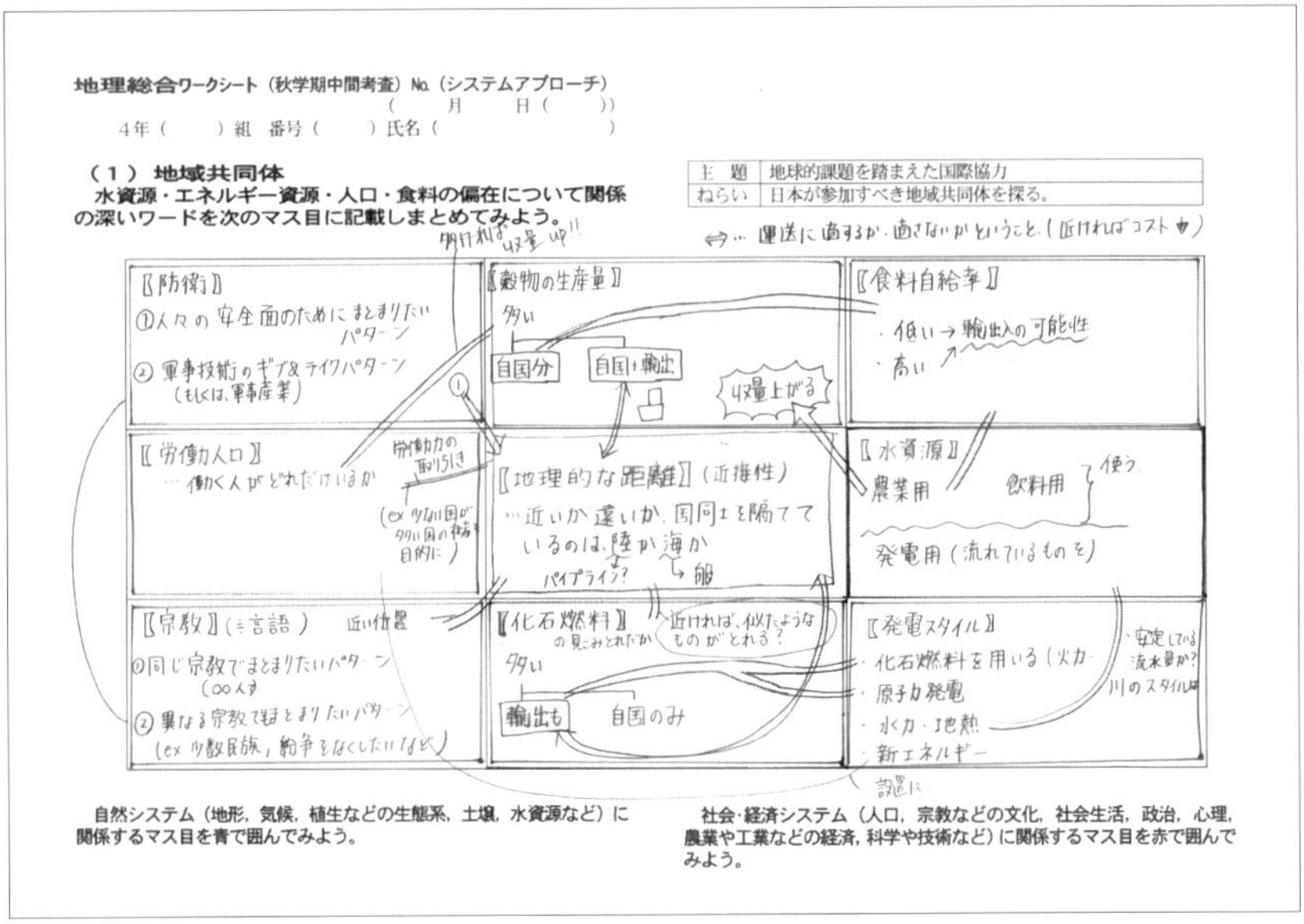
地理総合ワークシート（秋学期中間考査）No.（システムアプローチ）
（　月　日（　））
4年（　）組　番号（　）氏名（　）
（1）地域共同体
水資源・エネルギー資源・人口・食料の偏在について関係の深いワードを次のマス目に記載しまとめてみよう。

主題　地球的課題を踏まえた国際協力
ねらい　日本が参加すべき地域共同体を探る。

自然システム（地形，気候，植生などの生態系，土壌，水資源など）に関係するマス目を青で囲んでみよう。

社会・経済システム（人口，宗教などの文化，社会生活，政治，心理，農業や工業などの経済，科学や技術など）に関係するマス目を赤で囲んでみよう。

図7　生徒作品例　関係構造図

もあるように、グループで話し合うだけでは深い学びとはならない。話し合うべき問いがあって初めて、グループ学習は必要性を持つ。また、教員は生徒の話し合いにできる限り介入しない方が良い。逆に教員の介入が必要な問いでは生徒同士の話し合いを設定しない方が良い。徹底して生徒が話し合うべき環境を整える。そして、緩やかに見守る。

この単元では最終的に様々な地球的課題を関係構造図でまとめる作業を経て、日本を含む地域統合を構想した（図1、12時・13時）。これまでに広がった視点を整理する学習活動を踏まえ、単元のまとめとした。具体的には水資源・エネルギー資源・人口・食料の偏在に関係の深いワードを列挙し、選び抜いた9つのワードを関係構造図にまとめた（図7、8）。関係構造図は複数の要因が複雑に関係している現象などを視覚的に整理することができる。図7は近接性が重要なワードとなっているのに対し、図8は経済力に矢印が集中している。このように関係構造図では、生徒がこれまでの学習において地球的課題の各地で共通する傾向性や課題相互の関連性、地

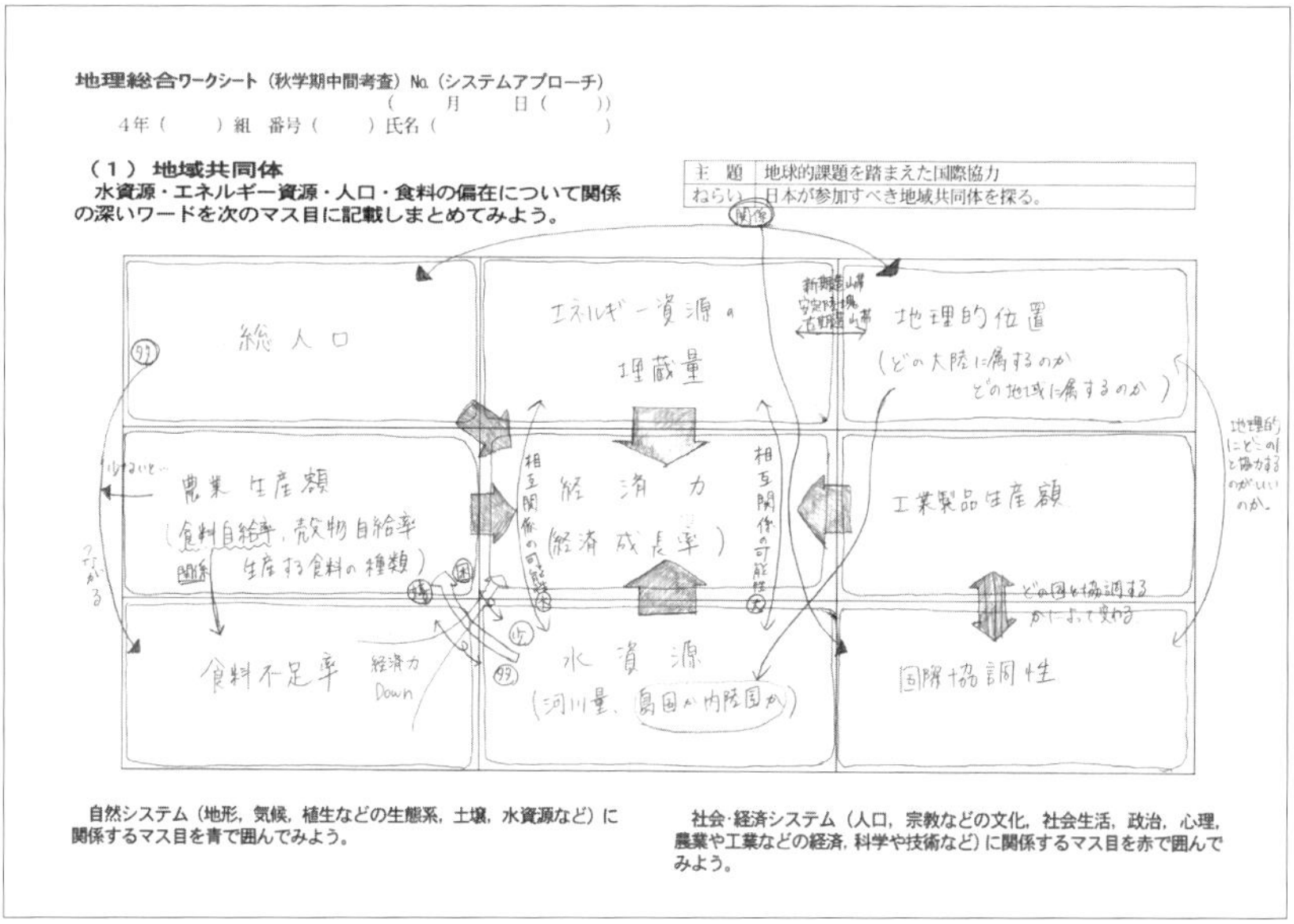
地理総合ワークシート（秋学期中間考査）No.（システムアプローチ）
（　月　日（　））
4年（　）組　番号（　）氏名（　）
（1）地域共同体
水資源・エネルギー資源・人口・食料の偏在について関係の深いワードを次のマス目に記載しまとめてみよう。
主題　地球的課題を踏まえた国際協力
ねらい　日本が参加すべき地域共同体を探る。
総人口
エネルギー資源の埋蔵量
地理的位置
（どの大陸に属するのか　どの地域に属するのか）
農業生産額
経済力
（経済成長率）
工業製品生産額
食料不足率
水資源
国際協調性
自然システム（地形，気候，植生などの生態系，土壌，水資源など）に関係するマス目を青で囲んでみよう。
社会・経済システム（人口，宗教などの文化，社会生活，政治，心理，農業や工業などの経済，科学や技術など）に関係するマス目を赤で囲んでみよう。
図8　生徒作品例　関係構造図

球的課題の解決には持続可能な社会の実現を目指した各国の取組や国際協力が必要であることをどのように理解したのかを可視化することができる。図9で生徒の地域統合の最終作品に91か国・地域が登場し、一人あたり平均7・4か国・地域の構成数となっている。また、事例地域として取り上げた西アジアだけでなく北ヨーロッパやアフリカでも構成国が増えていることから、事例地域だけに左右されず、国際協力の在り方が考察できている。このように、単元を通して、日本を含む地域統合を構想する際に、地球的課題に関係して視野が広がり、構成国・地域を考察する視点が増えたことが分かる。

冒頭の生徒の年度末の感想である。「本当に楽しい。たまに授業内で問いを提示して答えが出るのかと思ったら出ないまま、しっかりした答えを出すことなく終わることがあって困る」。1年間楽しく授業に参加できたようであるが、オープンエンドの問いに対する不安も見られる。しかし、オープンエンドの問いだからこそ、「授業での小集団活動ではあえて答えを教えないことで自分たちだけの力で答えを導き出す力がついた。また、生活

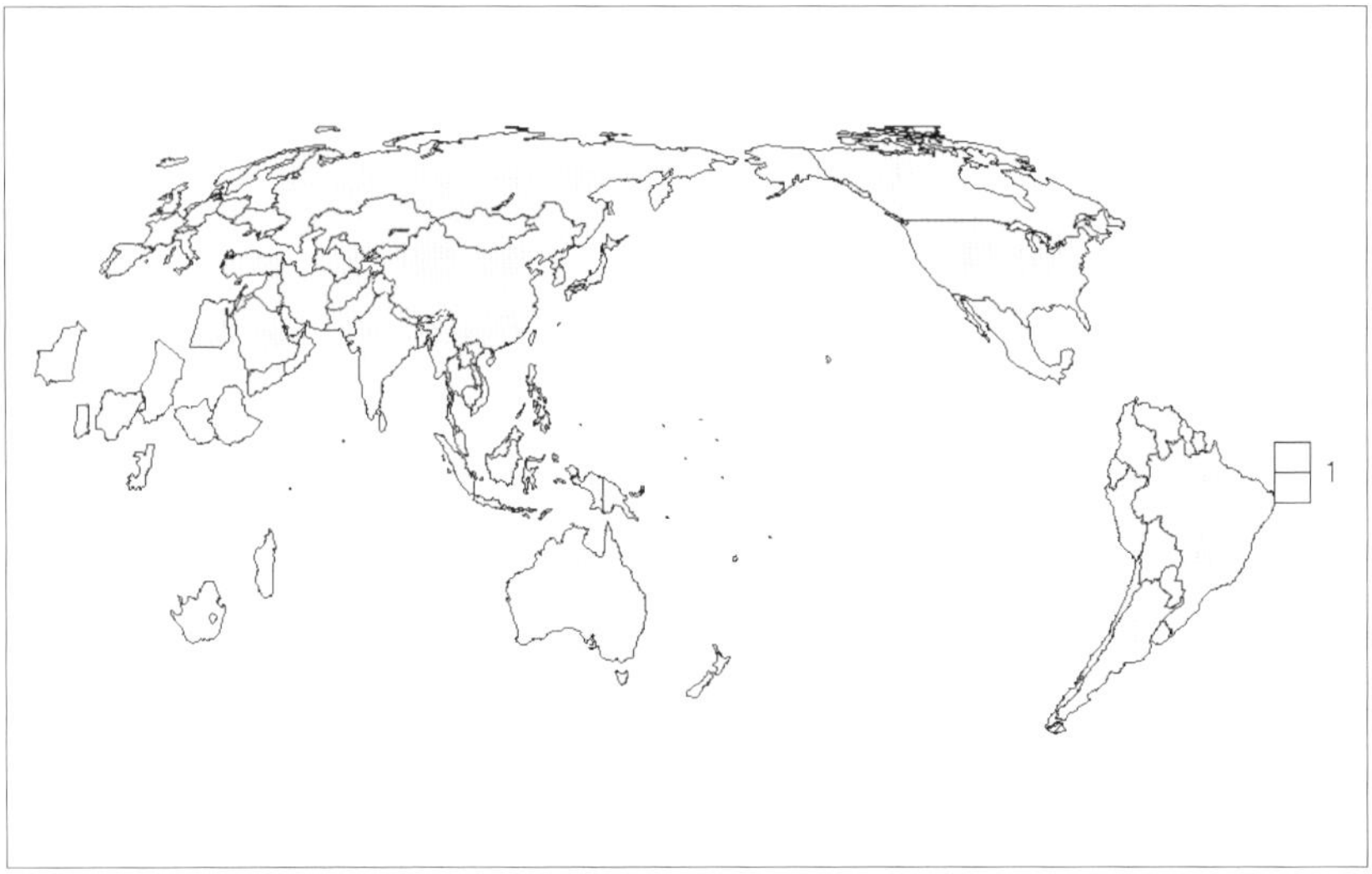

図9　地域統合最終作品出現国・地域
※地理情報分析支援システムMANDARA10により作成

の様々な問題を日ごろから地理的に考えることができた」といった具合に、成長できることがある。従来の知識定着型の閉じた問いに慣れている生徒からは答えを求められがちであり、教員は教員の答えを与えがちであるが、それを我慢することが大切である。そこに真正の学びがあるのではないか。

「地球上で人々が多様である事は地理的要因をはじめ、様々な事柄が複雑に絡み合っている。地理総合の授業では要因となるものを知識として学び、そこから大きな問題や現象を論理的に説明するという流れで授業が行われ、ロジックを明らかにする姿勢が身についた」「日々何気なく生活している中で、地理総合で学んだことが生きたことがあり、その時に地理が面白いと感じることができた。また、授業を通して様々な力がついた」。

これからも、生徒が最終的にこのような感想に至る授業を構想していきたい。

【参考】

・本章では、新学習指導要領における「地理総合」の科目の性格と目標にしたがった実践例を提示した。文中で紹介した生徒の作品例などは、文部科学省の指定を受け研究開発学校として実践した際の成果物等を使用している。
・神戸大学附属中等教育学校「研究開発学校実施報告書（vol.3）」神戸大学附属中等教育学校、２０２０年、50頁。
・同上「研究開発学校実施報告書参考資料（vol.2）」同、２０１８年、１７０頁。

史料と対話する
——ドキュメント・ベースの授業展開——

前川　修一（福岡県立ありあけ新世高等学校教諭）

■「歴史的思考力」をもった生徒を育てたい

そもそも、高校の歴史の授業は面白いのか。この問いに対して「ちっとも面白くない」と答える高校生は意外に多いことだろう。受験のための知識、考査問題に対する正答をひたすら記憶する短期的で単純な作業の繰り返しが、歴史の学習だと信じ込んでいる生徒の多いこと。つまり、歴史の本当の面白さは伝わっていないのではないか。

私は授業の中で、将来のあらゆる問題に対処できる「歴史的思考力」をもった人間を育てたいと考えてきた。しかし、生徒の状況を観察すると、もはや一方向の与えるだけの授業、教師が教えてしまう授業では対応できないことを、この10年以上思い知らされてもきた。選択的なテスト問題は解答できても、論理的な思考力が試される問題には対応できないなどの傾向がより一般的になっていると感じている。

では、どうするか。諸外国の歴史教育では、「疑問・判断・方法のコンピテンシー」や「歴史学の概念（継続と変化、原因と結果、類似、差異と重要性）の理解や概念の活用、探究方法の理解」など、歴史の見方・考え方に重点を置いているという（中教審答申、２０１４年）。アメリカの教科書（２０１６）を調べてみたところ、例えば「大航海時代」の章には「証拠を分類し使用する能力は歴史的研究の生命、血肉であり、すべての一般化、仮説、および議論は事実に基づく必要がある。歴史の中で正しい事実と証拠であることと、そうではないことを明確に理解していることが重要」

と書かれている。また、「最も基礎的なレベルで大事なことは、適切な証拠と不適切な証拠を区別するスキルだ。その区別を始めるために、あなたは最初に事実と意見を区別できなければならない。あまりにも多くの学生は歴史的な出来事に対する唯一の考察材料として個人的な信念に頼っている。（略）事実と意見の違いの理解を深めるにつれて、別の観点を認識し、証拠を評価する能力を強化するようにマインドを鍛えることができる。（略）」とある（訳出前川）。つまりアメリカでは、「大航海時代」を学びながら事実と意見の違いを分別できるようになる。歴史を学ぶことで、論理的に物事を判断する力が養えるというのだ。これは面白い！

私は、これからの歴史教育の目的はまさしくこれだと思った。何が事実で、何が事実でないのか？それを選別できる目。答えのない時代を生き抜く、より強靭な思考。

さて、歴代の学習指導要領が繰り返し謳ってきた「歴史的思考力」については、概ね次の5点に集約できるという（池尻・山内、２０１２年）。①史料を批判的に読む力、②歴史的文脈を理解する力、③歴史的な変化を因果的に理由づける力、④歴史的解釈を批判的に分析する力、⑤歴史を現代に転移する力である。私はこれらの点を実際の授業に活かすべく、授業の中でいくつかの試みを行ってきた。江戸初期、鎖国政策の導線となったとされる「島原の乱」を例に、先述のスキル獲得の試みを紹介する。

▣ 教科書上の小単元をひとまとめにして流れをつくる

単元の構成は次頁の表のとおりである。大単元「幕藩体制の確立」より、中単元としての「江戸初期の外交」について、教科書上の小単元をひとまとめにして流れをつくった。単元を貫く問いを「盛んだった江戸初期の貿易が縮小し、やがて鎖国に至ったのはなぜか」とし、ジグソー法を用いた「島原の乱」と「4つの口と外交」をドラスティックな学習活動のヤマ場として位置づける。特徴として、単元の最後に意見共有するリフレクションの時間を長めにとっている。

〔江戸初期の外交〕（6h）
（単元を貫くMQ：江戸初期の貿易は盛んだったにもかかわらず，やがて鎖国に至ったのはなぜか？）

	授業のタイトル	学習活動
1	江戸時代初期の外交（1h）	・幕府の宗教統制（神道・仏教・キリスト教）の諸相について理解する。 ・オランダ・イギリス・スペイン・ポルトガルとの交流を中心に積極的だった江戸初期の貿易と外交を認識する。 〈KP法による概説〉［ワークシートの整理］ 【禁教と寺社】【江戸時代初期の外交】
2	島原の乱（2h）	・島原の乱に関連し、かつ立場の違う3つの史・資料をジグソー活動で深め、島原の乱の真実に迫る。（本稿） 〈KP法による概説〉〈看図アプローチ〉〈問いの発出〉 ［ジグソー活動］［リフレクションシートの記入］ 【禁教と寺社】【鎖国政策】
3	鎖国政策（1h）	・朱印船→禁教令→奉書船→島原の乱→鎖国の完成の流れを、寛永の鎖国令との関連で整理する。 ・長崎貿易について、対オランダ・中国（明→清）との貿易制限について整理する。 〈KP法による概説〉［ワークシートの整理］ 【鎖国政策】【長崎貿易】
4	4つの口と外交（1h）	対馬（→朝鮮）・松前（→アイヌ）・薩摩（→琉球）・長崎（→中国・オランダ）の4つの口で何が起きていたかを、ジグソー活動で深め、知識を統合して幕府の外交体制を考える。［ジグソー活動］［ワークシートの整理］ 【朝鮮と琉球・蝦夷地】
5	リフレクション（1h）	単元を貫く問いに対する答えを各自で記述し、クラスで共有しながら深める。 ［ミニ・ホワイトボードによる共有］［リフレクションシートの記入］

※【　】は教科書上の小単元、〈　〉は教師の活動、［　］は生徒の活動。

■ 歴史を「自分事」として捉える生徒たち

生徒がこの単元を通して、どのような知識を身につけ理解を深めたかについては、最後の時間に記入したリフレクションシートで把握できる。生徒Aは、江戸時代初期の外交の流れを「混乱」「安定」「共存」の三つのキーワードで整理し、外国の接近、シャクシャインの戦いや島原の乱等の内乱で混乱した社会が、乱の鎮圧と鎖国でいったん収束し、しかも4つの口を確保することで一定の外交状態を継続できたことを自分なりに表現している。生徒Bは整理をふまえて、「鎖国」政策のよしあしに触れ、「鎖国」下での人々の暮らしについて知りたいというの自分なりの探究心も垣間見えている。

ここで注目すべきは、生徒たちが歴史を自分事として感じている点である。そこには現代的な視点や比較、知識の統合と解釈の力が芽生えているのがわかる。歴史を遠い昔の話として傍観するのでなく、その時代に起こった社会の事象を、解釈の甘さはひとまず置いて、主体的にとらえようとする姿勢がみてとれる。そして、その裏には史料との対話があるのである。

【単元のまとめ】

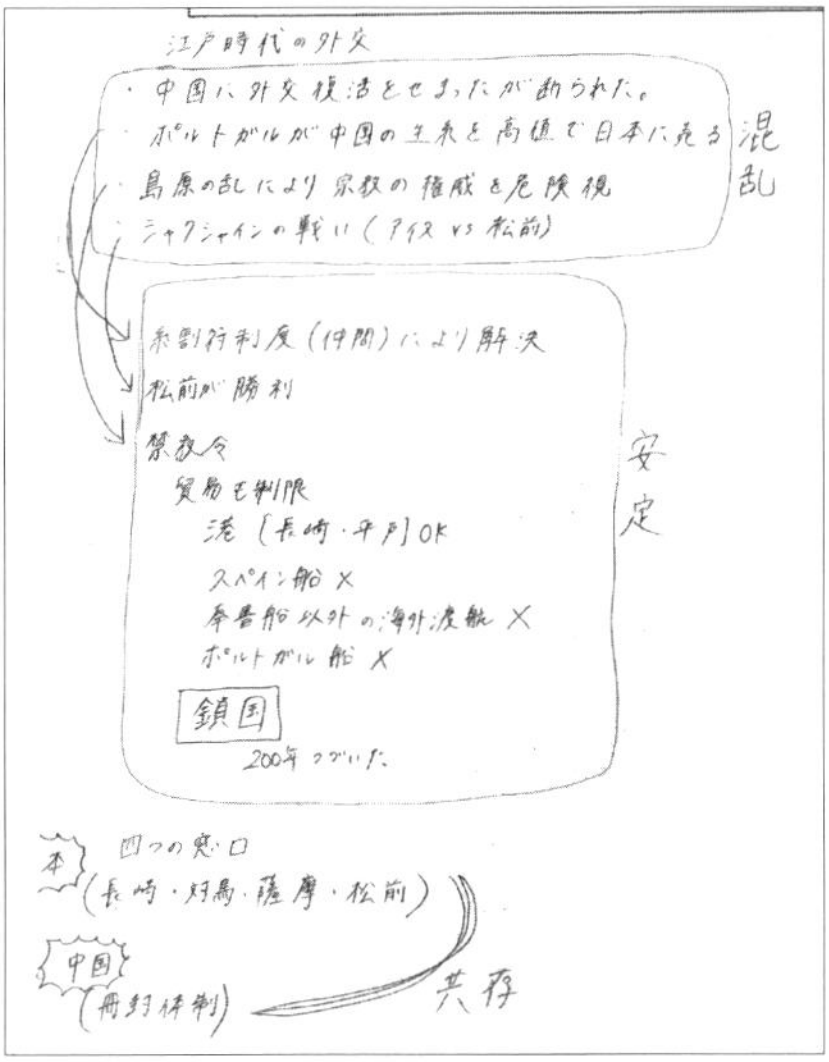

生徒A

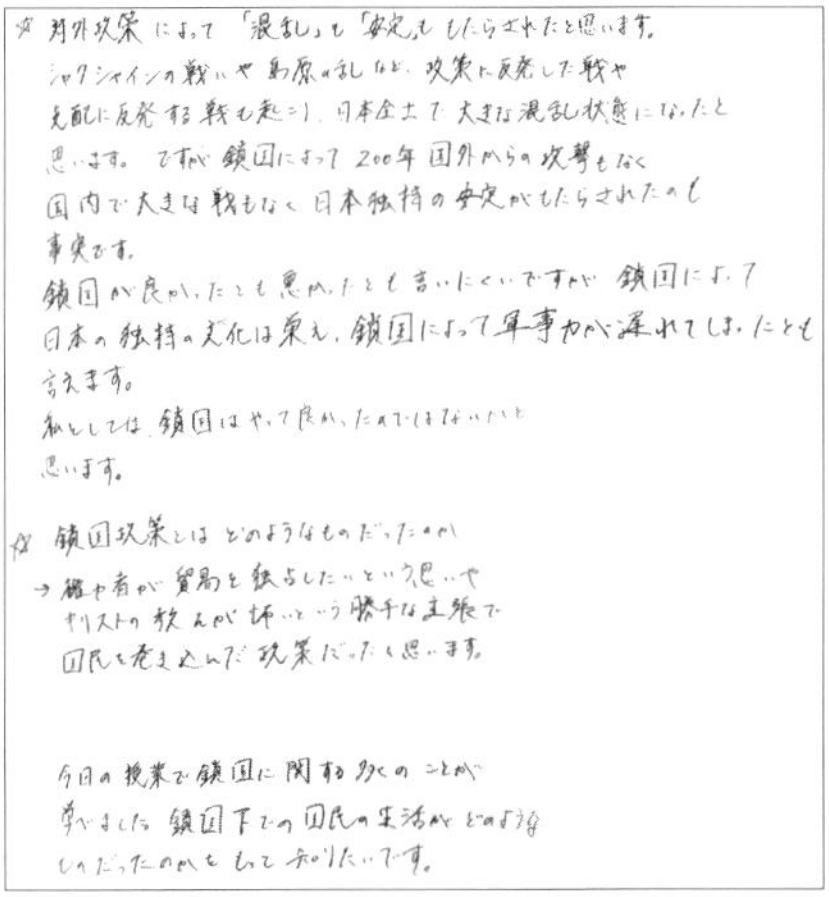
☆対外政策によって「混乱」も「安定」ももたらされたと思います。
シャクシャインの戦いや島原の乱など、政策に反発した戦や
支配に反発する戦も起こり、日本全土で大きな混乱状態になったと
思います。ですが鎖国によって200年国外からの攻撃もなく
国内で大きな戦もなく日本独特の安定がもたらされたのも
事実です。
鎖国が良かったとも悪かったとも言いにくいですが鎖国によって
日本の独特の文化は栄え、鎖国によって軍事力が遅れてしまったとも
言えます。
私としては、鎖国はやって良かったのではないかと
思います。

☆鎖国政策とはどのようなものだったのか
→権力者が貿易を独占したいという思いや
キリストの教えが怖いという勝手な主張で
国民を巻き込んだ政策だったと思います。

今日の授業で鎖国に関する多くのことが
学べました。鎖国下での国民の生活がどのような
ものだったのかをもっと知りたいです。

生徒B

■様々なツールを取り入れた実際の授業

授業の構成は次表のとおりである。

「島原の乱」（2時間）	
導入	・目的と到達目標の提示 ・看図アプローチ「天草・島原地方のしめ飾り」からの問い
展開	・本日の問いの提示 ・KP法による概説 ・3つの史資料によるジグソー活動
まとめ	・本日の問いに対する答えを含めたリフレクションシートの記入

授業中の様子

まず、授業の冒頭に目的と目標をKP法（紙芝居プレゼンテーション法）を用いて黒板に提示する。

○授業の目的

「島原の乱」の歴史的意味を探究的に理解する。

○授業の目標（達成目標）

①島原の乱の前後で、幕府の対外政策が変化したことを具体的に説明できる。
②島原の乱の複数の側面を説明できる。
③キリスト教がなぜ弾圧を受けたのかを自分なりに説明できる。

目的と目標の提示は1分ほどで終わるが、どのような学びを行うのか、どのような力を身につけてほしいのかを生徒にあらかじめ示す大事な時間である。いわば1コマの授業の価値づけと意識づけの作業だ。

次に導入として、「看図アプローチ」を用いる。写真や絵などのビジュアルテキストから問いをつくる協同学習の手法である。ここでは、熊本県の天草地方にあるショッピングセンターのしめ飾りを、12月11日に撮影した写真（クリスマスツリーが一緒に写っている）を掲げて、このしめ飾りがいつから飾られているかを問う。選択肢として、①その年の1月1日、②12月の初め、③3日前、④この日（12月11日）の四つをあげる。答えは①である。つまり、天草・島原地方では、年中しめ飾りを外さないことでキリシタンではないことを示す独特の風習が残っていることを解説する。生徒たちの表情が一瞬にして変化する。宗教弾圧の記憶がいまだに残っている可能性を想起し、現代との接点に気づくのだ。看図アプローチは、短時間で内容の本質にたどり着ける有効な手段であり、生徒の意識が瞬時に歴史の舞台へと誘われる場面である（前川、２０１９年）。

導入で深い思考にスイッチが入ったところで、授業の根幹を貫く二つの問いを投げかける。単元内容に沿った形のＭＱ（メイン・クエスチョン）として、「島原の乱の真相は何だったのか？」。そもそも何のために学ぶのかをただすＦＱ（ファンダメンタル・クエスチョン）として、「宗教が弾圧を受ける条件は何か？」である。この二つの問いに対する答えを授業の最後にリフレクションシートに書き入れることを予告する。そのうえで乱の概要についてＫＰ法で説明する。

次に、ジグソー法を用いた史資料の読解に入る。生徒たちにとってはここがメインの学習活動、授業のヤマ場となる。

実は「島原の乱」（天草・島原一揆ともいう）の全容は、残存した史料に著しい偏りがあり、よくわからない点が多い。①カトリック教会側の史料（史料A）と、②幕府側の史料（史料C）とでは、乱の解釈にかなりの隔たりがある。前者は、乱（一揆）の原因は当地の支配者である松倉氏などの苛政にあるとし、重い年貢に耐えかねた百姓らが信仰に関係なく反乱を起こしたと主張する。一方の幕府側は、乱（一揆）の原因は明らかにキリスト教（カトリック）信仰にあり、信者の強い連帯感、信仰の「特異性」が主たる原因だと断じる。①と②は真っ向から対立する主張をしているのだから、これを決着するには第三の史料、すなわち両方の立場にない地方（ぢかた）の史料が求められるわけである。しかし、残念ながらこれがほとんど残っていない（資料Bに断片的に取り上げられている）。

私はここに、歴史的思考力を鍛える材料があると考えた。すなわち、二項対立ともいうべきA・Cの代表的な史料と、それら以外の第三の史料を補うB現代の宗教史学者の見解（論文）をテキストにしてジグソー法による対話的学習をすれば、歴史を見る厳しい目が育つのではないか。「島原の乱」は、歴史的思考力を培うためには最適なトピックの一つであり、先述のアメリカの手法を意識して、史資料と向き合う場をつくることができる。

まず、A（ドアルテ・コレア「島原一揆報告書」の一部分。カトリック教会側の唯一の史料）・B（神田千里『宗教で読む戦国時代』の一部分。代表的な宗教社会史学者の論考）・C（松平輝綱『嶋原天草日記』の一部分。幕府軍の総大将松平信綱の息子の従軍日記）の三つの史料を用いてエキスパート活動を行う。各史資料は、あらかじめ比較的平易に現代語訳したものを用いる。3人1班で三つの史資料を分担し、各班ごとにミニ・ジグソー活動において、書かれていることの事実と意見（筆者の思いなど）を分け、①事実と思われることを青色、②意見と思われることをピンク色、③両方に分けがたいことを黄色の付箋に書き出していく。それらを総合的に俯瞰しながら、班別に問題点を洗い出し、島原の乱の実相に迫るという活動である。

○史資料の分析（意見から事実を取り出す）

ジグソー活動の中で、生徒たちは悩みながらも、各史資料の事実と思われること（青）、意見と思われること（ピンク）、どちらともいえないこと（黄）をそれぞれの付箋に書き出し、班で共有した（92ページの写真参照）。以下、生徒たちが仕分けした付箋をまとめ、各班における若干の検討過程を記す。

①事実だと思われること（青色の付箋）

A

「米、麦、大麦を年貢とした」「煙草一株に半分の葉をとられた」「年貢未納者は妻をとられた」「未納者は妊婦も水中に投げられた」など

（生徒の意見）

これらについては伝聞・推定の部分があり、どこまで事実として認定できるかわからない。

B

「キリシタンにならない村民の家には火をかけた」「一揆勢は僧侶と神官を殺害した」「代官にキリシタンになるよう迫った」など

（生徒の意見）

強い口調でキリシタンの悪行を断じ、具体的だ。しかし、一〇〇％事実かはわからない。

C

「原城の標高が高く、海から鉄砲届かなかった」「一揆勢は歌い踊りながら幕府軍を挑発した」など

（生徒の意見）

三十年後の回顧録でありどこまで事実なのか。重税への反発か、キリスト教弾圧への反発か、はっきりしない

②意見だと思われること（ピンク色の付箋）

A	「すべては領主松倉氏の収入を増やすため農民が犠牲になったことによる」「松倉氏の重臣が面目を失わないためにキリシタンのせいにした」「キリスト教徒が原因ではない」など。 （生徒の意見） 主語はあくまでカトリック教会側の人間であるドアルテ・コレアであること。 また、根拠が記されていない。
B	「キリスト教への復帰が主要な訴え」「重税はこれらの行動の原因になりにくい」など。 （生徒の意見） 神田さんの主張はあくまで歴史学者の見解ではあるが、根拠があって論理的だから納得できる。
C	「死を喜ぶなど平常心では考え難くキリスト教に侵されたからだ」など。 （生徒の意見） 信者たちの行為が「通常では考え難」く「キリスト教に侵されたからだ」という最後の記述のみ松平輝綱の考えが出ているが、逆に言えばキリスト教のせいにする必要があったとも考えられる。

③どちらとも言い難いこと（黄色の付箋）

A	「原因は松倉氏の虐政にあり」「一揆のリーダーは十八歳以下の増田四郎」 （生徒の意見） 奉行が松倉氏の虐政が原因だと見出したとするのは本当か、また増田四郎となんでわかるのか根拠が示されていない。
B	「年貢を減免せよとは言っていない」「異教徒の村を敵に回してまでも改宗をせまる」 （生徒の意見） 論理的で説得力もあるが、推理の枠を出ないような気もする。
C	「少女まで死を喜んで受け入れた」「籠城した一揆勢の人数は三万七千人である」 （生徒の意見） 喜んだは主観。人数についてどのようにして数えたのか疑問。

この活動を通して意見を共有したのち、冒頭に掲げた問いについてグループで意見を交わすよう促した。そのあとで、個人で振り返りの時間を持ち、最終的にリフレクションシートに気づきを整理させた。

○生徒の気づき（リフレクションシートから）

①MQ「島原の乱の真相は何だったのか？」

生徒①：重い年貢にあえぐ貧困層の農民たちがやむにやまれず領主に対して起こした一揆だと思っていたが、BとCの史料をみると、やはりキリスト教徒の結束力があり宗教反乱だったように感じてしまう。でも、どの資料もそのまま信用していいか証拠としての弱点があり、読めば読むほどどれが真実かわからなくなる。真相は何かといわれても、わからないとしか答えようがない。

真相はわからない、真実を解き明かすことは難しい、という哲学的な境地もみてとれるが、最も特筆すべきは証拠としての史料性にまで生徒の意識が達していることである。あえて異なる立場の史料をぶつけることで、情報リテラシーが鍛えられている。

生徒②：自分が担当したBの史料も含めて、事実を抜き出そうとすると確実なものは意外と少ないことがわかった。でも、事実に限りなく近いと思われることと、推測に過ぎないと思われるものとを優先順位をつけて並べ替えることはできると思った。事実に近いことをいうならば、島原の乱を起こした人々（キリスト教徒が中心と思われる）は、数万の軍勢を集めて城に立てこもり、プロの武士を相手に何か月も戦う力があったということだ。そして幕府は、この事件のあとでは明確にキリスト教（カトリック）の禁止と鎖国体制を完成させたということができる。

「意見から事実を取り出す」行為をよく理解している。事実とは何かを突き詰めて考えようとし、史料を批判的に読む力が養われている。

生徒③：Aの史料がカトリックの影響下にあるポルトガル人の供述によることから、ことさらキリスト教とは関係ないと主張していることが疑わしいと思う。Bの史料を読むとキリスト教が前面に出ているし、Cの史料では、プロテスタントの国であるオランダの船が、幕府の命令で海から原城に大砲を撃ったこともカトリックを敵とみていることがわかる。つまり、島原の乱は日本に勢力をもったカトリックの信者たちが幕府を揺るがすほど成長したことへの幕府側の警戒と、これに対する全面的な鎮圧だったのだと思う。

島原の乱の歴史的な位置づけを、自分なりに総括している。まさしく歴史的文脈を理解し、歴史的な変化を因果的に理由づけようとしている。

②FQ「宗教が弾圧される条件は何か?」

生徒④:江戸幕府の禁教政策を例にとると、最初は貿易と宗教はきってもきれない関係にあるので宣教師の来日なども大目に見ていたが、信者が結束し権力者にとって脅威になるととたんに弾圧の方向に動いた感じがする。また、他の宗教を排除したことがかえって敵を増やすことにもなったのではなかろうか。多神教の国である日本にとって、絶対的な神のみを純粋に信じようとするキリスト教徒は危険と思われたかもしれない。

こちらも歴史的文脈を理解し、歴史的な変化を因果的に理由づけようとしており、見る目が養われているのがわかる。

生徒⑤:私のクラスに仮に外国人が来て、最初のうちは仲良くやっていたけど、食事や習慣などいつまでも自分のやり方を変えなかったら、周りも引いていくかもしれない。まして、自分の宗教を私たちに広めようとしたり、強制的に祈りの場所に連れていかれたならばこちらも構えてしまうだろう。また、外国人も受け入れられなければ余計に頑なになってしまいそう。溝が拡大してどうしようもなくなった時、多数派が少数派を弾圧してしまうのではないかと思った。島原の乱は見方を変えれば、現代のさまざまな事にもあてはまりそうで怖い。

現代の視点で、異質な文化の受容に関わる今日的な問題と結びつけており、まさしく歴史を現代に転移する力が働いている。身の回りの例を挙げている点で、自分事にしていることがわかる。

生徒のリフレクションシートについては、全員の回答部分の要点をミニホワイトボードに書いて張り出し、全員で共有した。その際、私から次のような解説をして授業を終えている。

歴史的事実とは、質にも量にもよるが、このように残存した史資料の内容や性格によって規定されてしまうこと。「ない」史資料については「ある」史資料から、現在の我々が類推するしかないが、可能な限り「事実」と「意見」を切り分け、また「事実」と思われることでも、より確実なものを考慮するように順位づけをすること。そして、ここから習慣づけられる思考の形は、現代や未来にあふれる情報に対してのリテラシーを鍛え、確実な社会を築く基礎になる可能性があること。

歴史的思考力を鍛える授業としては、「歴史的解釈を批判的に分析する力」について道半ばで、今後の研究課題であるが、対話的に史料に向き合うことによって深められる力があることを確信している。

未来の大人たちが、行われゆく新しい歴史教育を通して、彼らの時代を強くたくましく生き抜くリテラシーを身につけることを願ってやまない。

【参考文献】

・Henny, Michael U.S.History Skill book：Practice and Application of Historical Thinking Skills for AP U.S.History（２０１６）。
・池尻良平・山内祐平（２０１２）「歴史的思考力の分類と効果的な育成方法」『日本教育工学会第28回全国大会講演論文集』長崎大学。
・池尻良平（２０１９）「学びの過程からみる歴史教育」『歴史評論』（八二八）41－49。
・前川修一（２０１９）「問いを足がかりに全員参加の歴史授業へ」前川修一・梨子田喬・皆川雅樹編『歴史教育「再」入門』清水書院。
・五味文彦ほか（２０１７）『詳説日本史史料集 3訂版』山川出版社。
・神田千里（２０１０）『宗教で読む戦国時代』講談社選書メチエ。

※本授業は２０１９年１月に筆者の前職である明光学園高等学校において実施したものである。当時の受講生および関係者の皆さまに、深甚なる謝意を表したい。

社会問題と葛藤する
――本音で考える公民の授業――

楊田　龍明（東京学芸大学附属国際中等教育学校教諭）

■自己と向き合い、他者とつながる

「授業で勝負する教師」「笑顔と拍手あふれる教室」をモットーに20年間、授業実践してきた。私のテーマは「社会問題と葛藤する」ことである。社会にある答えの出ない問題を深く掘り上げ、何が答えなのかを教師が生徒と一緒になって考えてこそ現代社会をつかみ取ることができると考えている。「どうせ人権や平和が大切だって言いたいんだろう」「どうせ声をあげても現実は変わらない」と冷笑的にとらえてしまう空気感が現代社会にはある。善に関する言葉を口にすることを躊躇するシニシズムが、民主主義にとって最大の課題ではないだろうか。だからこそ私は、「差別や戦争はしてはならない」「見て見ぬ振りをせず声を上げる勇気を持ちたい」といったアタリマエの価値観を「正解」であるかのような教え方はしない。キレイゴトではなく生徒の本音を引き出し、考えることを追求してきた。

例えば「知的障害者のきょうだい」の実践では、「ガイジ」という言葉を平然と口にする生徒の感覚に真っ向勝負した。きょうだいに知的障害をもつ人が、「恋人には嫌われたくないから姉のことを話せない」「仲良くなった友達でも、家に遊びに来てほしくなかった。知的障害をもつ妹が家にいたからです」など、家族を疎ましく思ってしまう自身への嫌悪感、社会の偏見との間で板挟みになっている姿を考えさせた。障害をもつ人に対してどんな認識をもつことが「正しい」のか？　と生徒に問うた。

答えは一つではない。社会にある答えの出ない問題と葛藤する中で、「自己と向き合い、他者とつながる中で、より良い未来にしたいと願う市民性」を育てたいと思っている。これまでの主な実践を振り返ると、次のようになる。

授業実践名〔科目名〕	中心的な問い
生命の尊厳と社会秩序～光市母子殺害事件遺族と死刑制度を考える～〔中学公民〕	もし家族を殺されたら、君は犯人に何を求めるだろうか？罪を償うとは何なのか？
知的障害者のきょうだい[1]～〔高校・政治経済〕	結婚相手から、きょうだいに障害者がいると聞いたら、どんな反応をするだろうか？
はたらくことのリアルに迫る[2]過労自殺とハラスメントを弁護士と考える～〔高校・現代社会〕	自殺する位なら仕事辞めればよかったのに、過労自殺は自己責任なのか？
TOKYO2020を機に社会を変えるには!?[3]～シッティングバレーボールから考えるインクルーシブな社会～	「ラッシュ時間に車椅子は乗ってくるなよ」と感じた気持ちをどう考えるべきなのか？
同性婚を考える[4]～物語創作を通して多様な価値観を考察しよう～〔高校・現代社会〕	法律上の家族が死の間際に立ち会うことを拒否した場合に、20年連れ添った同性パートナーはどんなことができるのだろうか？

生徒たちの賛否が割れ、答えが一つではないような課題（問い）を設定する。その課題についてレポートを書かせ、自己の内面に迫るようなものや、相対する意見を並べ論争的空間を創出する授業冊子を作成する。冊子をもとに話し合い学習を進めた上で、社会問題の当事者を招いて質疑応答する機会を設定する。

■教師自身が自己と向き合い、葛藤する

「自分がシビれているからこそ他人をシビれさせることができる」。

プラトンは『メノン』の中でシビレエイのたとえを紹介している。「社会にある答えの出ない問題を生徒と一緒に葛藤する」には、教師自身が自己と向き合い、とことん葛藤する必要がある。教師自身の葛藤の過程を生徒たちに率直に語ることが、生徒と一緒に授業を創る鍵だと思っている。また答えの出ない問題を単に示すだけで終わってはいけない。浮かび上がる生徒の問いに向き合ってくれる当事者との対話実践も大切だと考えている。

私の原点となった実践は、光市母子殺害事件の被害者遺族・本村洋さんとの出会いである。2002年3月何気なく見ていた『ニュースステーション』で、18歳の少年が23歳の主婦を殺害し強姦、生後11ヶ月の女の子を絞め殺した事件を報道していた。「今の少年を見てますと死刑という判決を下さない限り、更生しないと思っています。自分が死刑を科せられる。自分の生命が奪われる。きっと人間は生を望む生き物ですから、たぶん恐怖して時には絶望するかもしれませんが。そういった感情を私の妻と娘に味わわせたんだということから、あの少年が反省するきっかけをつかめるんだと私は信じています」。本村さんの訴えに揺さぶられた。これだと思った。これを生徒に見せ、考えさせたいと思った。

死刑制度を廃止すべきとの論拠は多くある。国家を使って加害者を殺すことであり結局は殺人と同じであるとか、冤罪であったら取り返しがつかない等々。しかし「もし愛する家族が残虐に殺されたら、犯人に死刑を求めるのではないか?」と問われたら途端に答えに窮してしまう。言うまでもないことだが、理屈と感情は両立しない。答えの出ない社会問題の典型が「死刑制度の是非」と言えるだろう。

授業では罪を償うとはどういうことか?刑罰制度はどうあるべきなのか?を考えた。実際に被害者の方はどう考えているのだろう。最終的には本村さんに学校に来てもらい、生徒と対話する実践を行った。この実践が私の教師人生を変

えた。

■ 文化祭で「社会派マジモノ企画」をやりたい

本村洋さんと死刑制度について考える実践を終え、ある生徒は「死刑制度を考えることが大事だと思う。考えることによって犯罪は愚かな行為だとはっきり自覚する必要があると思った」と感想で述べた。この言葉には人を殺めることの愚かさを自覚し、そんな悲惨なことをなくしたいという確かな市民性が感じられた。

どのように生徒の学びが深まったのか、可視化して示すのは容易ではない。ここではあえて、授業後に生徒たちが取り組んだ文化祭での活動「NODU」を紹介したい。

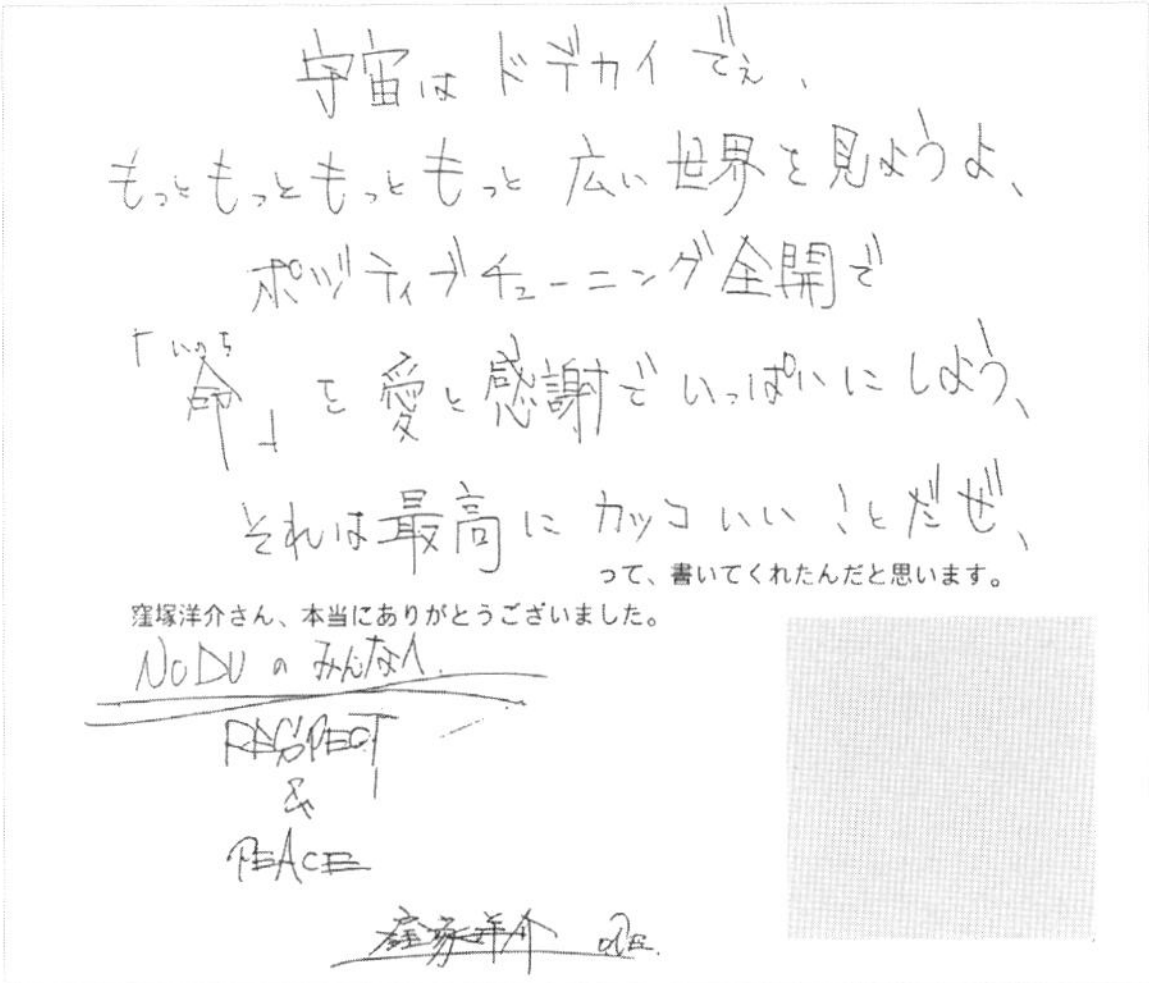
宇宙はドデカイでぇ、
もっともっともっともっと広い世界を見ようよ、
ポジティブチューニング全開で
「命《いのち》」を愛と感謝でいっぱいにしよう、
それは最高にカッコいいことだぜ、
って、書いてくれたんだと思います。
窪塚洋介さん、本当にありがとうございました。
NODUのみんなへ
RESPECT & PEACE
窪塚洋介

高槻中学・高等学校文化祭本部第5企画部『NODU』より

ここに掲載したのは、俳優の窪塚洋介さんが生徒たちに送ってくれた直筆メッセージの一部である。本村さんとの実践直後に、生徒たちから「文化祭で社会派マジモノ企画をやりたい」との声が出てきた。2003年はイラク戦争に世界の関心が集まっていた。湾岸戦争で米軍が用いた劣化ウラン弾（DU Depleted uranium）によって白血病など健康被害が広がっていることを、文化祭で取り上げることになった。この問題を多くの人に知ってもらうために著名人の方々に手紙でメッセージを依頼した。窪塚洋介さんだけでなく坂本龍一さん、池上彰さん、橋本龍太郎元総理、東ちづるさんやアグネス・チャンさんなどからメッセージが届いた。文化祭ではこうしたメッセージに力を得て、新聞や展示で問題を訴えた。

アラビア語で書かれたイラクの少年への手紙

文化祭で集めた折り鶴は、名古屋大学病院で白血病の治療を受けていたイラクの少年に届けることになった。その際、自分たちの気持ちを綴った手紙をアラビア語に翻訳した生徒がいた。聞けば中東に住む日本人を見つけ出し、事情を説明し翻訳できる人を探し出してもらい、ファクスでアラビア語訳を送ってもらったという。私に喜色満面で見せてくれた、開くと折り鶴が飛び出すように細工された手紙がこれである。

彼らの文化祭での活動は、授業内容とは直接の結びつきはない。しかし、ある生徒がこう書いていた。「色んな人に鶴を折ってもらい、そこにＮＯＤＵと書いてもらう。その折り鶴をイラクに届けたい……。本当にこの活動に意味はあるのか？　という不安はずっとありました。だけど、自分をこの地球に住む一人の人間として考えれば、一人一人の意識が変わることはとても重要なことだと思います。一人一人の意識が良い方向へ変わることで平和の砦は築かれるのだと思い、そうなることを願います」。

シニシズムに陥らず社会問題を捉え、未来をどうにかしたいと願う市民性が芽生えているのではないだろうか。

■ 愛する家族を殺されたら、どんな刑罰を望むのか

すべてはこの手紙から始まった。

【全国犯罪被害者の会　本村洋さま　はじめまして。突然のメール失礼いたします。本村さんが出られた２００２年３月14日の『ニュースステーション』を、是非とも授業の教材に使わせていただきたいのです。この事件については以前から知っておりましたが、死刑制度、少年法、司法制度のあり方を生徒たちに考えさせるには、これしかないと思いました。鋭く公民としてのあり方を問うていました。本村さんの発言を聞いて、私自身とても考えさせられました。それまで死刑制度廃止を考えていた自分に大きな揺らぎを感じました。

公民を教えるにあたって、社会の現実を知るだけでなく、この社会の現実の向こうにある理想が何かを一人一人自ら見据えてこそ力強い社会のメンバーとして生きていけると思っています。私が感じた揺らぎを授業で生徒にどうしても伝えていきたいと考えました。

テレビ朝日にも問い合わせたのですが、ビデオ貸し出しは無理とのことで、どうにかして番組ビデオテープをお借りしたいと思い、ご連絡させていただきました。お忙しいのに大変恐縮ですが、ご検討のほど、どうぞよろしくお願い致します】

本村さんから返信が届いた。

【楊田さま　はじめまして。メール拝読させて頂きました。私などの発言に耳を傾けて下さり、それを授業で取り上げて頂く旨を知り、感謝しております。授業の中で、刑罰のあり方を通して犯罪の悲惨さや、殺人という愚かな行為の罪の深さを生徒の皆さまに少しでも理解していただければ幸いです。本題に入ります。ご所望のビデオテープは私が所有しておりますので、ご住所などご連絡頂けましたら、送付させて頂きます。　本村　洋】

生徒たちにこのやりとりを興奮気味に紹介しながら、こう言った。「愛する人を殺されたら君はどんな刑罰を望むだ

ろうか。私が揺さぶられた番組を君たちに見せたい。そして考えたい。そのためにレポートを書いてきてほしい」。強い危惧があった。「被害者遺族の意見に圧倒されて議論にならないのではないか」ということだった。少年は強姦目的で主婦の首を絞め、生後間もない乳児を床に叩きつけて殺害した。しかも、無期懲役の判決は少年であれば7年程度で仮釈放される。余りにも理不尽な事件、怒りと悲しさで思考停止するのではないか。番組を見せる前に死刑制度を調べさせ、意見を書かせた。

生徒たちのレポートを編集した授業冊子を作成。そこでは名字をイニシャルで示すようにした。「評価」の意味もあるが、同じ教室のアイツがこんな考えを言うのか、ここまで深く考えた級友がいるんだと感じさせることで「議論への参加」を促した。

「2つのミカンを3人で分けるには？　100通りの方法を考えてみよう」。授業の冒頭でミカンの実物を持った私が行った発問である。この唐突な質問に対する生徒の答えは様々だった。「2つをそれぞれ3等分して分ける」「中身・皮で分ける」「ミキサーでジュースにして3人で分けて飲む」「何もせずミカンの美しさを楽しむ」などなど。こうした様々な答えを出させ、次に私は「ではどれが正解なんだろう？」と問うた。そして私は生徒にこう説いた。「どれも答えとしては間違っておらず、どれもが正解だ。何通りもの正解がある。しかし現実に存在するのは、ここにある2つのミカンだけ。何通りもの分け方の中でどの方法を用いるのか？それは考え、議論して決めるしかないだろう。私たちの民主主義社会は様々な答え、意見を持つ人々の議論によって成り立っている。答えは一つではなく、いくつもある。だからこそ議論し考えることの大切さを、この授業で学んで欲しい」。正解が一つであることを「アタリマエ」だと思い込んできた生徒を揺さぶった上で授業を始めた。

授業では映像をみせ、「少年を死刑にすべきか否か？」について次のように問いを重ねた。「裁判所は無期懲役の判決を出した。なぜか？　少年だからです。君達も少年だ。大人になったら何が変わるんだ？」。この問いかけに、ある生徒がボソッと「罪の重さ」と呟いた。「罪の重さ？ どうして大人になったら罪が重くなるの？」この問いに誰も答えは出なかったが、限定発問を重ねることで生徒たちと考えを深めた。

■ 被害者遺族と考える生命の尊厳と社会秩序

生徒のレポートには、被害者遺族の応報感情を問い直したものがあった。

【被害者の慰謝について述べる。あの人は死んだのに犯人が生きているのは許せない、あの人のためにも死刑にしたい、という被害者の家族をニュースで見たことがある。もしその犯人が、死刑になったとしたら誰が殺すのだろうか。被害者の家族ではない。そんなに殺したいなら、自分の手で殺すべきである。だが、それは被害者のために殺すということではない。被害者がこの世にいないなら、殺しても何も変わらない。結局は自分のためではないのか？もし、あの世というものがあり、被害者がこの世を見ているなら、家族に何を望む？ 家族が人を殺すこと？ 犯人の死刑？ 違う。家族の幸せだろう】

授業ではレポートを紹介しながら、本村さんが裁判で読み上げた意見陳述書に耳を傾けた。

「人はこの世に生を受けたと同時に、死をも受けています。だから、人は必ず死にます。そして多くの人は志半ばにして、命を終えるんだと考えています。だから、私たち家族が志半ばで、その生活を終えなければならなかったことに対して、君を憎んでいるわけではありません。私が君を許せないのは、妻と娘の最期の時を家族で過ごさせてくれなかったことです。もし叶うならば、私は妻と娘の呼吸が止まり、意識がなくなるその瞬間まで、妻と娘の手を握り、顔を見てやりたかった。どんな悲惨な最期であろうと、私は私の家族の最期を見届けてあげたかった。私の家族になってくれた妻と娘に感謝の言葉を言いたかった。その機会を奪った君を、私は断じて許さない。娘と妻の最期を知っているのは君だけです。妻は君に首を絞められ、息絶えるまでの間、どんな表情をしていたか。どんな言葉を残したか、母親を目の前で殺された娘は、どんな泣き声だったか。必死にハイハイして、君から逃れ、息絶えた母親に少しでも近づこう

国語
地理歴史・公民
数学
理科
英語
探究活動

とした娘の姿はどんなだったか。君はそれを忘れてはいけない。」

2つのテレビ番組と生徒のレポートを教材に、授業は次のように進行した。

1限目	テレビ朝日「ニューステーション」の本村さんの主張 被害者遺族の訴えとは何なのか?
2限目	罪を償うとは、何なのか? さだまさしの「償い」を聞いて考える 生きてこそ償えると訴える原田さん証言
3限目	更生するとはどういうことか? 日本テレビ「本村 洋さんアメリカで少年死刑囚と対話」 対話集会「本村洋さんと考える生命の尊厳と社会秩序」

2限目の授業では、そもそも罪を償うとは何なのかを議論した。さだまさしさんの曲「償い」を教材にした。この曲は、交通事故で人を殺してしまった若者が、「何もかも忘れて　働いて　働いて　償いきれるはずもないが…」と、遺された夫人の元に毎月仕送りを続けた実話を元に作られた。7年後に夫人から彼に手紙が届く。「ありがとう。あなたの優しい気持ちはよくわかりました。だから、どうぞ送金はやめてください。あなたの文字を見るたびに主人を思い出して辛いのです……」と続く。授業では、この曲を流して考えた直後に次のレポートを紹介した。

【僕の母は弟を交通事故で亡くした。加害者に恨みをもったり、相手が代わりに死ねばよかったと思ったらしい。祖父も祖母も涙を流しすぎて放心状態になるほどだったそうです。交通事故でさえ、これほど悲しいのに、殺されるなんて残酷で悲しい。だから被害者の身になると死刑を求めるのはやむを得ないと思う】

何年もかかって許しを得た話がある一方で、交通事故で弟を失った母の悲哀を示し、相対する状況を提示した。さらに「生きて罪を償ってほしい。生きること自体が償いだと思う」と訴えた犯罪被害者遺族・原田さんの事例も紹介した。

遺族の気持ちも様々あることを理解し、「罪を償うとは何か?」を議論した。また3限目の授業では日本テレビ『情報最前線』でアメリカの少年死刑囚と対話する本村さんを見せながら、次の言葉を考えた。「死刑という判決を下さない限り、少年は更生しないと思っています。…世界中の誰が見ても、この少年はきっちり更生しているではないかと、反省しているではないかと、どうしてこの少年に対して死刑を科す必要があるのかと思わせるまでになって、私は胸を張って堂々とあの少年には死刑を受け入れて貰いたいと思いました」

怒り、憎しみ、悲しみ…どれほどのものだろう。しかしできる限り理性的に、自己や社会と向き合い建設的な言葉を紡ぐ本村さんに、惹きつけられていた。知れば知るほどお会いしたいとの願いが募った。思い切ることにした。「生徒の質問に答えていただけないか」とお願いした。

1ヶ月後、6クラス270人の生徒が参加して対話集会を行うことになった。「本村さんは何のために死刑を求めているのか、いろいろあると思いますが、一番大きいものを教えてください」。「自分の愛する人を殺された。これだけ命をかけて愛した人を殺されたんだから、それを壊した者に対しては死をもっても償って欲しいという気持ちは、人間としての当然の感情であって、その当然の感情を主張することは、僕は全然愚かではないと思っています」。生徒の幾つもの質問に、力強い声で語る本村さんがいた。

中でも心に残っているのは、このやり取りである。「なぜ妻と子が犯人の死刑を望んでいると確信できるのでしょうか?」。「私はこの目で自分の妻を見ました。私が会社から帰ってくると、服を全部脱ぎ取られて手首と顔をガムテープで縛られて……身体中が冷たくなって、首を絞められて……死ぬと【浮腫】って言って、青い斑点が出てくるんです。死後硬直をしてました。……きっと妻と娘も加害者に相当の恨みをもってこの世を去ったと思っています」。生徒の質問は事前に伝えていたが、思い出すのも辛い場面をここまで語られたことに驚いた。

武者震いした。真剣な対話が深まる中で、「少年が更生せずに出所したら、本村さんは少年を自らの手で殺しますか？」。少し考えながらこう言われた。「もし加害者が目の前にいた時に、私は自分の殺意を抑える自信はないです。そして私が加害者を殺したところで、私の両親や天国にいる家族は喜ばないと私は分かっています。事件の被害者みんなが自問自答していることです」。理屈と感情は両立しない。「葛藤」とは何かを教えられた気がした。

「答えは1つではありません。皆さんが今の死刑はおかしいと思えば、死刑のない国を作ればいい。もっともっと考えて、国を変えて、より良いものにしていって欲しい」本村さんの語りが体育館に響いた。愛する妻と娘の生命のために、語られているように感じられた。苦しみ悲しみを乗り越えて、よりよい未来のために語る姿を日の当たりにした。対話集会を終えた夜に生徒からメールが届いた。「生きていることの素晴らしさを感じました」。私も同じ感想を持った。

本村さんとの実践以来、悩みもがきつつも力強く生きる姿をもう一度、伝えたい。もう一度生徒と味わいたい。それが「社会にある課題を生徒と一緒に葛藤する授業」に私を突き動かす原動力となった。

本村さんから届いた年賀状に添えられていた次の言葉を大切にしている。「意志があれば、足も軽い」。

【注】

(1)「第59回読売教育賞最優秀賞教育実践報告書」で詳述。HP「先生のための教育事典EDUPEDIA」でお読み頂けます。

(2)『平成30年版過労死防止対策白書』でコラムを執筆しています。また『東京学芸大学附属高校研究紀要』第55号・第57号で詳述。東京学芸大学リポジトリでお読み頂けます。

(3)東京学芸大学附属高校第16回公開教育研究大会で発表。

(4)日本社会科教育学会第70回全国研究大会（筑波大学）で発表。『東京学芸大学附属高校研究紀要』第58号で詳述。東京学芸大学リポジトリでお読み頂けます。

「真正の学び」への扉―実践を読み解く

高木実践は、「日本はどの国・地域と地域統合すればよいのだろうか」という単元を貫く問いを軸に設計されている。グローバルな視座（概念のレンズ）から国際協力（トピック）のあり方を考察し、考察のための視点を意識的に投げ込んで、見方・考え方を拡張し、知識の構造化を促す。単元の最初と最後にこの同じ問いにグループ学習で取り組み、さまざまな地球的課題を関係構造図にまとめ、思考の変容を可視化・意識化する。自分たちだけの力で答えを導き出す力を育むために、グループ学習に当たっては、教師が介入したり正答を示したりせず、環境を整えて緩やかに見守る。

前川実践は、「盛んだった江戸初期の貿易が縮小し、やがて鎖国に至ったのはなぜか」という単元を貫く問いを軸に設計されている。ジグソー法を生かして資料と対話し、事実と意見を切り分ける活動を単元のヤマ場とする。確定した史実や正解として捉えられがちな教科書の内容の自明性を問い直し、事実を吟味する批判的リテラシーを育てる。単元内容を深める「島原の乱の真相は何だったのか」という問いに加え、「宗教が弾圧を受ける条件は何か」といった、歴史を学ぶことの意味に迫る問いも意識することで、歴史を自分事に引き寄せて考えるよう工夫されている。

楊田実践は、光市母子殺害事件をもとに「死刑制度の是非」について学び話し合うなど、教師自身がシビれた問題を生徒に投げかけ、教師自身の葛藤の過程を語り、生徒とともに問題を考えていく。答えのない問題について考える中で生徒たちから生まれた問いにさらに向き合うべく、被害者遺族・本村洋さんと直接対話する機会を持ち、生徒の本音を引き出し、静かな思考を生み出していく。差別や戦争をしてはいけない、見て見ぬふりをせず声を上げる勇気を持ちたいといったアタリマエの価値観を正解のように教えるのではなく、キレイゴトではなく生徒の本音を引き出し考える。

大学の研究につながるアカデミックな楽しさや学問的厳密性（rigor）と、民主主義の担い手としての市民性や社会的関連性（relevance）とのバランスのとり方に応じて、それぞれに実践のモチーフは異なるし、学習者主体で仕掛けてゆだねること（対話的創発）と、より教師主導でホンモノでゆさぶること（弁証法的深化）との重点の置き方に関して、授業スタイルの違いもあるが、生徒たちは以下のような「動詞」の意味の再定義を伴って、「用語を網羅的に暗記・再生する」ことを超えて、ホンモノのプロセスを経験していると考えられる。たとえば、「地理を学ぶ」ことは、「概念をレンズにして、トピックや事象を分析・考察する」こととして、「歴史を学ぶ」ことは、「歴史的事実を批判的に吟味し、自分事に引き寄せて歴史認識を構築する」こととして、「公民を学ぶ」ことは、「社会問題のリアルと向き合い葛藤し、本音で議論し、アクションを起こす」こととして経験される。

社会科で「教科する」授業に取り組む際には、教材研究で教師が面白さや発見を感じたりした、史料、テクスト、場面、社会問題等を、生徒と一緒に読み解いたり、議論したりしてみるところから始めてもよいだろう（教材研究の結果ではなくプロセスの共有）。授業外、学校外の生活で、社会への関心を芽生えさせ広げていけるようなきっかけとなる「窓」を上手に仕組むことが重要である。項目を機械的に覚えようとするばかりで、トピックを超えて繰り返される類似の構造が捉えられず、知識を関連づけられず、学んだことが積みあがっていかない状況に対し、単元を貫く問いを生徒自身にも意識させることは有効だろう。

表：「真正の学び」（「教科する」授業）というレンズで見た各実践のポイント

	高木優先生／地理分野	前川修一先生／歴史分野	楊田龍明先生／公民分野
成長目標ベース（自立）：ねがいの意識	楽しく授業を受けてほしい。「地域ごとの特徴や文化など、どんどん解像度を上げて見ていくのが学んでいて楽しい」といった、アカデミックな楽しさを大事にしたい。	将来のあらゆる問題に対処できる「歴史的思考力」をもった人間を育てたい。何が事実で、何が事実でないかを選別できる目、答えのない時代を生き抜く強靭な論理的思考を育てたい。	生徒とともに社会問題と葛藤することを大事に。「どうせ・・・」というシニシズムが民主主義の最大の課題。シニシズムに陥らず社会問題を捉え、未来をどうにかしたいと願う市民に育てたい。
パースペクティブ変容（教養）：学力の三層構造知の総合やもどりによる深くて重い学びへ	「地理総合」「地域的課題と国際協力」の単元。「グローバルな視座（概念のレンズ）から国際協力（トピック）のあり方を考察する」ような単元と授業の構成。地域統合を主題として、「日本はどの国・地域と地域統合すればよいのだろうか」という単元を貫く問いを軸に単元を展開した。地域統合を組織すること自体よりも、各地で共通する地域的課題の傾向性や課題相互の関連性、それらをふまえた国際協力のあり方を、粘り強く「考察する」ことがねらい。世界の国々を分類する際の見方・考え方として、水資源とエネルギー資源の偏在を提示。複雑性を捉えるシステム思考を重視し、近接性を超えてつながりを考える。	中単元「江戸初期の外交」について、「盛んだった江戸初期の貿易が縮小し、やがて鎖国に至ったのはなぜか」という単元を貫く問いを軸に単元は構成されている。「島原の乱」と「4つの口と外交」を扱う授業を、ジグソー法を用いて協働的に歴史認識を深めるヤマ場として位置付けている。単元の最後に単元を貫く問いに対する答えを各自で記入し、クラスで共有し深める時間を長めに確保している。単元内容を深める「島原の乱の真相は何だったのか」という問いに加え、「宗教が弾圧を受ける条件は何か」といった、歴史を学ぶことの意味に迫る問いを意識することで、歴史を自分事に引き寄せて考えるよう工夫されている。	光市母子殺害事件の被害者遺族・本村洋さんとの出会い。報道番組での本村さんの訴えにゆさぶられて、理屈と感情は両立しないという、答えの出ない社会問題の典型として、「死刑制度の是非」の授業を行うことにした。二つのテレビ番組と生徒のレポートを素材に授業は展開した。罪を償うとは、更生するとはどういうことか、刑罰制度はどうあるべきかを議論していく。問題を示し突き付けるだけでなく、浮かび上がる生徒の問いに向き合ってくれる当事者との対話実践も大切。最後に対話集会において、本村さんと対話する。真剣な対話を通して、理屈と感情は両一しない葛藤をリアルにつかんでいく。

エージェンシーの育成（自治）：脱正答主義 教師と生徒が競る関係へ	グループの作品を共有する場面。眼差しの先には教師の姿はなく、他のグループの作品がある。問いを提示して答えが出るかと思ったら出ない。答えを出すことなく授業が終わる。オープンエンドの問いだからこそ、授業での小集団活動ではあえて答えを教えないことで自分たちだけの力で答えを導き出す力が育つ。知識定着型の閉じた問いに慣れている生徒からは答えを求められがちだが、それを我慢するところに真正の学びがある。正答主義を超えるための生徒と教師の学習観の根競べ。	確定した史実や正解として捉えられがちな教科書の内容について、史料との対話を通して、その自明性が問い直される。「島原の乱」の全容については、残存した資料に著しい偏りがあり、よくわからない点が多いことに教材としての価値を発見し、カトリック教会側の史料、幕府側の史料という残存する二項対立的史料と、第三の立場の史料として現代の宗教史学者の見解をテキストにジグソー法を展開する。事実と意見を切り分ける活動を通して、批判的リテラシーを育てる。	社会にある答えのない問題を生徒と一緒に葛藤する。そのためには、教師自身が自分と向き合い、とことん格闘する必要がある。その格闘の過程を生徒たちに率直に語ることが、生徒と一緒に授業を創る鍵。「2つのミカンを3人で分けるには？100通りの方法を考えてみよう」という授業冒頭の発問で、さまざまな答えを出させ、何通りもの正解がある、考えは最終的に議論して決めるしかないということを明示的に伝える。
力をつける工夫・学びの幅と密度	グループで話し合うだけでは深い学びとはならない。話し合うべき問いがあってこそ。単元の最初と最後で同じ問いに対して取り組む。考察のための視点を意識的に投げ込んで見方・考え方を拡張し、それを軸に構造化し、思考の変容を自覚するように仕組む。	熊本県の天草地方のショッピングセンターの写真から、年中しめ飾りを外さないことでキリシタンでないことを示す風習が今も残っていることに気づかせることで、思考のスイッチを入れるなど、選び抜かれた材や史料との対話を仕組み、本質的な問いを軸にして協働思考と個人思考を往還する。	自分がシビれているからこそ他人をシビれさせることができる。教師と本村さんとの手紙のやりとりを興奮気味に生徒に紹介しながら、「愛する人を殺されたら君はどんな刑罰を望むだろうか」レポートを書かせる。レポートをイニシャルで編集した授業冊子を作成し、論争空間を形成して、発問等でゆさぶる。
ホンモノ経験（教科の本質を経験する動詞）	トピックを網羅的に学習するのではなく、〇〇な視座（見方・考え方、概念のレンズ）から××（トピック）のあり方を考察し、視野が広がる。	教科書の内容を歴史的事実として記憶する単純作業ではなく、事実と思っていたことを根拠史料をもとに再検討し、事実と意見を区別して、史料を批判的に読み、自分なりに総括する。	正解のない問題についてタテマエで話し合うのではなく、本音で議論し、社会問題と葛藤する。視座が上がる。

数学

Mathematics

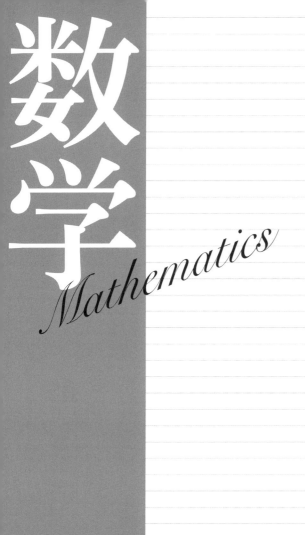

1

生徒の思考力を喚起する
―「生徒が数学する授業」を目指して―

酒井 淳平（立命館宇治中学校・高等学校教諭）

■「理想の授業」を目指して

教員になって20年以上が過ぎ、この間、理想の授業についての考え方も変わってきた。理想の授業について、自分の考えの変化を振り返ると以下のようになる。

「楽しい授業→わかりやすい授業→授業を通じた生活指導→生徒が変わる授業」

楽しさにはいろいろあることを考えず、「楽しい授業をしたい。学ぶ意味が分かれば生徒は勝手に勉強するはず」と思っていた新人時代。先輩教員のエレガントな説明に衝撃を受け、教師が苦労してわかりやすく説明することには弊害があることも気づかず、「わかりやすい授業をしたい」と思っていた20代のころ。教育理念をつくり、「数学の授業を通しての生活指導が大切」と思っていた30代前半。こうした時期を経て、今は「生徒が変わる授業」を目指している。変わる対象は「数学」「自分」「学ぶこと」の三つある。数学の面白さや有用性に気づき数学の見方が変わること。できたという経験や、学ぶことで成長している自分に気づくことで、自分への見方が変わること。そして学ぶことの意味に気づき、学ぶことへの見方が変わること。このようなことが数学の授業を通じて実現したいことである。らせん階段を題材として微積分の授業を行った際、ずっと数学が苦手だったある生徒が「数学は優しさでできていることがわかった」

と言っていた。その生徒は大学→社会人と建築の道に進んでいるが、このような発言はうれしく、少しは自分の思いが実現できたと思う瞬間である。

一方でずっと変化していない思いもある。それは「数学を通じて、生きていく上で大切な力を育てたい」ということと「数学を通じて夢を育てたい」ということである。たとえば、「抽象的なことを理解する力」「伝える力」「わからないことに挑戦する力」「チームで取り組む力」などは数学を通じてこそ伸ばすことができる力である。また数学は多くの数学者の夢が詰まった学問なので、その夢を伝えたい、数学者の発見を追体験させたい。こうした変わらない思いは不易というものかもしれない。

数学の授業を通じて伸ばしたい力を整理するときに、いわゆる「学力の3要素」がわかりやすいと考えている。先に書いた生きていく上で大切な力には、②や③の要素が多く含まれている。

①「知識・技能」：次の段階を学ぶ上で前提となる基礎体力。たとえば平方根を理解することで、2次方程式が解けるようになるなど。

②「思考力・判断力・表現力」：汎用的な力として数学に限らず様々なところで活用可能な力。たとえば「抽象的なことを理解する力」「事象を数学的に表現する力」など。

③「主体性や協働する態度」：自分で考えようとする姿勢や、難しい問題にもあきらめず取り組める態度など。

数学は積み重ねの学問ということから、①「知識・技能」が重視されがちではあるが、特に高校では、次の段階の大学数学を学ぶ生徒が少ないということを忘れてはいけない。学力の3要素の②③の力を伸ばすことも意識することが重要である。

■ 思考を喚起させる授業構成

前頁で書いたような力を育てる授業づくりも重要である。数学の授業は一歩間違うと授業中に生徒が思考せず、単なるパターン暗記や写経（黒板に書かれたことをひたすら写すだけ）になりかねない。生徒が思考する授業だからこそ思考力がつく。また教科書に書かれていることは、数学者の発見である。公式や定理は与えられるものではなく、自ら発見するものということを実感させる場面も重要であろう。授業の中で、最近特に意識していることは、次の3つである。

①生徒が教科書を読み自分で理解する時間の確保（教科書や解答を読んで理解する力を育てるため）。
②生徒が言語化する、大切なところに生徒が気付く授業構成や発問（数学の発見を追体験するため。自分で考えて結論を出す力を育てるため）。
③自分で考える時間とグループで深める時間の確保（人に伝える力も育てるため）。

また、学習したことは実社会の問題解決などに活用してこそ定着し、その有用性も実感できる。こうしたことから各単元の最後に、その単元で学んだことを活用した問題解決ができる授業をするように意識している。

教科書を活用した基礎の習得に重きを置いた授業の場合、以下のような流れで50分の授業を進める場合が多い。教員の説明や生徒が黒板を写す時間を短くし、教科書を読む時間や学び合う時間を確保するようにしている。

〈授業（基礎習得型）の基本形〉
1）小テスト・小テストの答えあわせ（学年共通の取り組み）
2）今日の目標確認、教科書を読み説明や解説、自力で例の解決
3）個人での問題解決（基本中心）
4）個人（またはグループ）での問題解決（応用も含む）
5）ふりかえり、宿題配布

ここでは、「学んだことを使えるレベルの力」を育てることを目標とした統計の授業を紹介する。数学B「確率分布と統計的な推測」の内容に仮説検定を加え、さらにデータの読み方演習・学んだことを活用する課題学習で単元を構成した授業実践である。

高校の数学において、統計は軽視されがちである。数学Iには「データの分析」、数学Bには「確率分布と統計的な推測」という単元がある。しかし「データの分析」は数時間の履修で終わる学校が多く、数学Bにおいて「確率分布と統計的な推測」の選択率は低い。そして授業では例題を解くだけで終わってしまいがちである。しかし統計は、これからの社会を生きる生徒たちに必要不可欠であり、大学でも様々な学部で使われる。そのため、新学習指導要領でも重視されている。大切なことは例題など定型の問題を解くことだけではなく、生徒たちがデータを自分たちで読み取り、データの分析が社会で活かされていることを実体験することである。このような考えから単元を組み立てた。

・「それいけアンパンマン」の内の一話の間に、アンパンマンがパンチを繰り出すまでの時間の検定

・どのタイミングで退治するのがお話として最適なのかを確かめる。調べる動機は個人的に気になるから。

・データ　2010年以降のアンパンマン数話（長編、パンチしていない回は除く）

・方法　自宅で鑑賞

・データ

番号	時間(秒)	番号	時間(秒)
1	559	20	547
2	557	21	550
3	529	22	534
4	534	23	524
5	527	24	573
6	530	25	564
7	540	26	576
8	576	27	552
9	554	28	528
10	575	29	498
11	488	30	542
12	570	31	576
13	546	32	570
14	553	33	489
15	569	34	581
16	563	35	561
17	551	36	507
18	545	37	560
19	523	38	554
20	547	39	563
21	550	40	542

・データの値

合計　21880

平均　547

標準偏差　23.47445

■ レポートに見る生徒の「発見」

上は生徒が作成したレポートの例である。このレポートは、アンパンマンがパンチを繰り出すまでの時間を分析したものである。10分の番組の中の8分59秒から9分14秒の間にパンチを繰り出す（決着がつく）ことがほとんどであることを生徒が発見している。

$$547-1.96\frac{23.47445}{\sqrt{40}}=539.7252$$

$$547+1.96\frac{23.47445}{\sqrt{40}}=554.2748$$

95%の信頼区間は〔539.7252, 554.2748〕

・結果

母平均は95%の確率で539秒から554秒の間にある。

大体8分59秒から9分14秒の間で決着がつく

このことから今放送しているアンパンマンは、10分弱の尺の中の9割を使ってばいきんまんを退治し、残り1分程度でまとめに入るというレギュレーションがあるのかもしれない。

感想

結果について、個人的には予想より遅めだったなぁと思いました。パン工場でみんなが笑いあって終わるのが1分または1分以内であるということが、いつも見ている自分の感覚とは違うなぁと感じることができました。

アンパンマンの1995年前後のストーリーには反則的な展開も多いので、調べると今回の結果とはまた少し違うのかなと思います。

授業では、たとえば生徒の「ポテトの重さを検定したい」という発言に対して、「それってどういうこと？　テキストのここを見てもう一度説明して」と教員が返した。すると生徒はしばらくしてから「ポテトMの重さは○gとなっているけど、それが本当か確かめたい」と言った。それに対して、「ではポテトを40個以上買って、その数値から計算する？」というと、「ああ、そういうことか。そんなに買えない、テーマを変えないと」と自分で理解を深めていった。その生徒は感想に「検定について理解していないということがレポート作成を通じてわかった」と書いていた。

感想では他にも、「帰無仮説の立て方が難しかったが、レポートに取り組む中でできるようになった」「相関の意味がわかると、テーマの設定ができた」など、レポートに取り組むことで学習内容の理解がより深まったという記述が多くみられた。

また、生徒の提出したレポートを読むことで、生徒の学習内容の理解度も把握できた。どのようなデータとどのようなデータの相関を見るべきなのか、仮説検定における帰無仮説はどのように立てるのかなどにそれが表れる。このように生徒は、学んだ知識を実際のデータに使うことで、統計的な見方・考え方を身につけていくと同時に、基礎も定着させていく。次頁以降ではこの授業の詳細について記す。

■〈データの活用演習〉と〈課題学習〉を軸にした実際の授業

ここで紹介するのは、2016年11月～17年1月頃に高校3年生の生徒を対象に行った授業である。対象となったのは大学入試で数学を使わない生徒で、進学先が文社系または生化学系の学部の生徒である。数学Ⅲまでの内容を一通り終えた11月から、総コマ数39（1コマは50分）で実施した。

基礎の習得や問題演習だけでは、目標とする「学んだことを活用する」には到達できないと考え、39時間の授業のうち半数強の22時間を〈基礎習得〉にあて、教科書を活用して数学Bの確率分布・統計的な推測と仮説検定の内容（母平均と母比率の検定）を学習した。その後〈データの活用演習〉を2時間行い、残りを〈課題学習〉に充てた。〈課題学習〉ではテーマ設定、レポート作成、プレゼンテーションを行った。〈基礎習得〉では「知識・技能」「思考力」の育成を重視し、〈データの活用演習〉や〈課題学習〉で「知識・技能」の定着や深い理解と「思考力・判断力・表現力」「主体性や協働する態度」の育成を重視した。指導書の標準時間通り授業を実施すると〈基礎習得〉だけで最低30時間は必要だが、授業を早く進め、演習を適宜カットして〈データの活用演習〉と〈課題学習〉の時間を確保した。

以下に〈データの活用演習〉、〈課題学習〉の詳細について述べる。基礎の習得や問題演習の授業だけでは学んだことを活用できない生徒の実態も明らかになった。

【データの活用演習】

数学Ⅰの「データの分析」では実際のデータを見て何が言えるのかを扱う時間的余裕がなく、教科書に沿った項目ごとの問題演習に留まっている。そこで、実生活の中にデータの分析を活かす例を題材にした演習を行った。たとえば次のような問題を提示した。

20人が2つのグループに分かれて，数学の試験に挑戦しました。それぞれのグループの点数は下記の通りです。
【グループ①】73、85、86、72、84、96、75、66、73、85
【グループ②】82、85、81、72、84、96、90、11、85、92
「グループ①の方が平均点が高いから数学力がある」という主張に対する反論を考えなさい。

この問いに対して当初は何をして良いかわからずに手が止まる生徒が多かった。指導した教員からの若干の考えるヒントの提示後、「度数分布やヒストグラム、箱ひげ図を作成しようとする」「分散や標準偏差を求めようとする」「降順または昇順に並び替えて同順位での得点を比較する」など様々な行動が見られた。ヒントなしでは難しい生徒が多かった。

最初に手が止まったのは「何を求めたらよいかわかりません」という声に代表されるように、「○○を求めなさい」などの指示がないために、「データをどのように特徴づけることで主張の根拠が得られるか」が見えにくく戸惑いが大きかったからであろう。他にも職業別と年齢別の層別のデータからターゲットを絞り込む演習問題を実施したが、データから読み取れることがら以外の要素を考察に加えるなど、与えられたデータからのみ考察することに慣れていない様子が見られた。

以下が生徒の感想である。実際のデータを活かす能力を育成するためには教科書の例題や練習問題の他にも、データ活用の演習が必要であることがわかる。

・データを分析することは難しいと感じました。データだけ与えられて「ここから言えることは何か」を問われても、そのデータをどうやって利用して良いか自分なりに応用しなければいけないのでなかなかアイデアが出てこなくてとても難しかった。将来（大学以降）こういう分析が増えるとなると自分の力が発揮できるか不安になった。

・すごくタメになりました。統計から得られるデータを用いて生活や物事に対して有効なプロセスの構成を行うことができて、行動のデザインを行う上でかかせないモノだと感じました。データから判断する力を身に付けたいです。

【課題学習】

自分でデータを分析して何らかの結論を導く体験や、自分で収集したデータを推定・検定することから何らかの知見を得るという体験をすることを目標として課題学習を実施した。課題学習に取り組むことを通じて学んだ知識を定着させるということもねらいとした。生徒に提示した課題は以下の2つである。生徒は授業の中で両方の課題に取り組んだ。

> 課題A：データ収集と推定・検定（統計的判断）
> 各自でデータを40個以上計測、観測または収集する。集めるデータのジャンルは①植物、②動物、③食物、④飲料、⑤自然現象、⑥機械部品、⑦交通輸送から各自で決める。Webページなどで既に公表されているデータを用いてはいけない。集めたデータが正規分布に従うものとして、そのデータから母平均または母比率を信頼度95％で推定しなさい。もし母平均や母比率が既知である場合、標本から得られた値について有意差があるかどうか有意水準5％で検定しなさい。

> 課題B：データ分析からユニークな知見を発見する（データ分析）
> 各自で与えられたデータを分析。データ分析のテーマは各自で設定してよいが、テーマに対してデータ分析を行い、何かしらの結論を導くこと。なおその際、同じものを2つ以上の集団で比較し、その相関も調べること。■使用するWebページ　http://www.stat.go.jp/naruhodo/c1s1.htm

生徒に課題を提示するにあたって意識した点は、以下の点である。

1）授業のねらいに対応した学んだことを活用する課題とする。
2）生徒の作成するレポートが学びの理解度を測れるものとなるようにする。
3）課題Aは統計学習の問題解決プロセスであるPPDCAサイクルを意識する。
4）課題Bは数学Ⅰデータの分析で学習した内容を意識し、相関を調べることを必須とする。

課題の評価は事前に評価規準・基準をそれぞれの課題A、B毎に3項目3段階のルーブリックで示した。ルーブリックは以下の表1通りである。（紙面の関係上ルーブリックは課題Aのみ示す）

表1　課題Aの評価規準・基準

基準	分析の設計	データ	分析
A	動機や目的、収集するデータが明確である	データ収集の方法、データ数が適正である。データ収集の方法に独自性が見られる	推定・検定が適切に行われ、結論が明確に述べられている
B	動機や目的、収集するデータに明確でないところがある	データ収集の方法、データ数が適正である	推定・検定の過程、または結論に許容できる程度の不備がある
C	動機や目的、収集するデータが明確でないところが多い	データ収集の方法やデータ数に不備が見られる	推定・検定の過程、結論に重大な不備が見られる

先に紹介したもの以外に生徒のレポートテーマには次のようなものがあった。

・ファストフードのポテトの重量に関する仮説検定
・芯1本を繰り出すシャープペンシルのノック数の区間推定
・日本の原油輸入量と各国の原油埋蔵量
・長生きすることと幸せの相関～幸福度と平均寿命の視点から～

レポートの中には「仮説検定で帰無仮説と対立仮説が逆になっているもの」「わずかなデータ数で相関に言及しているもの」など誤っていたものもあった。しかし、レポートに取り組む過程で生徒は学んだ知識を活用できるようになると同時に、知識も定着していったのは重要なことである。基礎習得・問題演習で終わらない形の単元構成が重要なのであろう。

今回の実践はレポート作成時間などを調整すれば、1単位相当で実施可能であり、これは数学Bの中で十分対応可能である。今後は文系生徒向けのプログラムも考えたい。ポイントは「生徒が数学する授業」である。数学を生徒が活用し、使える力を育む授業になるよう、これからも試行錯誤を続けたい。

※本授業実践は稲葉芳成先生（立命館宇治中学校・高等学校）と一緒に行った。

【参考】

・酒井淳平・稲葉芳成「高等学校における『データの分析』その後の統計教育実践の一事例―データを活用する観点から―」『統計数理』第66号1巻、2018年、135・151頁。

生徒目線でつくる授業

竹歳　真一（鳥取県立倉吉西高等学校教頭）

■ 必要なのは教科指導力と生徒指導力

筆者は鳥取県の公立高校で約30年間、数学を指導してきた。普通科高校と専門高校に勤務し、海外で数学の指導をする貴重な機会にも2回めぐまれた。1回目は20代後半「文部省日米国民交流若手教員の日米派遣」においてアメリカの高校で、2回目は40代半ばマレーシアのマラヤ大学である。こうした経験から海外の高校生や大学生の「学びたい気持ち」「最後まで解答できていないが、途中まででも答えようとする気持ち」「解答への道筋の見通しがたたないが、必死に考える気持ち」は、日本の高校生でも同じだと考えるようになった。海外での経験から、日本の高校生が「純粋な発想を大切にできる」「最後まで解答できていなくても、思考過程の途中でも自由に発言できる」ような授業の雰囲気を大切にしている。

そうした経験から、学びたい生徒集団の育成が重要だと考えており、そのために指導者側には以下の2つの力が必要と考えている。

一つは、教科の本質を追求できる教科指導力である。教科書を自ら精読し、指導者が成長すること。指導者が大学で身に着けてきた学びの内容が、高校時代の学びとどのようにつながっているのか、高校生に学びのバックグラウンドや今後の展望を見せることを大切にしてきた。特に数学という教科において、高校数学の内容は大学での研究の基礎の基礎である。また、大学入試における大学側のメッセージを指導者自らが受け取り、生徒にも語りかけるようにしてきた。大学進学だけでなく、就職希望の生徒にも数学の本質を感じさせる教科指導力が必要である。たとえば、「225／45R17」とは、225㎜幅の45%の高さで、17インチのホイールが対応するタイヤである。将来購入するであろう、自分の車のタイヤのサイズの扁平率やインチが理解できているだけでも、生徒の見える世の中の景色は広がる。

もう一つは、生徒が授業に真剣に取り組める雰囲気づくりができる生徒指導力である。高い知識と教養を身につけ教科指導力が高くても、生徒がまったく興味を示さない、理解できないような授業では残念である。生徒が問題を解き切るために必死に悩み、脳が汗をかく。授業中寝ている生徒は誰もいない。数学の授業が楽しみで、アッと言う間にチャイムが鳴り、授業終了に気づく。時には難関大の入試問題を数日間じっくり考える。生徒の思考の自立。思考過程を大切にしながら、時にはもがき走りまわり、時には石橋を叩いてわたる。たくさんの失敗やミスは、修正や修復を続ければ成功につながってくる。

失敗はない。最後はゴールできる。そのような授業を成立させ、そうした学びの経験の積み重ねの先に、大学受験が目的になるのではなく、大学入学後も数学を楽しみ、主体的学習者になれる生徒育成を目指している。生徒が今まで経験し、身に着けてきた知識・知恵をもとに、次の扉が開ける可能性を体験させる。そして、生徒の自己肯定感を高める。そんな授業を大切にしてきた。

一方、学び手である生徒の側にも、何かをつかんでやろうと能動的に聞く態度、学ぶ態度など、「心を整える」ことの大事さに気づかせるような指導を大事にしてきた。たとえば、授業開始や終了の挨拶である。丁寧に生徒に心を込めて挨拶をしている。また、生徒の心の声をキャッチするよう心掛けている。

また、学び続ける態度に関わって、毎年1月の大学入学共通テスト後から大学合格までの学びと、合格後の学びとの継続が重要である。高校生は学校を軸に学んでいるが、卒業式後から大学入学までの期間は自分のリズムで学ばなければならない。鳥取県では毎年3月1日あたりが卒業式である。大学合格がゴールでなく、大学入学後も学び続けるためにも、3月の過ごし方が大学での学びの姿勢につながっていると強く実感している。そのため、大学入試直前までの学びはもちろんのこと、大学合格後や卒業式後も継続して学び続けることの大切さを生徒に伝えている。実際に大学合格した生徒も、これから受験する生徒と共に学び、3月までの学びの習慣が大学入学後につながっている生徒もいる。

生徒の人間的成長については、学校生活をどう経験するかが重要である。中でも一番多くの時間を費やしている授業時間をどのようなものとして経験・体験するかが、そのカギを握っている。生徒が失敗してもいい授業。「ネットをみたら解き方がわかるよ」という時代だからこそ、実際に体験してみたい体験ができる授業。赤本などに解き方は載っているけれど、それは大人の解き方であって、生徒目線で自分なりにどう解くかを大事にして、解決方法がまったく見えない中でもがく授業。

若い時には、生徒が大学入試に挑んでいる時間に、教師である自分も、数学に限らず、時には他教科の問題に挑み、その手作りの解答を生徒に渡すといったこともやってきた。生徒と一緒に自分も苦労しもがく経験を大事にしてきた。教師自身が学び楽しむ新鮮な経験を繰り返し、時に生徒の解法から学び、それが自分の財産になっている。そんな生徒、そして教師自身の学びの先に生まれる、授業体験を通して、また、そういった体験を教師が価値づけることで、大学入学後も自己肯定感と社会的自己実現を目指して学ぶ生徒の育成をめざしてきた。

■ 中学校のまとめからスタートする単元構成

単元構成の一例として、ここでは高校1年生を対象に行った「図形の性質」の授業を取り上げる。

学習内容	学習活動	時間
中学校のまとめ（中学校の証明から高校の証明への橋渡し）	・中学校での学習事項の確認 ・証明の必要性と意味の確認	1

三角形の性質（定義の徹底）	・三角形の五心、チェバの定理、メネラウスの定理の確認と活用	5
円の性質（定義の徹底）	・円周角の定理、円に内接する四角形、円の接線、接弦定理、方べきの定理、円と円、円と直線の位置関係の確認と活用	5
軌跡と作図（無理数の長さ）	・基本的な作図、線分の内分点と外分点の作図、いろいろな長さの作図の確認と活用	1
空間図形（空間把握）	・2直線の位置関係、直線と平面の位置関係、2平面の位置関係、多面体、オイラーの多面体定理、正多面体から切り取った立体等の確認と活用	6

単元の構成として、「中学校のまとめ」「三角形の性質」「円の性質」「軌跡と作図」「空間図形」という流れにしている。

「中学校のまとめ」では、「平行線の性質」、「二等辺三角形の性質」、「三角形の合同条件」「三角形の相似条件」などの基本的性質を確認する。特に注意したいのが、「三角形の合同条件、相似条件」である。中学校では、三角形の合同や相似の証明を丁寧に行っており、高校生になった生徒たちも初めは細かく証明しようとする。しかし、高校では一つ一つの細かいステップを証明せず、自明であることとして扱い、さらに大きな命題の証明へと流れていく。たとえば、証明なしで「△ABCと△DEFは合同だから、AB＝DE」「△ABC∽△EDFだから、∠ABC＝∠EDF」といった流れである。明らかな場合は証明なしで、その先に論じていくことが多々あることを伝えている。もっと核心にせまる大きな証明過程の存在があることを教えている。たとえば、100メートル競走をするのに、靴ひもの結び方に時間をかけているような感じで、頭の中で考えていることを、どこまでどのように記述すればよいのか、中学校と高校との違いもあって、生徒たちは悩んでいる。それに対して、生徒の直筆答案をじっくりみてやり、どこに時間をかければいいか、どこを詳しく書くべきかを指し示すなど、授業で対応している。

この単元では、講義として、それぞれの内容について、「定義」「定理」をしっかり押さえ、解説している。定義、定理からわかる性質を使いこなす力も身につけたい。そのためにも、単元の前半部分は「求値問題」を中心に取り扱い、定義、定理、性質の定着を図っている。たとえば、円に内接する図形のある角の大きさを求める問題を生徒に解かせる。生徒は図形の性質を駆使して角の大きさを求めその値を答える。「30度」と値だけ答える生徒もいる。そこで、どこで、どんな定義や性質をつかって求めたかを問うようにしている。時には「公式より」と答える生徒もいる。その公式はなぜ成り立つのかを考えさせることもある。大学入試においても公式の証明はよく出題されるものである。

求値問題演習においても、生徒に解説させている。問題文から何をどう考え、何をどう活用したのか。生徒自身の解答を読むのではなく、書いていない思考過程や行間をクラスのみんなに紹介させている。中学校では、答えだけを書いていたり、発表でもノートや板書に書いていることのみであるケースが多い。高校1年生の段階で、何を記述し、何を説明するのかを押さえておきたい。単元の学びだけでなく、学び方や表現方法を身につけさせることも重視している。

■ 生徒自身が問いをもつように

「図形の性質」の単元の「空間図形」の分野において、実際の生徒の学びの姿を紹介する。「空間図形」においては、図形のイメージが頭に浮かんでくることが必要条件である。そのために私は、次の二つの視点が大事だと思っている。

一つ目の視点は、空間図形を生徒の目の前で実際に見せることである。立体模型を手に取って見せたり、映像を見せたりする。面の数、頂点の数、辺の数、面の形、立体A立体Bを合わせると、どんな立体ができるのか。三角錐の体積は三角柱の体積の3分の1になるのか。実物に触れることで、外から図形をいろいろと体験できる。

図形についてはなかなかイメージできないことも多い。たとえば、生徒が理解に苦しむのが、立体図形の切断や立体図形内の頂点や点を結んでできる立体の把握である。「3点を含む平面で立体を切断するとどんな断面になるのか。」立体の平面での切断は、粘土の利用が有効である。また、「正六面体の各面の対角線の交点を頂点とする立体はどのようになるか？」「正八面体の一つの面を底面にしたとき、真上から見るとどんな図形になるか？」なども実物を通して学ぶことで理解しやすくなる。そうした問いは、それを意図してやっているわけではなかったが、難関大の入試問題でもしばしば問われたりもした。

筆者が大事にしているもう一つの視点は、空間図形の内側に生徒を存在させることである。立体図形を外から見ることは多いが、立体の内部からの視点も大切だと考えている。平面図形なら円の中心に自分を存在させることもある。立体図形の場合は、教室の床、壁、天井を立体の面と捉えて、立体の内部を考えさせることもある。教室の四隅を頂点とする空間をイメージし、生徒自身が空間図形の内部にいる状態を体験させる。空間図形の内側から図形をイメージさせている。空間図形を内部から体験する視点を獲得することで、生徒の空間把握能力は高まっていると感じる。

そうして、空間把握をより実感したくなり、「実際に空間図形を作成してみたい。」「もっと大きな立体図形を作ってみたい。」という意欲的な声も増えてきた。そこで、実際に外で、１辺が５ｍの正四面体を作成してみた。１辺が１・８ｍの立方体の中に存在する、正四面体を作成したい。その正四面体の１辺はどのくらいにすればよいか。実際に、廊下で立方体の中の正四面体作りに挑戦したがなかなかうまくいかない。すると、面を固定できる場所を生徒が提案してきた。自転車小屋である。自転車小屋の一部を立方体とみなし、そこで正四面体を作ってみたいと。

こうした体験を通じて、空間内で面を固定することが困難だと生徒は気づく。数学として図形の性質を学びながら、自然界の力も感じているようである。すなわち、作図の平面と空間内での平面は同じはずだが、目に見えない力が働いていることに気づき始める。面が受ける重力である。辺には張力を感じるようになる。そうした図形を創る活動を通して、純粋な数学から実世界への扉が開いていく。実際に作成していくことの難しさを体験している。絵にかいた餅ではない、本物の餅をつくることが難しいことを実感している。この体験は、生徒に様々な疑問を生み出してくれる。「直角をどのようにしてつくるのか」「無理数ルート２の長さはかけるのか。無理数の長さってどういうことなのか」と。

さらには、「エジプトのピラミッドの材料を集め、運ぶことも大変であるが、積み上げる力、積み上げていく中で、底面部分がつぶれないためにどんなことを考える必要があるのか」といった具合に、生徒たちは古代文明時代の建造者たちに思いを馳せていた。

指導者から与えられた問題を解くだけでなく、生徒自身から生まれた疑問や新たな問題を生徒自身が解決していったり、いつまでも疑問を持ちながら大学で研究している教え子もいる。生徒の問題解決能力は自己肯定感の向上と大きな関わりがあると感じている。数学の授業から、世界史の古代文明に興味を持った生徒もいる。生徒会活動での学園祭の教室企画での教室巨大迷路や巨大シンボル作成に数学の授業が役立っていることもある。もちろん、論述力や論理的思考の高まりにも数学は役立っている。

■ 体験的に学ぶ授業の実際

実際の授業の場面をいくつか紹介しよう。

一つ目は、図形の性質（数学A）「1辺の長さが1の立方体の頂点のうち4個を頂点とする正四面体の体積を求めよ」という問題をめぐって、生徒は以下のような活動を行った。

まず生徒はノートに立方体を書く。「正四面体はどこの4点でできるのか?」この問いに生徒はまず直面する。なんとなく4点を見つけ線で結んでみたりするが、「本当に正四面体になっているのか」「どう証明すればよいのだろう」と悩む。ノートに書いた図形ではわかりにくいので、生徒から作ってみたいという声も上がる。そこで、生徒たちに図形を創る上で何が必要かを尋ね、実際に教室と廊下の窓を使って立方体を作ってみる。実際に作ってみると、頂点4点を結んで正四面体が存在することが直感的に確認できる。しかし、「それは本当に正四面体なのか?」、目で見てそう思うけれども、今度は実際に計算して確かめていく。

左の写真1．2は、「正多面体から切り取った立体」を学ぶ授業において、実際に廊下に正六面体をつくり体験して

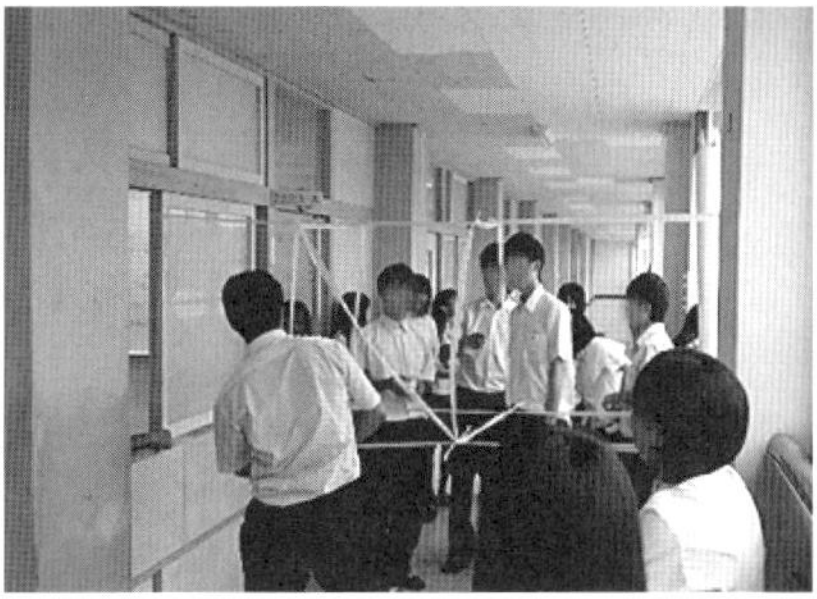
写真１

写真２

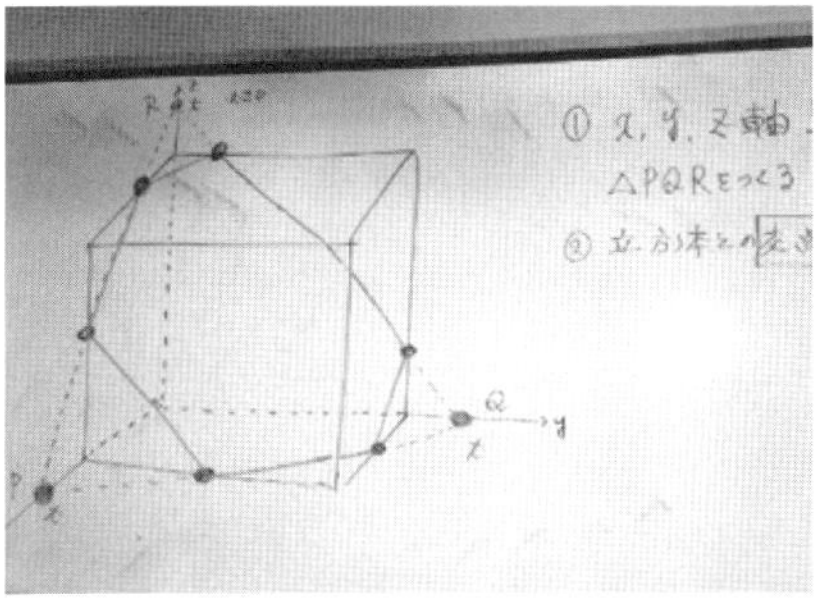
写真３

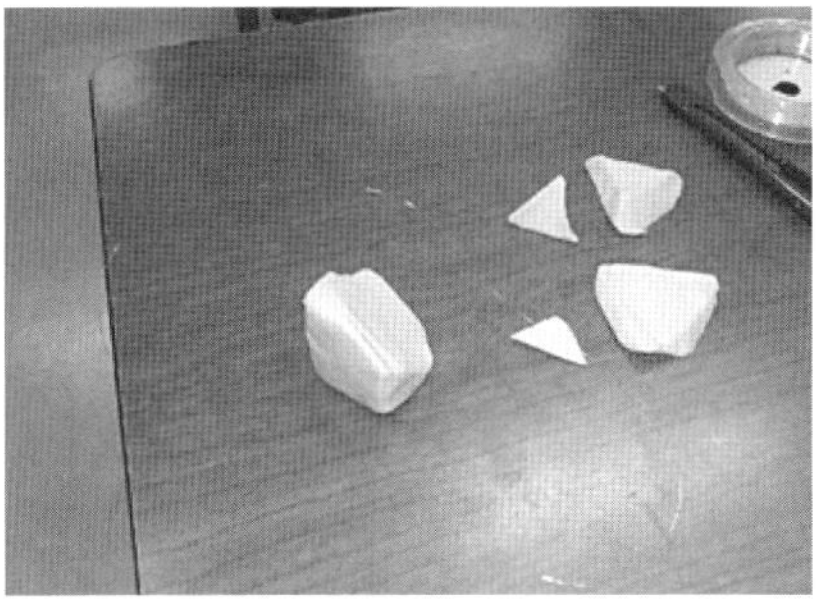
写真４

いる生徒たちの姿である。辺を作ることの難しさ。面が安定しない。そうした経験を通して、実際に作成してみて、ノートに図形を描くことがいかに楽であるか実感したようである。そして、体験後自信をもってノートに図形を描くことができた。条件から命題を理解することは非常に重要である。ノートにうまく書けずイメージしにくい空間把握も、体験をすることでイメージしやすくなる。

二つ目の授業場面は、立体図形の切断面を考察する授業である。まず机上で立体の切断を考える（写真3）。しかし、なかなかイメージしにくい。そこで、生徒からのリクエストで「本当に切断してみたい」から始まった授業。生徒が切断してみたいといったのは粘土。粘土で立体を作る。実際に切断（写真4）。切断面はどんな形なのか。机上の空論なのか。初めにノートに書いた予想した切断面と同じだろうか（写真5、6）。そんなことを考えながら、具体的な体験を積み重ねることで、イメージしやすくなってきた。さらに、具体的に体験したことを座標軸上で抽象化してみる

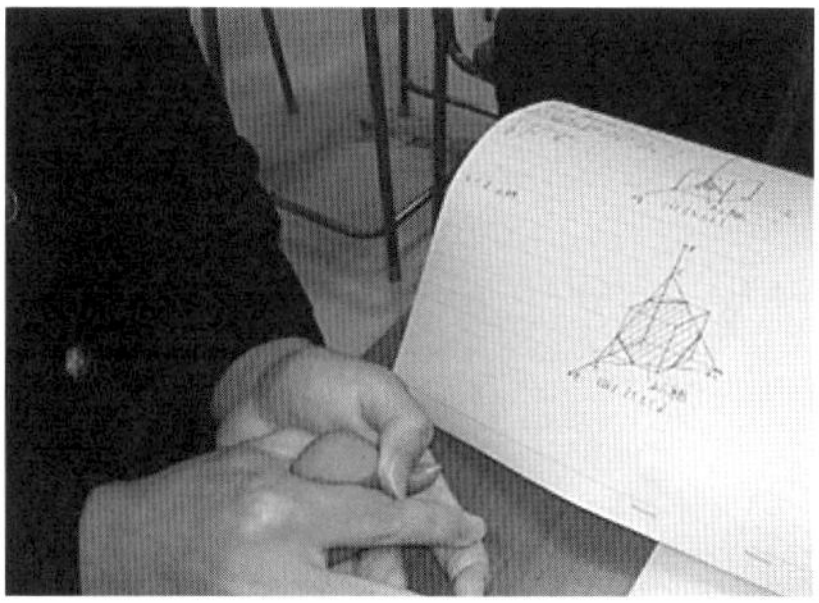
写真5

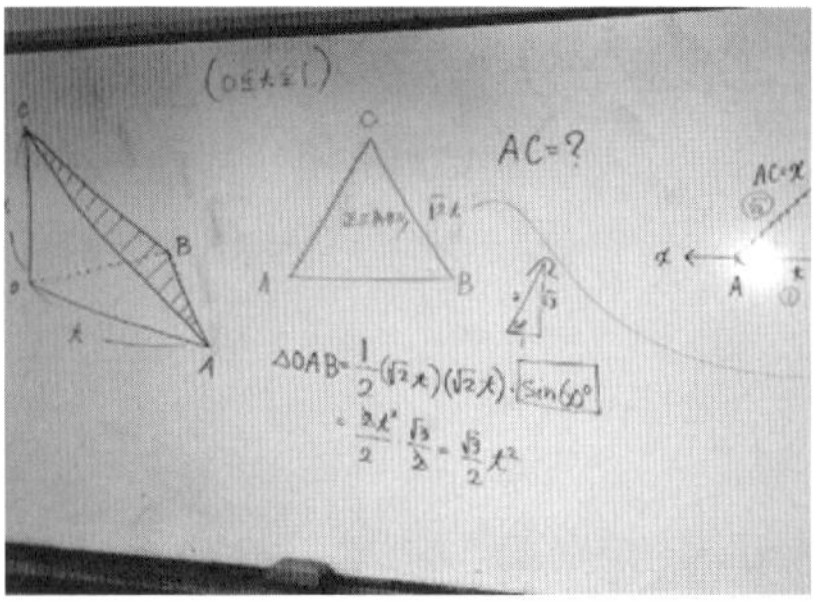

写真7

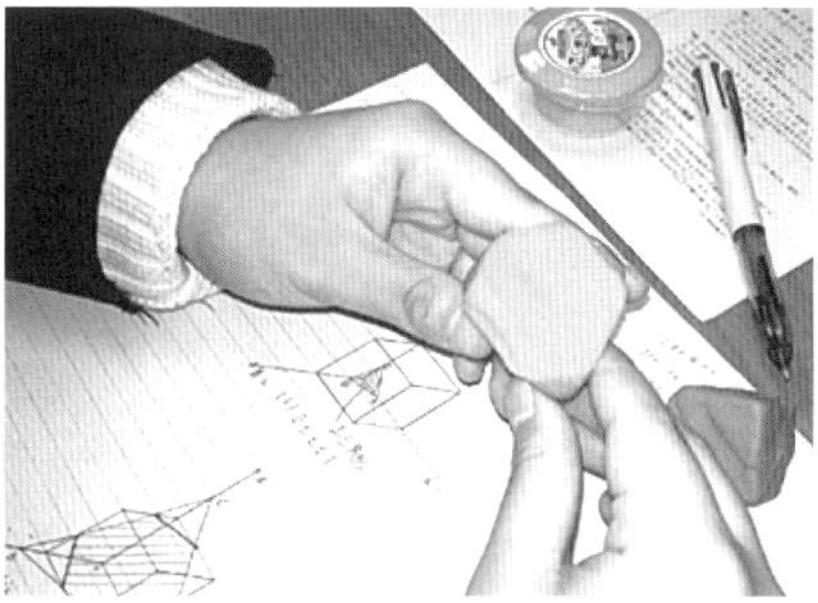
写真6

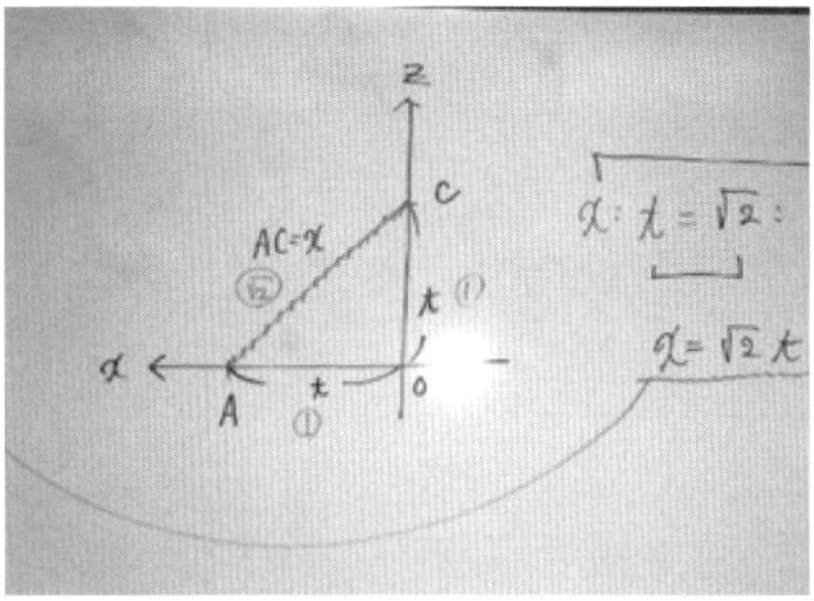

写真8

（写真7）。

こうして切断された面をイメージしながら、切断面の三角形の1辺の長さを考える（写真8）。その上で、空間内の切断面を直交座標上で考えてみる。原点からx軸上にx離れると、y軸上ではどんなふうに変化するのか。切断面の三角形はどんな性質があるのか。考える手段を座標平面やベクトルに広げてみる（写真9）。このように、体験したことを抽象化して、最終的に机上での思考に着陸させていく。

指導者側が教科書の内容を生徒に教え込むことが、正確で早い場合もあるが、要所要所でこのように時間をかけて体験させることで、より深い思考につながることがある。

実際の授業において、教科書の精読ができ、すぐ理解できる生徒もいるが、空間把握など実際のイメージが必要な場面もある。また、対数関数など新しい関数において、真数の定義域の変化が底によって、値域がどのように変化していくのか体験することも大切である。「正八面体の1つの面を底面とし、真上から見る

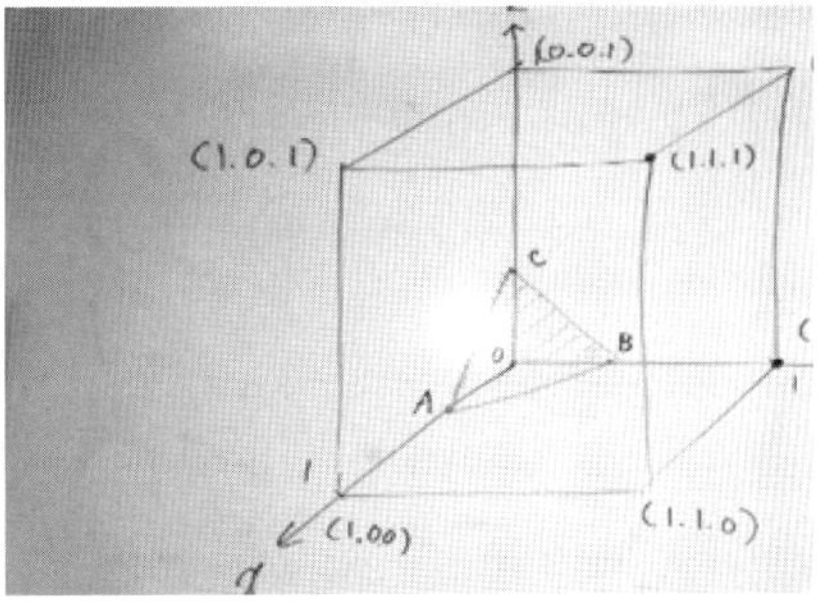

写真９

とどんな図形になるでしょう」といった指導者側の発問で、生徒の思考はどんどん広がってゆくのである。

筆者は今までたくさんの失敗をしてきた。だからこそ、成長するために、学ぶために県内外の先生方に学ばせていただいた。自分の足で学びに行った。いまも失敗をたくさんしているが、失敗は挑戦し続けていると成果につながってくる。

そして、「生徒はどんな思考過程をするのだろうか」といつも考えながら授業をしている。大学入試の問題の解答とは、ネットや問題集に出ているものだけではない。生徒たち自身の等身大の解法を求めるようにしている。筆者も東京大学入試の初日の数学の問題が手に入り次第、制限時間内で解く。それが、私の「解答」である。じっくり何時間も考えて解答は作らない。ネットの速報より先に解く。結果的に間違っていても、自分の解法を軸にして、教材化していく。自分が間違っていたところは、そこで生徒もつまずく可能性がある箇所なのだ。今後も生徒の成長のために生徒と肩を並べて、生徒目線で授業を展開していく。授業を一番楽しんでいるのは私かもしれない。生徒は教師の鏡です。

数学3

生徒の主体性を育む授業とは
――「論理的思考力」と「応用力」を育てる数学――

北本　浩一（大阪府立岸和田高等学校教諭）

■数学を通じ、論理的思考力と応用力を育てたい

数学の内容の多くは実生活にはほとんど役に立たないが、だからこそ面白いというところがある。本校では、2年次に週に2時間、「文理課題研究」という授業がある。生徒が希望する教科のゼミを各自で選び、すべての教科の教員がそれぞれのゼミの指導を担当している。この「文理課題研究」の数学ゼミに参加している生徒の研究テーマは様々なものがあるが、何か世の中の役に立てたいという動機からくるテーマよりも、実生活には何の役にも立たなさそうなテーマ（たとえば、初等整数論や平面幾何のテーマなど）の方が興味深いものが多いと感じる。

数学そのものを役立てるというよりも、数学的な考え方や、抽象的なものを考察するトレーニングが、生きる上で役に立つものだと思っている。

目先の役に立ちそうなことにだけに取り組むのではなく、すぐには役に立たないようなことでも興味を持ち、積極的に取り組める生徒を育てたい（しかし、多くの高校3年生は受験に不要な科目は一生懸命に取り組まない現実がある）。そのためには、授業を通して、数学のおもしろさ、不思議さ、美しさをアピールしていかなければならない。そして、数学に主体的に取り組むことによって、「論理的思考力」や「応用力」を身につけてくれたら最高である。

私が勤務する大阪府立岸和田高校の生徒は、ほとんどが大学進学を希望しており、文系、理系の割合もほぼ半々くら

いである。

私が本校の生徒に身につけて欲しい力は、「論理的思考力」と「応用力」である。この2つは全く別のものではなく、「論理的思考力」を発揮しようとすることも「応用力」の一つである。

本校では、毎年2回ほど1学期と2学期に、校内での初任者研修を兼ねて様々な経験年数の教員による交流研修を行っている。11月頃に実施する2回目の交流研修では、10年目の教員がファシリテーターとなり、授業改善の研修をしている。

2018年度の2回目の校内研修で、教科ごとのグループワークを行った。そのときのテーマは、「本校の生徒につけさせたい力は何か」というものであった。その結果、どのグループからも「論理的思考力」が挙げられていた。数学以外の教科も、生徒に「論理的思考力」を身につけてほしいと感じていた。

本校の生徒は、教科書の内容はある程度理解でき、演習問題もなんとなく解けている。しかし、与えられた課題に対して、真に論理的に対処して、それを他者に的確に分かりやすく説明する力については不十分な生徒が多いと、ほとんどの教員が感じている。日ごろから感じているところだが、たとえば日々の授業中の発問に対して、的確に受け答えができない生徒が少なからずいる。たとえば「なぜこの無限等比級数は収束するのですか」という発問に対して、「1より小さい」などと答えてしまう。これでは主語が欠落している。「公比の絶対値が1より小さいからです」などと答えるべきである。「1より小さい」と答えてしまう生徒は「公比」「絶対値」などの言葉は十分理解しているはずなのだが、数学的な言葉を正しく使って、他者に説明することができていない。

また、本校の生徒の「応用力」の不足にも歯がゆく感じるところがある。「応用力」が欠けていると感じるのは、教科指導に限らない。たとえば、私が顧問をしている吹奏楽部では、年間を通して演奏する機会があり、その都度多くの曲を練習し、本番で披露している。そのための合奏練習のたびに、指揮者から同じようなことばかり注意されている。少し前に完成し、演奏会での本番を済ませた曲と同じようなフレーズが異なる曲で出てきた場合、同じ奏法をすれば良いだけなのに、少し曲調が変わっただけで同じ奏法ができない。再度、一から練習をし直さなければならないことが多くある。まじめにコツコツと練習することで応用力のなさをカバーしている。このようなことは運動部の部員にも言えることだと、同僚との会話で知った。

教科の学習についても同じことが言える。基礎基本の習得はほぼできているが、少し発展的な課題になると、基礎基本事項を応用して解決することができないことが多くある。

そこで、2019年度の校内の交流研修では、私が研究授業を行うことになり、「論理的思考力の育成」をテーマにすることにした。

・数学で育てたい論理的思考力

数学における論理的思考力とは、与えられた（あるいは自ら見つけ出した）課題を論理的に分解して整理する力。具体的でシンプルな問題の集合にして、できるだけ最短経路で解決する力。そして、獲得した課題の解決方法を他者に説明する力。つまり、自分の考えや判断の前提を明確にして、根拠を示し、的確な説明をして他者に理解してもらえる力だといえる。

この論理的思考力を育成するために最も重要なことは、適切なタイミングで、適切な課題を提示することではないだろうか。

・課題学習の課題設定

適切な課題とは、生徒が興味や関心を持つものである。それは日常的な事象に関するものであったり、数学や他の教科で既に学習した内容に関するものであったりするのがよい。教科書に用意されている問題にも、生徒が興味や関心を持ちそうなものがいろいろある。教科書の問題をよく研究・吟味することで、提示すべき適切な課題が見つかることもある。場合によっては、生徒の理解度・定着度などを考慮して、教科書の問題をより適切な問題に改題することも必要である。

また、難易度も課題を選ぶ上で重要な要素の一つになる。単元の途中の節目では、それほど難しくなく、それまでの授業の内容がある程度理解できていれば、取り組み、解決することができる課題を選ぶ。また、単元の総まとめをするようなときには、3～4人の生徒で相談しながら取り組めるように、思い切って少し難しい課題を選ぶことも効果的である。

今回の研究授業でも、そのような課題を提示するように工夫した。

■ 課題学習を単元の目標に据えた設計

今回扱った単元は数学Ⅲの「無限級数」である。そして、単元の総まとめの時間に実施する課題学習を中核に据えた単元設計（図1）を行った。「無限級数」の単元に6回の授業を振り分けた。6回分の初期・中期は、しっかりと「教えて考えさせる」問題解決型学習を行い、知識・技能の意味理解にまでつなげ、学習内容の深い習得を目指した。私はほぼ毎回の授業で宿題のプリントを配っている。その日学習した基本的な問題を用いた、あまり時間のかからない量の宿題である。そして次回の授業の開始時に、その宿題から出題の小テストを5分程度実施している。

単元の終盤では、初期・中期に学習した知識・技能を活用するために課題学習を実施し、協働的な問題解決に取り組ませた。授業後には振り返りシートを用いて自己評価を行い、生徒の変容を見てみた。

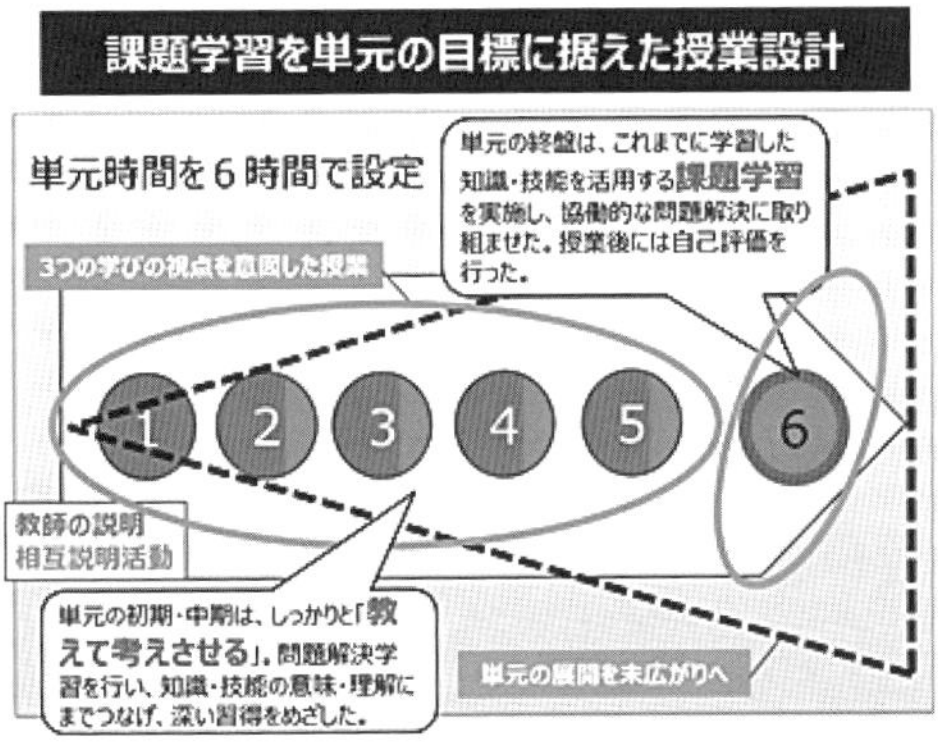
課題学習を単元の目標に据えた授業設計
単元時間を6時間で設定
単元の終盤は、これまでに学習した知識・技能を活用する課題学習を実施し、協働的な問題解決に取り組ませた。授業後には自己評価を行った。
3つの学びの視点を意図した授業
1
2
3
4
5
6
教師の説明
相互説明活動
単元の初期・中期は、しっかりと「教えて考えさせる」。問題解決学習を行い、知識・技能の意味・理解にまでつなげ、深い習得をめざした。
単元の展開を末広がりへ
図1

このように、長期的な見通しを持ちながら単元の構想をしていくことで深

授業計画			評価計画				
時数	小単元	主な学習活動・内容	①	②	③	④	評価の方法等
2	無限級数	● 無限級数に関する数学的事象の紹介（カップに水を入れ続けると・・・、フラクタル図形） ● 無限級数の和について	○		◎	◎	
1	無限等比級数	無限等比級数の収束・発散を調べよう。		○	◎	◎	● 質問や発問に対する回答 ● 練習問題などの取り組み状況 ● 小テスト ● 宿題プリント
1	無限級数の応用	● 循環小数を分数で表そう。 ● 図形への応用	○		◎	◎	
1	無限級数の性質	無限級数の性質を用いて、和を求めよう。		○	◎	◎	
1	課題学習	フラクタル図形の面積を求めよう。（コッホ雪片、シェルピンスキーのギャスケット）	◎	○	○		● グループ内での活動状況 ● プレゼンテーション力 ● ワークシートの記述

※○必要に応じて評価する（指導に生かす評価）、◎全生徒を評価する（記録に残す評価）

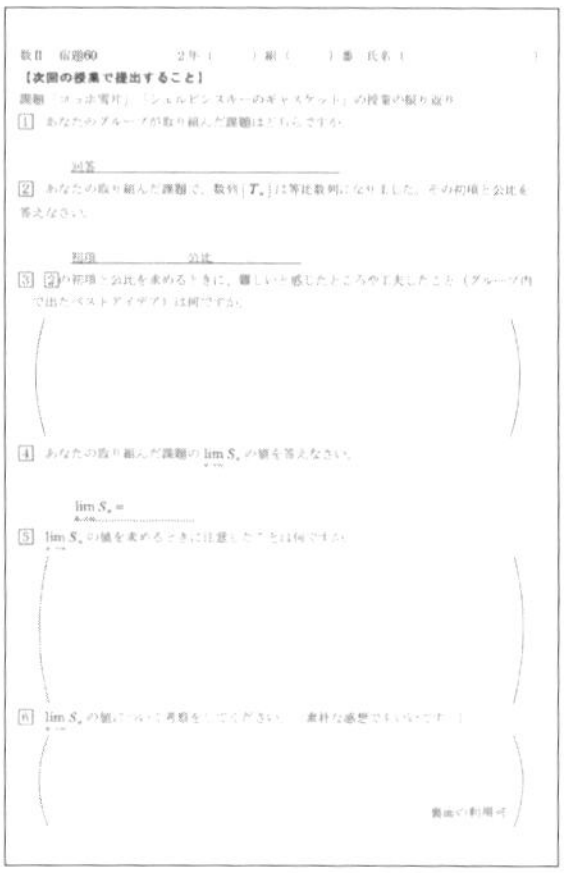
数Ⅱ　宿題60　2年（　）組（　）番　氏名（　）
【次回の授業で提出すること】
課題「コッホ雪片」「シェルピンスキーのギャスケット」の授業の振り返り
1 あなたのグループが取り組んだ課題はどちらですか。
回答
2 あなたの取り組んだ課題で、数列 $\{T_n\}$ は等比数列になりました。その初項と公比を答えなさい。
初項　公比
3 2の初項と公比を求めるときに、難しいと感じたところや工夫したこと（グループ内で出たベストアイデア）は何ですか。
4 あなたの取り組んだ課題の $\lim_{n\to\infty} S_n$ の値を答えなさい。
$\lim_{n\to\infty} S_n =$
5 $\lim_{n\to\infty} S_n$ の値を求めるときに注意したことは何ですか。
6 $\lim_{n\to\infty} S_n$ の値について考察をしてください。（素朴な感想でもいいです。）
裏面の利用可

い学びをめざした。単元の展開を「末広がり」にし、習得した知識や技能を活用して、解決すべき問題を発見する力や、自分の考えを他者に伝える力を育成しようとした。

上の表は今回の単元の6時間分の授業計画をまとめたものである。

1限目と2限目は無限級数の意味の理解と一般的な無限級数の収束、発散について学習する。3限目から5限目は無限等比級数についての知識・技能を習得する。そして、最後の6限目が今回の研究授業の課題学習である。

・1限目、2限目（第1次）

単元の最初に、「カップに水を入れ続ける問題」を生徒に示した。「200㎖入るカップに100㎖、50㎖、25㎖と限りなく入れ続けていったら、水は溢れるかどうか。」という問題である。これは比較的簡単な問題で、この単元の前半で解決できる。結論は「水は溢れない」だが、最初に示した時には、「溢れる」と答えた生徒と「溢れない」と答えた生徒の両方がそれぞれ真剣に意見を主張していた。

そして、6限目の課題学習としてとりあげる「コッホ雪片」についても「これは少し難しいのだけれど」と言って、紹介だけした。この問題が単元のゴールだと提示したことで、目標に見通しを持って学習することができた。

無限級数 $\displaystyle\sum_{n=1}^{\infty}\frac{1}{\sqrt{n+1}+\sqrt{n}}$ の収束･発散を調べよ。

図1

例題 10

右の図のように正三角形の内接円にさらに内接する正三角形を作っていく。1 辺の長さが 2 の正三角形 $P_1Q_1R_1$ から始めて、次々と $\triangle P_1Q_1R_1$, $\triangle P_2Q_2R_2$, $\triangle P_3Q_3R_3$, ……, $\triangle P_nQ_nR_n$, …… を作るとき、これらの正三角形の面積の総和 S を求めよ。

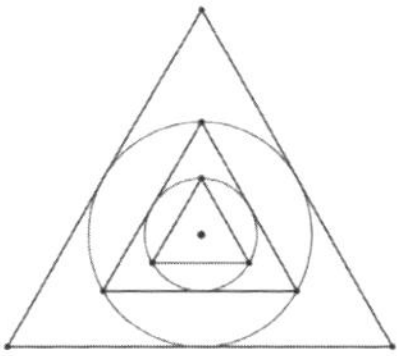

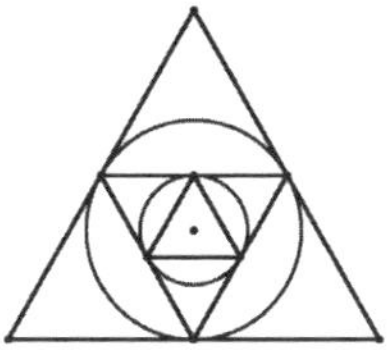

図2

2限目では、各項が限りなく0に近づくが、級数の和としては発散する例として、図1のような問題がでてくる。

生徒は非常に不思議に感じていた。気持ちよく直感が裏切られていたようである。この級数が発散することは比較的簡単な計算により明らかだが、やはり不思議な感じが残る。この不思議さは興味・関心の大きな要素の一つである。

・3限目から5限目（第2次）

この単元の第2次の部分では、3時間を予定した。無限等比級数の性質について丁寧に学習する。各授業の前半では、基本事項を主に講義形式で学習し、その内容を使って、後半の部分でグループワークの形態で演習に取り組んだ。

この単元での最重要事項は、無限等比級数の和の公式である。この公式の成り立ちと公式が使える条件は密接な関係にある。これらを十分理解することが求められる。

4限目には、できるだけ多くの生徒が理解し、自分の力で解決して欲しい課題として、図2のようなものに取り組ませた。

ただし、このままでは、△Pn Qn Rn　と △Pn+1 Qn+1 Rn+1 の相似比が少しわかりにくいので、図2のようにして提示した。こうすることで、△Pn Qn Rnと△Pn+1 Qn+1 Rn+1の相似比は2：1で面積比は4：1であることがわかりやすくなる。あとはヒントを与えずに、グループに分かれて問題に取り組ませた。ほとんどのグループが解決できた。

・6限目（第3次・課題学習・研究授業）

今回の研究授業で、課題学習に取り上げたのは、「コッホ雪片」と「シェルピンスキーのギャスケット」である。どちらもこの単元の最重要事項である「無限等比級数の和の公式」を活用する課題で、いわゆるフラクタル図形の面積を求める問題である。

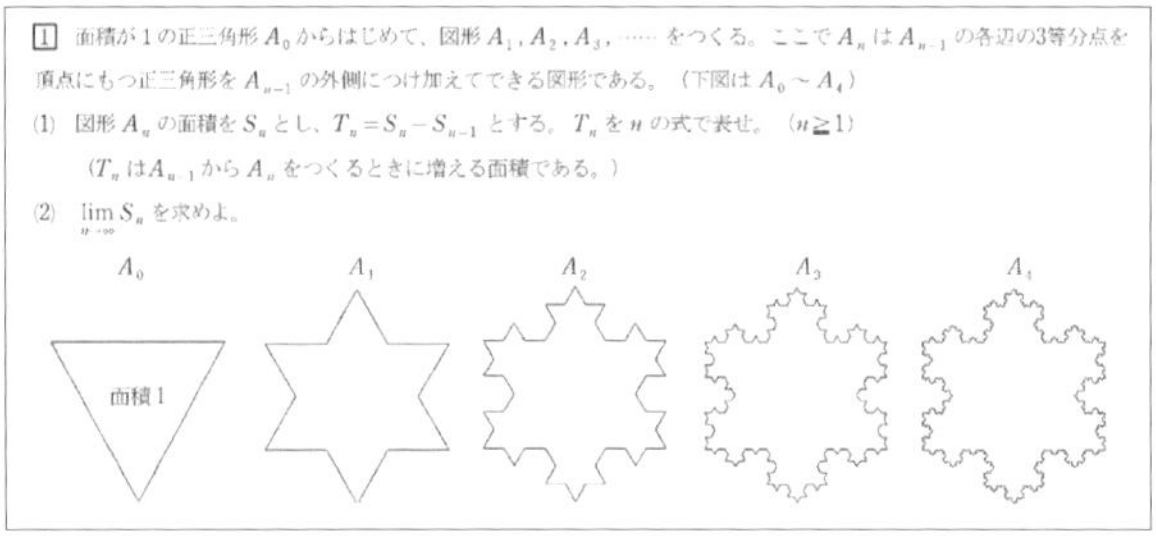
1 面積が1の正三角形 A_0 からはじめて、図形 $A_1, A_2, A_3, \cdots\cdots$ をつくる。ここで A_n は A_{n-1} の各辺の3等分点を頂点にもつ正三角形を A_{n-1} の外側につけ加えてできる図形である。（下図は $A_0 \sim A_4$）

(1) 図形 A_n の面積を S_n とし、$T_n = S_n - S_{n-1}$ とする。T_n を n の式で表せ。（$n \geqq 1$）

（T_n は A_{n-1} から A_n をつくるときに増える面積である。）

(2) $\lim_{n \to \infty} S_n$ を求めよ。

図3

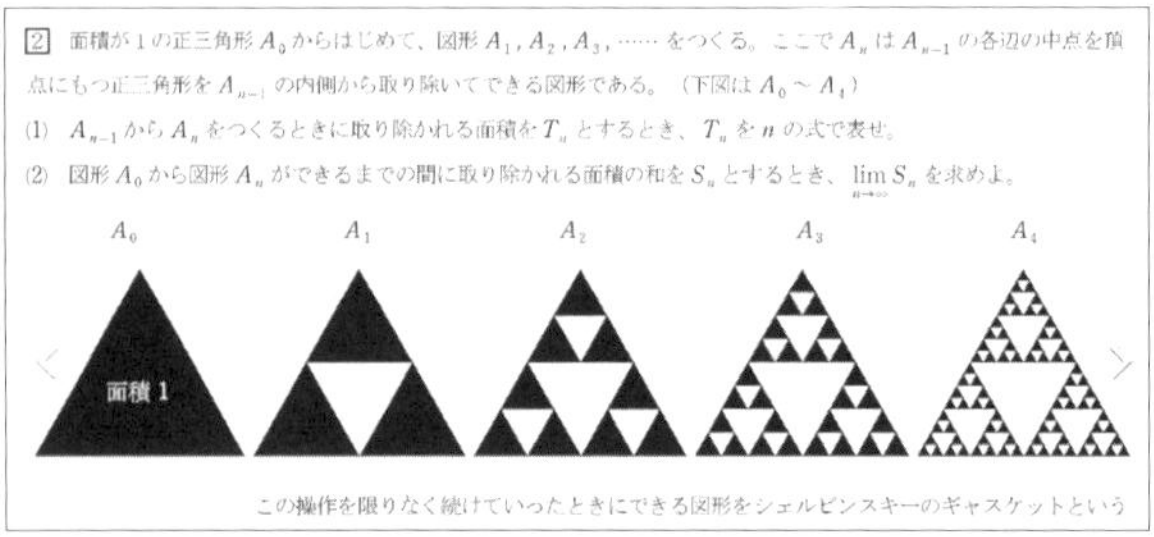
2 面積が1の正三角形 A_0 からはじめて、図形 $A_1, A_2, A_3, \cdots\cdots$ をつくる。ここで A_n は A_{n-1} の各辺の中点を頂点にもつ正三角形を A_{n-1} の内側から取り除いてできる図形である。（下図は $A_0 \sim A_4$）

(1) A_{n-1} から A_n をつくるときに取り除かれる面積を T_n とするとき、T_n を n の式で表せ。

(2) 図形 A_0 から図形 A_n ができるまでの間に取り除かれる面積の和を S_n とするとき、$\lim_{n \to \infty} S_n$ を求めよ。

この操作を限りなく続けていったときにできる図形をシェルピンスキーのギャスケットという

図4

課題学習の実施にあたって、最も重要なことは課題の選定である。一人では答えに到達することができなくても、4人程度で相談しながら挑戦すれば解決できるかもしれないような、少し難しい課題であることが望ましい。与えられた時間では解決できないかもしれない。相談し、お互いに教え合うことで、その単元で学習した知識・技能の学び直しができれば、正解に到達できなくても可とする。

コッホ雪片という図形は、初めに面積が1の正三角形があり、各辺の三等分点を頂点とする正三角形を次々とつけ加えてできる図形である。この図形の面積を求めるのが課題である（図3）。

問題を生徒に提示する際に「誘導となる小問をどこまでつくるか」を考えて作成した。想定される細かい

<コッホ雪片の課題解決に必要と想定される過程>
(ア) 図形 A_n の辺の数を求める。
(イ) n 回目に付け加えられる正三角形の面積を求める。
(ウ) n 回目に付け加えられる正三角形の個数を求める。
(エ) n 回目に増える面積を求める。
(オ) 図形 A_n の面積を求める。
(カ) 図形 A_n の面積の極限を求める。
今回、(エ)を誘導となる小問とした。

小問は、たとえば、「n番目にできる図形の辺の数は何本か」とか「n番目につけ加える正三角形1つ分の面積を求めよ」などがある。

あまり小問をつくりすぎると、生徒たちに、論理的に課題を分解して整理し、具体的でシンプルな問題の集合にしていくという過程を経させないことになってしまう。これまでの学習到達状況や定着度を十分に考えることが必要である。今回は「n回目に増える面積を求めよ」という小問を付けた。

前述のように、本単元の最初の授業で、「カップに水を入れ続ける問題」に加えて「コッホ雪片」の紹介をした。単元の最後に無限級数の知識や技能を活用して、この課題に取り組むことを生徒に伝えていたので、研究授業のときには「いよいよこの問題ができるようになるんだ。」と、意欲的に取り組んでいた。

「シェルピンスキーのギャスケット」の問題も取り上げた。シェルピンスキーのギャスケットという図形は、初めに面積が1の正三角形があり、各辺の中点を頂点とする正三角形を次々と取り除いてできる図形である。本来この図形の面積（前掲の図2で、黒い部分の面積の極限）を求める問題だが、それでは等比数列の極限になってしまう。無限等比級数の問題にするために、取り除いていく部分の面積の総和（前掲の図4で、白い部分の面積の極限）を求める問題に変更した。

■「論理的思考力」「応用力」の芽生え

難易度の高い問題に取り組むときには、それまでに学習した基本事項を総動員しようとする態度がみられる。今回のコッホ雪片の問題では、相似比と面積比の関係、等比数列、階差数列の知識などが問題解決に使われる。生徒たちは試行錯誤しながら、それらの知識・技能について復習している様子がみられた。

また、シェルピンスキーのギャスケットの問題では、取り除かれた後の残りの面積を考える簡単な方法に気付いた生徒もいた。無限等比級数の問題にするために、直接取り除かれる面積の和を求めさせたかったのだが、「なかなかやるな」と思った。

■ 実際の授業

今回の研究授業には見学される先生方がたくさんいて、普通教室では狭いので、会議室で授業をした。会議室には、アクティブラーニング用の机といすが70脚ほど入っている。

4人1組のグループで課題に取り組ませた。8グループできたので、「コッホ雪片」に取り組む4グループと「シェルピンスキーのギャスケット」に取り組む4グループに分けた。各グループに1枚ずつ「まなボード（軽量ホワイトボードで協働学習用のツール）」を配った。グループ内でのアイデアを書き出していく思考ツールとして使わせたかったのだが、今回はあまり活用してくれなかったのが反省点である。各自、自分のプリントに書いて問題に取り組んでいた。

グループワークは他の教科でも数学以上に実践しているので、生徒は慣れている。みんな真剣に話し合って、問題に取り組んでいた。私はグループ間を見て回り、ちょっとしたヒントや助言を与えた。
生徒たちが苦戦しているところで相似比というキーワードを与えたところ、面積の変化を捉え、無限等比級数の和の公式を使うことができた生徒も少なからず

いた。生徒たちは、難しい問題も基本的な公式を利用して解決できることに感心していた（振り返りシート「増える面積がわかれば、意外にすぐに解けた。無限等比級数の和の公式に感謝です」というコメント等より）。

見学に来てくれた本校の教員も、この問題に興味をもって解いてみようとしていた。

いくつかのグループが解答にたどり着いたところで、代表の生徒に前に出て発表させた。生徒がプリントに手書きした答案を、書画カメラとプロジェクターで会議室のホワイトボードに映した（タブレット端末などを利用すれば、書画カメラよりも簡単に映すことができる）。代表の生徒は普段はおとなしいのだが、はっきり、堂々と発表していた。生徒が発表を終えると、クラス全員が拍手をしてくれた。

後日の授業で、今回の課題では増やしていく一つ一つの正三角形の面積と増える個数の両方を考える必要があること、それは相似比や等比数列の基本など簡単なことを組み合わせることで解決できることを確認させた。

・課題学習実践のまとめ

今回、少し難度の高い課題に取り組むことで、あやふやだった基礎事項の学び直しができた。そして、他者に論理的で、的確な説明をする力が養えたと思う。しかしながらすべての授業を今回の実践のように構成することは困難であり、授業時数にも限りがあるため、あまりたくさんの問いや生徒の疑問を取り上げるこ

とはできない。今回の実践を通して、改めて単元のまとまりを見通した指導計画が重要であることに気付かされた。生徒の実情や指導内容に応じ、単元のどこでどのような問題を扱うか、まとめとしての課題学習をどのように実施するかといった重点の置き方の工夫が求められる。

各授業の始めにその時間の目標を提示することの重要性は言うまでもないが、今回の実践のように、単元の始めに最終的なゴールの課題を提示することで、生徒は目標をはっきりさせて毎回の授業に取り組むことができる。モチベーションを維持して、それぞれの時間での課題に積極的に取り組めると考えられる。

・日常的な取組

今回の研究授業のような課題学習の実践だけで、論理的思考力をつけることができるとはなかなか言えない。常日頃から教材研究を怠らないこと、毎回の授業での発問の仕方、その発問の生徒の答えに対する教師の細やかなリアクションなど、力を注ぐところはたくさんある。たとえば私は、発問に対する生徒の答え方が論理的でないときや日本語として不正確なときは、「君の気持は何となく伝わるけれど」と言って、できるだけ正確に話すように指導して言い直させている。

・生徒の変容

今回の実践で見られた生徒の変容は、「課題への関わり方が主体的になったこと」「グループのメンバーと考えをやり取りし、共通点や相違点などを認め、高め合うようになったこと」「ペアやグループでノート等を見せ合う機会が増え、伝わりやすい書き方をする工夫がみられたこと」などが挙げられる。

最後に、生徒の書いた振り返りシートから、課題についての感想の抜粋を載せて終わりとする。

「∞にあるSnでも極限値は1から1・6ぐらいにしか増えないことに驚いた」

「確実に面積は増えているのに、収束するのはやはり興味深く、面白いことである」

「辺の長さからではなく、相似比から面積を計算することが意外であった」

「他の形、例えば正方形などでこのような問題を考えたらどうなるのか興味深い」

「真正の学び」への扉―実践を読み解く

酒井実践は、「アンパンマンがパンチを繰り出すまでの時間」など、自分で収集したデータを推定・検定する、パフォーマンス課題的な課題学習を軸に、「使える」レベルの学力につながるよう単元が設計されている。「○○を求めなさい」と指示がなければ、自らの主張の根拠を裏付けるためにデータを分析するという課題の意味自体がわからないという状況も見えてくることになる。こうして、数学の有用性・実用性にも注目しつつ、日々の内容習得の授業では、数学を先人の夢が詰まったものとして捉え、その発見の追体験が大事にされている。キャリア教育的意味も意識した実践である。

竹歳実践は、高校生なりの自由な発想や解き方、プロセスや体験を大事にして、試行錯誤の先に成功につながっていく経験など、入学後も数学を楽しめるような経験を積み重ねていく。立方体の中の正四面体の体積を求める問題に取り組む際、生徒の声を受けて、教室と廊下の窓を使って大きな立方体を協働で作り、立体図形を内側から眺め、イメージを形成したりもする。公式の根拠の証明なども含め、その立ち止まりのポイントは、認識上の難所であり、難関大学の入試問題ともリンクするものである。良質の大学入試の問題も生かしつつ、本質的な体験も盛り込みながら、数学を遊びながら力をつける実践である。

北本実践も、フラクタル図形の面積を求めるという、挑戦的な課題を思い切って単元の終わりに設定し、導入だけが工夫されて最後が問題演習で終わる「尻すぼみ」でなく、「末広がり」で単元を設計する。パフォーマンス課題は単元の最初にもちょい出しされ、単元末にグループで協働的に取り組まれる。一人では難しくても協働なら取り組め、全員が解ける必要はない課題であるので、解き切ることよりも、課題と向き合う中で、手と頭を動かし続け「数学する」過程自体に、そして、知識・技能を学び直しわかり直すことに学びの価値を見出す。数学の不思議さや美しさを大事にする実践である。

それぞれに実践のモチーフは異なるが、生徒たちは以下のような「動詞」の意味の再定義を伴って、ホンモノの「数学する」プロセスを経験していると考えられる。たとえば、「問題を解く」ことは、「答えを求める」ことではなく、「解き切る」「理解し切る」「考え抜く」こととして、「応用する」ことは、「やり方を当てはめる」ことではなく、「解法を創造する」「現実を分析・予測する」こととして経験される。そうして、数学の実用的価値や賢くなる感覚や構造・論理の美などを「味わう」ことが重要だろう。「数学を使う」ことと「数学を創る」ことの両面を考えるとよい。

数学科において、「教科する」授業に取り組む際には、必ずしも正解が複数あるというわけでなくても、多様な解き方のできる良質の問題を、生徒たちと一緒に考えて、それぞれの解き方を味わったり、説明し合ったりするところから始めてみてもよいだろう。たとえば、教材研究で教師が解き方を三つ考えたなら、生徒たちには四つ見つけられるか挑戦させるなど※、教師と生徒集団が競る関係を仕組むことも考えられる。授業中も、教師が、生徒たちの考えにも触発されながら、教卓で問題と向き合って考え込み手を動かしている姿を見せることも、生徒たちにとっては刺激になるだろう。数学については、やり方を覚えておけばよいという学習観も根強い。一つの問題を考え抜くことや、解法の意味をできる限り考え納得しようとすること、じっくりと深さに向かう学習観を育てることが重要である。

※キャリアガイダンスオンラインセミナー2020第1回「今こそ考える『これからの授業づくり、学校づくり』」(2020年10月25日)における、堀内陽介先生(広尾学園中学校・高等学校)の授業実践報告を参考にしている。

表.「真正の学び」(「教科する」授業) というレンズで見た各実践のポイント

	酒井淳平先生／統計	竹歳真一先生／図形	北本浩一先生／数列
成長目標ベース（自立）：ねがいの意識	数学を通じて、生きていくうえで大切な力を育てたいし、夢を育てたい。「数学」「自分」「学ぶこと」への見方が変わる「生徒が変わる授業」。	高校生活の大部分を占める授業での経験を重視すべく、高校生の純粋な発想を大事にし、最後まで解答できていなくても思考過程の途中でも自由に発言できるような授業の雰囲気を大切にする。	数学は実生活には直接的にあまり役に立たないかもしれないが、だからこそ面白い。数学のおもしろさ、不思議さ、美しさを大事にして、数学を通して論理的思考力や応用力を育てたい。
パースペクティブ変容（教養）：学力の三層構造 知の総合やもどりによる深くて重い学びへ	「学んだことを使えるレベルの力」を育てるべく、教科書を使って、確率分布・統計的な推測と仮説検定の内容を学習し、データ活用演習を行う。その上で、自分で決めたジャンルのデータを計測、観測、収集し、そこからユニークな知見（アンパンマンがパンチをを繰り出すまでの時間など）を発見する課題学習（テーマ設定、レポート作成、プレゼンテーション）に取り組む。知識を使いこなす活動を通して、内容の理解と定着も図る。	個別の内容について、定義や定理をしっかり押さえて求値問題を扱う（値だけ答えるのではなく、どこでどんな定義や性質を使って求めたか根拠を大事にして、生徒自身に解説させる）のみならず、たとえば、立方体の中の正四面体の体積を求める問題に取り組む際に直面する、「正四面体はどこの4点でできるのか」という問いから、実際に立方体を作る体験的・協働的な活動に展開し、そこでの気づきを数学を創ってきた人間の活動と重ねたりする。	単元の総まとめの時間に実施する課題学習（「無限等比級数の和の公式」を活用してフラクタル図形の面積を求める、4人程度のグループによる協働的な問題解決）を中核に据えて、末広がりの単元構造を組織する。単元の初めに、カップに水を入れ続けたらあふれるかどうかを問う問題を示したり、直感が裏切られる不思議な感覚を残したりしながら導入し、単元末に挑戦する「コッホ雪片」についてもちょい出しする。
エージェンシーの育成（自治）：脱正答主義 教師と生徒が競る関係へ	教科書や解答を読み自分で理解することを大事にし、思考の言語化や学び合いを通して、大切なところに生徒自身が気づくようにするなど、多くの数学者の夢が詰まった数学の発見を追体験することを重視する。公式や定理を自ら発見しうるものとして学ぶ。	ネットや赤本を見たら解き方はあるが、それは大人の解き方であって、生徒目線で自分なりにどう解くかを大事にする。教師もリアルタイムで入試問題に挑戦して、間違いがあったり不完全でも手作りの解答を生徒に手渡すなど、教師自身が学び、もがき、楽しむ経験を繰り返し、生徒の解法からも学んでいく。	単元末の協働的な問題解決については、与えられた時間で正解に到達できなくても、一定時間自分たちで相談し互いに教え合ったりしながら思考を持続することで、その単元で学習した知識・技能を総動員したり、学び直しが起こったりする過程自体に価値を置く。

力をつける工夫・学びの幅と密度	説明を聞いたり黒板を写す時間よりも、生徒が教科書や解答を読んで、自分で理解する時間や学び合う時間にこそ時間をかける。日々の授業での言語化や課題学習でのレポート作成などを通して、数学の言葉の力を育てる。	「図形の性質」について、中学校では、三角形の合同や相似といった細かいステップを証明するが、高校では、より大きな命題の証明に進むといった具合に、頭で考えたもののうち何をどこまでどのように記述すればよいのかをまず指導するなど、解き方でない、「数学する」活動の肝をメタに扱う。	単元のゴールを明確にして毎回の授業を受ける。発問とそれへの応答の中で、「君の気持は何となく伝わるけど」と言って、できるだけ正確に話すように促し論理的思考を指導する。日々の授業で「教えて考えさせる」問題解決型学習で意味理解と深い習得をめざす。毎時間の宿題プリントと小テストでも定着を図る。
ホンモノ経験（教科の本質を経験する動詞）	「○○を求めなさい」という指示に従って解くのではなく、「データをどのように特徴づけることで主張の根拠が得られるか」を自ら判断し、データから分析・考察する。	解くのではなく、試行錯誤の先に解き切る。考えるのではなく、素直な疑問にこだわり、実際に体験もしながら、考え抜く。	やり方を適用して正解に到達するのではなく、持てるものを総動員して協働し、解を創造する。数学の不思議さや美しさを感じ、味わう。

理科

Science

現実社会と教科の学びをいかにつなげられるか

廣瀬　志保（山梨県立笛吹高等学校長）

■ 指導要領と学校と生徒の実態とをつなげる授業

30代の頃勤務していた高校は小高い丘の中腹にあり、正門を出ると一本道が続き、6月〜10月にはその両側に色とりどりのオシロイバナが咲いていていた。オシロイバナは黒い種子の中の胚乳が白く、夕方に咲くので別名を夕化粧、英語ではfour o'clockとも呼ばれる。生徒が部活動を終えて下校する時間には丁度開花している。そこで、生物の種間関係を授業の導入にしようと、日々目にしているはずのオシロイバナの写真を見せたが、ピンときた生徒はいなかった。それを受け、現状把握をしようと、オシロイバナを含めた身近な自然現象に関するアンケートを実施した。

オシロイバナという花の名前を聞いたことがある生徒は60％だったが、花を見て名前が分かった生徒は10％。幼いころ遊びに使ったことがある生徒は40％であった。身近な自然や生物は意識して見ない限り、いくら環境が整っていても意識されていないということを強く感じた。

それからは、毎時間の授業で生物の実物を見せる取組や、日常と教科が繋がるように新聞を活用するＮＩＥ（News In Education）の実践も始めた。授業の導入の話題にとどまらず、自然現象に関する生徒の興味関心を広げ、現実社会と教科の学びを関連付けることを考えた。

学習環境を整備する中で、教科の本質を貫く学習課題とは何か、どのような問いを立てればよいのか、何について生徒に思考させようかと試行錯誤してきた。学習指導要領にある教科の目標と勤務校の教育目標とが共に高められるような授業づくりをするにはどうすればよいかというのは、いつまでたっても答えにたどり着けない自分自身への問いである。

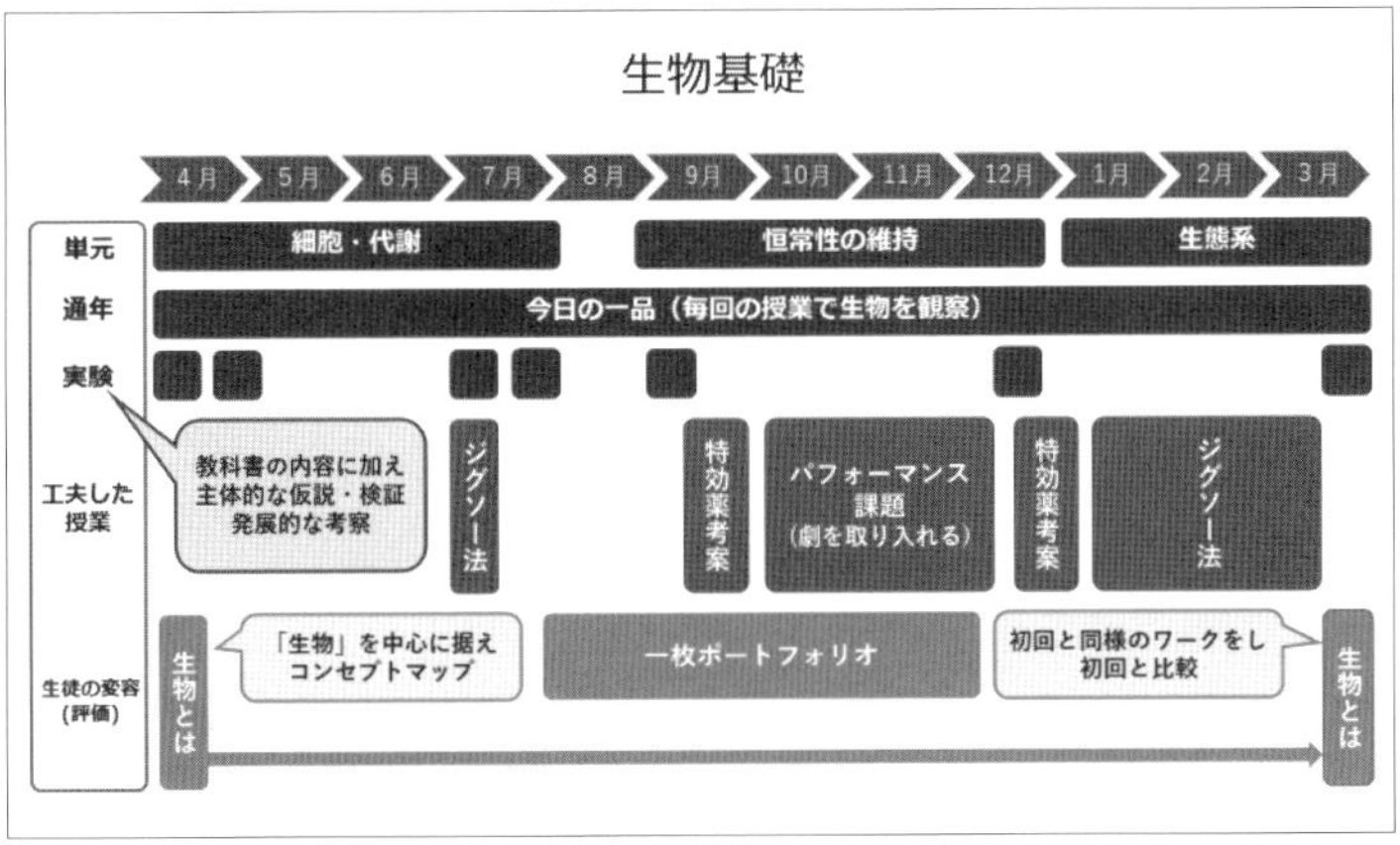

平成30年告示の高等学校学習指導要領生物基礎の目標と、勤務校の教育目標（自己肯定力、傾聴力、分析力、思考力、発信力、想像力、創造力、行動力を3年間を通して身につける）を念頭に置いて、これらの力を高められるよう、まず年間の授業を構造化し、それから単元の計画を立て、その上で1時間の授業での目標を設定するように努めている。また、毎時間の授業では、生徒の思考する場面を作り、生物を学ぶ意味や必然性、概念変容の自己認識による自己効力感を醸成したいと考えて臨んでいる（図）。

※本実践は、２０１８、19年に山梨県立吉田高等学校の高校2年生を対象に行った。

■「共通性と多様性」を重視した単元設定

1年間を通して、毎授業での取組として本物の生き物を持参し、「今日の一品」として観察の時間を設けている。①教科書の文字や写真のみで知るのではなく、多くの生き物に触れさせたい、②観察眼を養いたい、③授業で扱われる生き物の実際を見せたい、④「生物」という科目で大切にしている「共通性と多様性」を実感させたい、という思いからである。また、新聞記事などでタイムリーな時事問題を取り上げ授業内容と関連させて社会の今を知る事で、授業内容が身近で日常生活と結びついているという実感を持てるよう、また興味を持つきっかけになるよう取り組んだ。実験は教科書の実験を確認するのではなく、生徒が思考し、仮説検証する場面を創出して発展的に行うようにしている。結果にたどり着くまでのワクワク感が科学的事象への興味関心を高め、また、結果に対する「何故」を思考する過程で批判的思考力の育成が可能になるのではないかと考えている。

日常生活や社会と教科を結びつける方策として、健康や病気を取り上げた。ヒトのからだのシステムを学んだうえで、病気に対する特効薬を考案させた。具体的には、血糖値を下げるための薬やエイズに効果がある薬を考案し、それがどの過程でどのような作用をするかを予想させ、その理由を思考させた。

目で見ることのできないシステムを学ぶ単元では、次のような課題を設定した。例えば、免疫の学習では、ミクロの世界で様々な種類の免疫細胞がどのように働いているのかを生徒が体内の免疫細胞等になりきって演じることで、免疫の全体像を俯瞰する取組を組み込んでいる。生態系の保全の学習ではジグソー法を利用して、生徒が自ら調査し情報収集したものを精査し発表する活動を通して、主体性や表現力の育成を目指し、学ぶことの意味や楽しさを伝えている。

■ OPPシートで生徒の成長を確認

生物基礎のはじめの授業では、「生物とは?」という問いを投げかけ、最後の授業で再び同様の問いかけをする。4月のはじめの授業で「生物」という言葉を中心に置いたコンセプトマップを書かせる。3月の最後の授業でも同様に「生物」を中心に置いたコンセプトマップを書くよう指示する。書き終わったところで、4月に本人が作成したものを返却し、この2枚を比較して、1年間の振り返りをさせ、自身の変容に気付きを与えた。

例えば、コンセプトマップの語彙数や広がりから「生物の細胞などミクロの世界や生態系などマクロの世界について詳しくなった。1年間で知識量が増えたことが分かる」など新たに得られた知識について記述する生徒もいれば、「自分たちが細胞になり、その役割を理解したこと、生態系では自分で調べ学習をしたことやそのことを知らない人に伝えることを通して自主的、自発的、積極的に生物について考えることができた」、「実験計画を作成し検証することで、創造力や想像力、行動力が身についたと思う」などと、資質・能力を記した生徒もいた。1年間の授業で生徒自身がどのように変容したかをメタ認知させることができたと考える。そして、筆者自身は、変容を促すためにはどのような授業をしていく必要があるか、ゴールから逆算して授業を構想している。

また、毎回の授業では一枚ポートフォリオ（OPPシート）を使用している。OPPシートは「学習前・後の本質的な問い」、学習過程の「学習履歴」、学習全体を振り返る「自己評価」の3つの要素から構成している。A3の厚紙に両面印刷し、三つ折りにして使用する。授業の最後の3～5分には記述するための時間をとる。「学習前・後の本質的な問い」「自己評価」は表面、裏面の「学習履歴」は、「タイトル」、「今日の授業で最も大切だと思うこと」、「質問と感想」の部分からなる。1枚のシートで診断的評価、総括的評価、形成的評価が可能となっている。

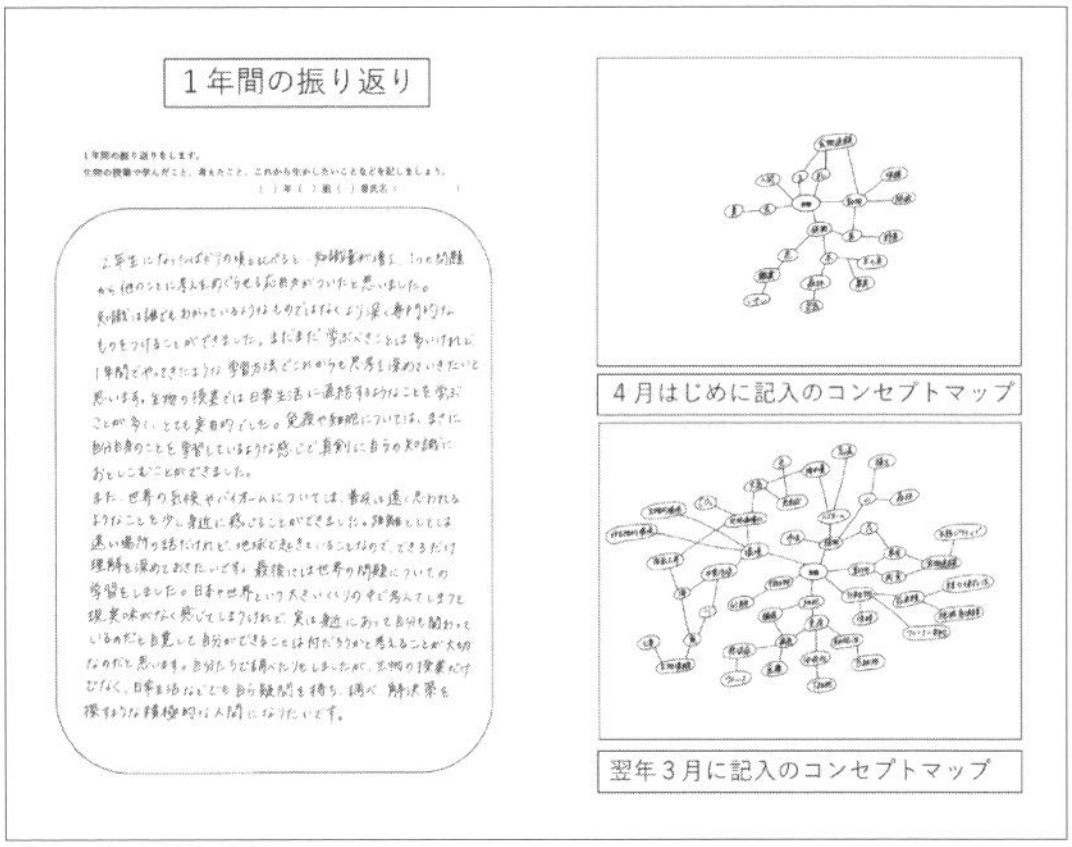

生徒の記述を読み取り、生徒の質問に対しては次時の授業に生かすようにしている。全体に向けて働きかけをした方がよいか、個人的に働きかけをした方がよいかはケースバイケースである。

OPPシートを活用することによって生徒の成長を促すのと同時に、筆者自身の授業に対する課題も抽出できるため、授業改善のツールとなっている。

■ルーティーンも大切にした実際の授業

・毎回の授業で生物観察「今日の一品」

生物の授業であるからには、本物の生き物に触れさせたいという強い思いで10年ほど前からはじめた取組である。最近では生徒の主体性を伸ばすような取組にしたいと実践している。

実施方法は、まず筆者が毎回生き物を持参する。持参した生き物を生徒に渡す。生徒はその生き物を観察して次の生徒に回す。これを繰り返す。生徒は観察ノートに感想や観察した点を記入する。他の生徒の記述も見ながら観察をする。適宜、簡単な解説をする。生物室の壁面に系統樹の書かれた模造紙を貼り、系統樹の適切な場所に観察した生き物の写真と観察記録等を貼る。

本物の生き物に触れることによって、視覚的にはもちろん、嗅覚、触覚、聴覚、味覚などの五感を使うことができる。においのする生物などは、写真で見るのとは違う印象を持つこともある。また、触ることによって同じように見えていた葉の表面に微妙な違いがあることに気付いたり、生物のなき声や、実を味わうことで、その生き物に全く違う印象を持ったりする。

生き物を準備するときの工夫としては、系統樹を意識し、多様な種の生き物を用意する。また、教科書に記載されている生物は、可能な限り持参する。何年も続けていると、提示したい生き物がどの時期にどこに見られるかがわかってくる。生物室で育てているものや、校内の樹木マップの作製、エサ台を置いての野鳥観察にも挑戦した。クラスによっては生徒個人に分担し、季節ごとの変化を撮影して、その変化を継続観察し報告させた。

はじめは生き物に対して「怖い」とか「気持ち悪い」と言っていた生徒も、徐々に遠巻きに観察するようになり、数カ月経過すると興味深そうに観察している様子が見られた。観察ノートに生き物のスケッチを書く生徒も出てきた。また、生き物好きの生徒は自身で「今日の一品」の生き物を持参するようになり、朝職員室の私の机上には飼育ケースが置かれていることもあった。「どんな場所で、どんな生活をしている生き物かを知ることによって、新たな発見があった」や、「授業でこれまで見た生物名が登場した時は、特に興味関心がわき、好奇心が高まる」と記述している。

・**実験の工夫**

教科書の実験は確認実験が多く、結果がわかっていてそれをなぞる形であるため、材料や方法を変えることで、仮説を立て、実験を行い、結果を考察できるよう工夫している。

例えば細胞の観察をする時は、教科書の観察材料に加えて、生徒自身に観察したいものを持参させる。4名の班であれば、教師が原核生物であるイシクラゲ、真核生物のオオカナダモは用意する。それ以外に班で観察したい素材を2つ持ち寄る。4人が異なる生物の細胞を観察し、その大きさや形の違いを比較して考察する。

また、酵素カタラーゼの実験であれば、多くの教科書でレバーを材料に使用している。どの細胞の中にもカタラーゼがあるのではないかと推測するのならば、他の生物でも同様の実験が可能である。各自にカタラーゼが働いていると思われる生物を持参させる。生徒は、みかん、キャベツ、ジャガイモ、校庭のオドリコソウなどを持参した。

実験の手順は説明し、各班で教科書にあるレバーと持参した材料を過酸化水素水の試験管に入れた。ある班は、レバーは泡が出て反応がおこったが、キャベツは反応が起こらなかった。

そこで、生徒に向けて「キャベツにはカタラーゼがないのかな?」と問うてみる。生徒たちは「あるはずだけど、何の変化もないですね。」と言う。「カタラーゼはキャベツのどこにあるの?」と尋ねる。生徒は、「細胞の中」と答えつつ、何か閃いた顔をして「細胞壁を壊したら、反応が起こるかもしれない。」と続けた。

内心、「よしよし、気付いたかな」と思いながらも、「どうすればいい?」と聞いてみる。「砕くとか、すりおろす、ミキサーにかける。」という生徒の言葉を待って、おろし器やミキサーを貸し出す。実験結果としては、試験管を泡が昇って行く反応が見られた。

どの実験も、手順通りに確認実験をして、予想どおりの結果を導き出すのではなく、どうしてこの材料を使うのか、どうしてこの方法なのか、もっとよい実験があるかもしれないということを意識させながら実験を行うようにしている。

・核となる授業の設定〈免疫単元の授業を構造化〉

単元の本質を理解させるためには、単元自体を構造化して授業を行うことが必要である。毎時の内容が相互に関連していることが見えるように、各単元に核となる授業を設定した。

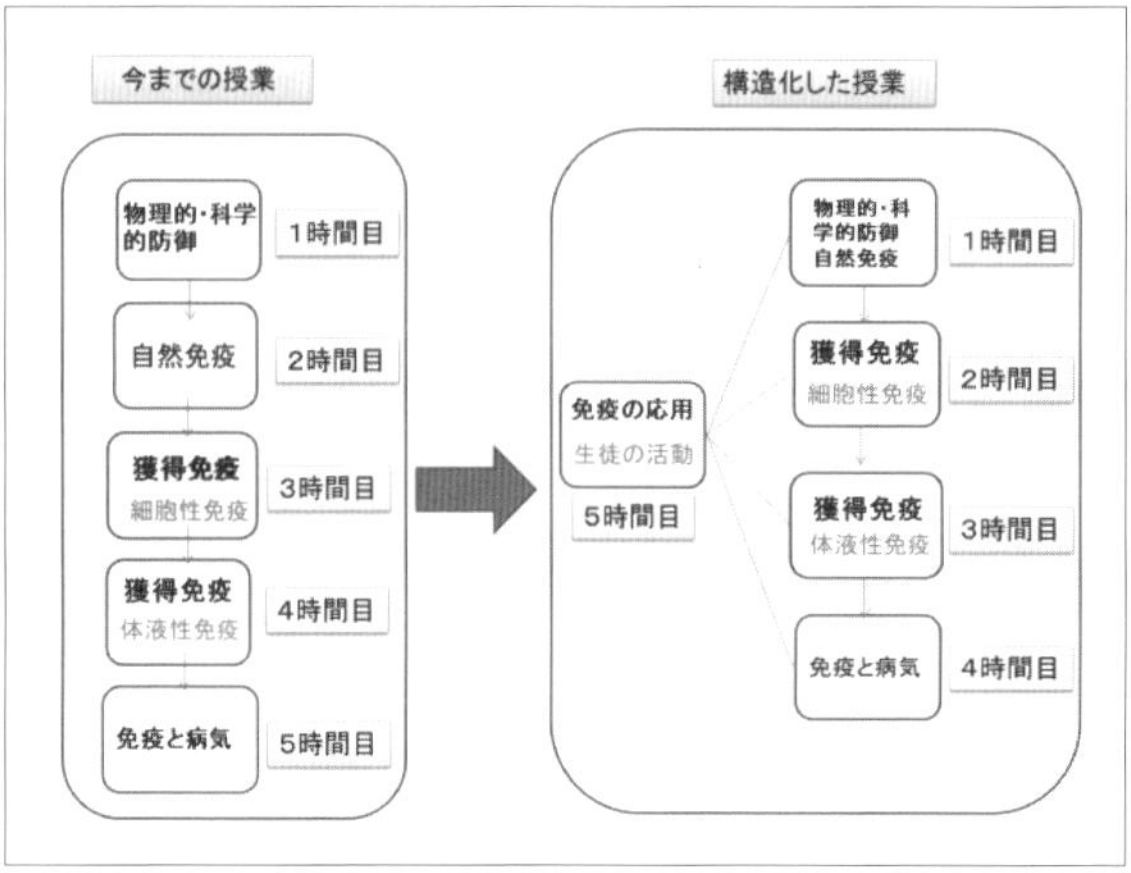

「免疫」単元では、はじめに、化学的・物理的防御、細胞性免疫、体液性免疫、免疫に関する身近な疾病を教授し、最後に、そこで学んだことを生かし、生徒自身が免疫細胞になって演じるという単元構成にした。

今までは教科書の順番通りに、また、どの内容も等しい比重で5時間の授業を行っていた。しかし、この基本的な内容を4時間目までに行い、5時間目に全体の構造が理解でき、習得した知識を活用できるような思考があらわれるパフォーマンス課題を用意設定した。

授業で示した課題は以下の通りである。1時間目に、単元の最後の授業で「班ごとに一人一人が免疫細胞になり、外部からの侵入者（細菌やウイルス）に対してどのような動きをするか演じる」ことを伝える。

4時間目の最後の15分ほどを準備の時間にした。10名程度の班をつくり、役割分担をさせた。樹状細胞やキラーT細胞、B細胞など生徒が様々な免疫細胞の役割を分担し、教師が細菌になって侵入した時に、どのように対応するか班ごとに考えさせた。免疫細胞同士が連携して細菌を排除するシステムを演じることで、これまでに学んだ内容を生徒が再構築できるように、教師もいくつかの侵入パターンを用意した。生徒は自分がどのような細胞を演じるのか役割を確認し、次に全体でどのような動きをすればよいか、連携パターンを想定していた。

5時間目には実際に演じる中で、どのような動きをすればよいのか理解のあいまいな部分を修正し、免疫が総合的な仕組みであることを実感していた。

その間、生徒の活動から、生徒は何を理解し、何を誤解しているかを、教師が観察し、授業改善することができた。例えば、2名の生徒から「マクロファージと樹状細胞の違いは何か？」という質問が出た。教科書には「樹上細胞やマクロファージは自然免疫でどちらも食細胞である」という記述があるだけで、違いについての記述はない。しかし、生徒たちは、自分がどの様な動きをすればよいのか思考するうちに、その違いは何かに興味がわいたのだ。クラス全体に、「マクロファージは組織で移動することなく、捕食・消化・分解を行う。一方、樹状細胞は末梢細胞で抗原を取り込み、リンパ器官に移動してT細胞に提示する」など違いがあることを説明した。このように、生徒に疑問を抱かせてしまう時には、発展的な内容でも理解しやすく伝えることの重要性を認識した。

学習履歴には「体の免疫について、劇をやって、好中球やマクロファージなどの働きを確認することで、楽しくわかりやすく学習を行うことができたので良かった」や、「始めは興味がなかった勉強をして、知識が付くに連れ、楽しいと思うようになった。自分たちが免疫になったことで、免疫のしくみがわかって楽しかった」などのコメントがあり、以後の授業へのモチベーションも高くなった。

・**「特効薬」を考案**

恒常性の維持の単元で糖尿病の薬を、免疫の単元でエイズの薬として考えられるものを身体の器官の働きから想像させた。例えば2型糖尿病の血糖降下薬として一般的に生徒が考えるのは、インスリンの分泌が少なくなっているので、インスリンの分泌を促進する効果のあるものである。しかし、実際には血糖値を下降させる薬には、肝臓でグリコーゲンからぶどう糖がつくられることを抑える働きをする薬や、小腸でのぶどう糖の吸収を抑制する薬、腎臓でぶどう糖の

時　間	活動形態	内　　容
1次	専門家班	７つの専門家班（水質汚染・地球温暖化・森林の減少・生物濃縮、食物連鎖・酸性雨・絶滅危惧種・環境時事問題）を設定し、各自が教科書の担当部分の内容を踏まえ、専門分野に関する専門書を1冊以上読み、掘り下げ、まとめる。
2次	専門家班	専門家班内で発表し、他の生徒の内容と比較し幅広くかつ深化させ、かつ正確性を高める。班内で内容に間違いがないかを確認するが、ワークシートを集めて筆者も点検した。また、班の要旨を30字にまとめて簡単なCMを作り、次週の予告をつくり、クラス内に発信した。
3次	ジグソー班	専門家班でまとめたことを、ジグソー班で発表し、質疑応答をする。聞き手はまとめ用紙にメモをすること、各発表者に最低１つの質問をすることを伝える。
4次	全体・個人	クロストークで全体発表し班ごとの違いを意識する。最後に個人での振り返りをして、目標とした力がついたかを自己評価する。全活動を通した意見文を600字程度で作成する。

再吸収を抑制し排泄を促進するような薬もあることから、身体全体で恒常性が維持されていることを実感させる。

一方、ＨＩＶがＴ細胞に感染することでエイズが発症することを学んだ後、「感染しても発病しないようにするにはどのような方法（特効薬）があるか」を考えさせた。免疫の仕組みをより深く理解させるべく、エイズの特効薬を予想して、班で意見をまとめ、予想したことを、発表させた。そして、最後に現在のエイズの治療法について解説した。

実際に医薬品として実用化されているものを紹介することによって、学習事項が身近であることを感じさせ、また、健康について考え、生命の不思議さを実感させることを目指した。

「オープンエンドの問いを設定した話し合いの時間をもたせ、発表する」という授業は医療系の進学を考える生徒にとっては自己の在り方生き方と深くかかわる内容であったようだ。また、医療系の進学を考えていない生徒も、健康という観点から「新薬開発から、身体のシステムについて理解が深まった」という感想が得られた。日常生活と関わらせながら、思考を促すような問いを準備し、生徒と会話のキャッチボールができるような授業をすることの大切さを再認識できた。

・生徒が発信する授業〈生態系の例〉

「生物基礎」の最後の単元では、生態系の保全について深く理解することに加え、学校の教育目標の８つの力の中で一番低い「発信力」を伸ばし、

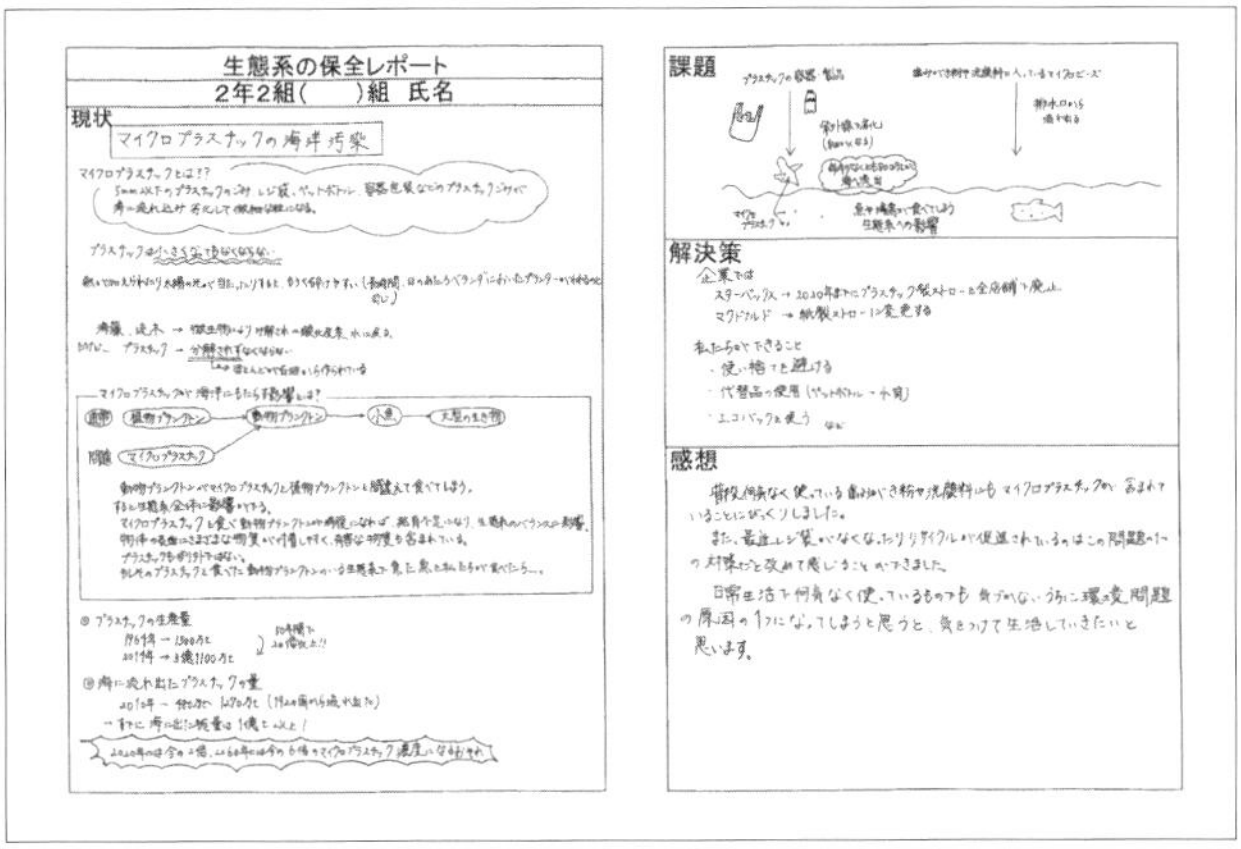

「想像力」を高める。また、生徒が学び方を学べるような取組をした。また、国語科の図書館利用の学びを生かし、現代社会の授業内容や英語テキストの環境問題などと絡め、教科横断的なカリキュラムマネジメントを目指した。さらに、時期を総合的な探究の時間の発表のタイミングと重ねて発信力の相乗的な高まりを期待した。

この授業の成果については、後日、新聞社に意見文として投稿した。2名の生徒の投稿文が地方紙に掲載された。

事後アンケートによると発信力の高まりについては38名／39名、想像力の高まりについては36名／39名が上昇したと回答した。生徒の単元の振返りでは「専門家班では、教科書や副読本の内容を踏まえた上で、より専門的な内容を調べ、地域の事例やグローバルな内容を発表することができた」、「ジグソー班では、外来生物、水質汚染、プラスチックごみなど多様な課題を知ることができた」などがあった。調べて、まとめて発信することにより、生徒が問題に対して自分で考えることにつながったと考えられる。

アクティブラーニングで物理の授業を変える

佐藤 哲也（高松第一高等学校教諭）

■ 教授型授業から生徒能動型授業へ

私たちがアクティブラーニングに注目し始めたのは、「Physics Suite」の著者であるオレゴン大学のDavid R. Sokoloffやメリーランド大学のEdward F. Redishが来日してからである。2006（平成18）年8月に香川大学で開催された「物理教育ASPENワークショップ2006&第9回リフレッシュ理科教室（香川会場）――学生生徒児童主体の学習をひきだすために――」では、Sokoloffらによって、いくつかの授業実践例が紹介され、ワークショップが行われた。また、同年8月に東京で開催された「物理教育国際会議2006――すべての人のための物理教育をめざして――」でも、SokoloffやRedishの講演・ワークショップが行われた。これらへの参加をきっかけに、従来型の一方向的な教員による教授型授業から、双方向的な生徒の能動的な活動を中心とした授業への転換に向けて、研究を始めた。

そのような流れの中、2010（平成22）年度よりスーパーサイエンスハイスクール（SSH）の研究指定を受け、アクティブラーニングによる授業展開を軸に、研究・開発・実践している。「課題解決に向けて、生徒が自ら考え、相互に意見を交換し、考えをまとめて発表するという能動的な学習活動を取り入れ、授業を生徒同士の学び合う場とする」という共通理念のもと、授業改善に取り組んでいる。物理の学習においては、日常経験に基づく素朴概念や誤概念が、正しい概念の獲得の障害となっていることが多く、従来型の教授型授業では限界がある。生徒が新しい概念を獲得したり、既有の概念を再構築する過程の中で、科学的な根拠をもとに思考し、自らの言葉でアウトプットすることが、素朴概念や誤概念の矛盾に気づき、正しい概念を構築する方法として有効であると考え実践を続けている。物理の授業では、実験・観察を通して物理の概念を獲得することを目指しており、実施しているアクティブラーニング型授業は、次の三つのタイプに分類している。

①典型的な誤概念のリサーチに基づいて設定した課題を与え、話し合い活動等を通じて既習内容を整理させながら、正しい概念形成を目指す。

②新しく登場した現象を説明するために、授業者の適切なガイドの下、既習内容を整理させながら新たな知識の獲得を目指す。

③調べたいものを調べるための実験を自ら計画し、実験する。実験スキルや結論から得られる新たな知識だけでなく、変数を意識した実験デザイン力の習得を目指す。

いずれのアクティブラーニング型授業も共通しているのは、問題発見・解決能力を高めるために思考過程の時間を重視した授業の実践を行っていることである。実験・観察の前に予想や仮説を立てる時間と、実験結果や現象を確認した後の考察の時間は、個人で考える時間と、実験グループや教室全体でディスカッションをする時間に区切って設定している。それぞれの生徒が意見を自分自身の言葉で説明したり、他者の意見に対して能動的に思考しながら聴いたりする活動を通して、学習内容に対する理解が進み、既有の概念から新しい概念への概念形成がスムーズに進むような授業展開を目指している。

▣チームで単元・授業を構成

本校の授業改善への取組の特徴は、アクティブラーニングに積極的な教員だけが個々に実践するのではなく、教科内で3～4名のチームをつくり、取り組んでいる点である。個を高めることや教科内全体の意識を高めること、若手教員の柔軟性とベテラン教員の知識や経験との融合や相乗効果をねらっている。物理チームも4名の教員（40代〜20代）で構成されており、新たな授業プランについては、導入分野決定後、それぞれが自分の考える授業プランを持ち寄って、放課後や空き時間、教科会を利用して検討している。ポイントは以下の通りである。

1 単元目標や授業の目標を明確にすること。
2 既習内容をもとに予想・仮説を立てられるような問いを立てること。
3 実験・観察で確認できること。
（「えっ、どうして?」「やっぱり!」といった両方の声を聞きたい）
4 考察やまとめの場面で生徒同士が思考を深めることができる。
（「なるほど!」「あっ、そうか!」と自得させたい）

■「力と運動に関する概念調査テスト」と生徒の作品が評価の要

本校では、アクティブラーニングによる効果の評価法の一つとして、概念理解度調査テストとして「Force Concept Inventory（力と運動に関する概念調査テスト）」(David Hestenes, Malcolm Wells, and Gregg Swackhamer, Force Concept Inventory, The Physics Teacher, Vol.30, 1992.) を実施している。形式は質問紙調査で、30問の5肢選択肢問題となっており、概念の理解度・定着度や学習効果を規格化ゲインで評価する。本校の調査実施時期は、プレテストが物理学習前の2年生4月、ポストテストが力学分野の学

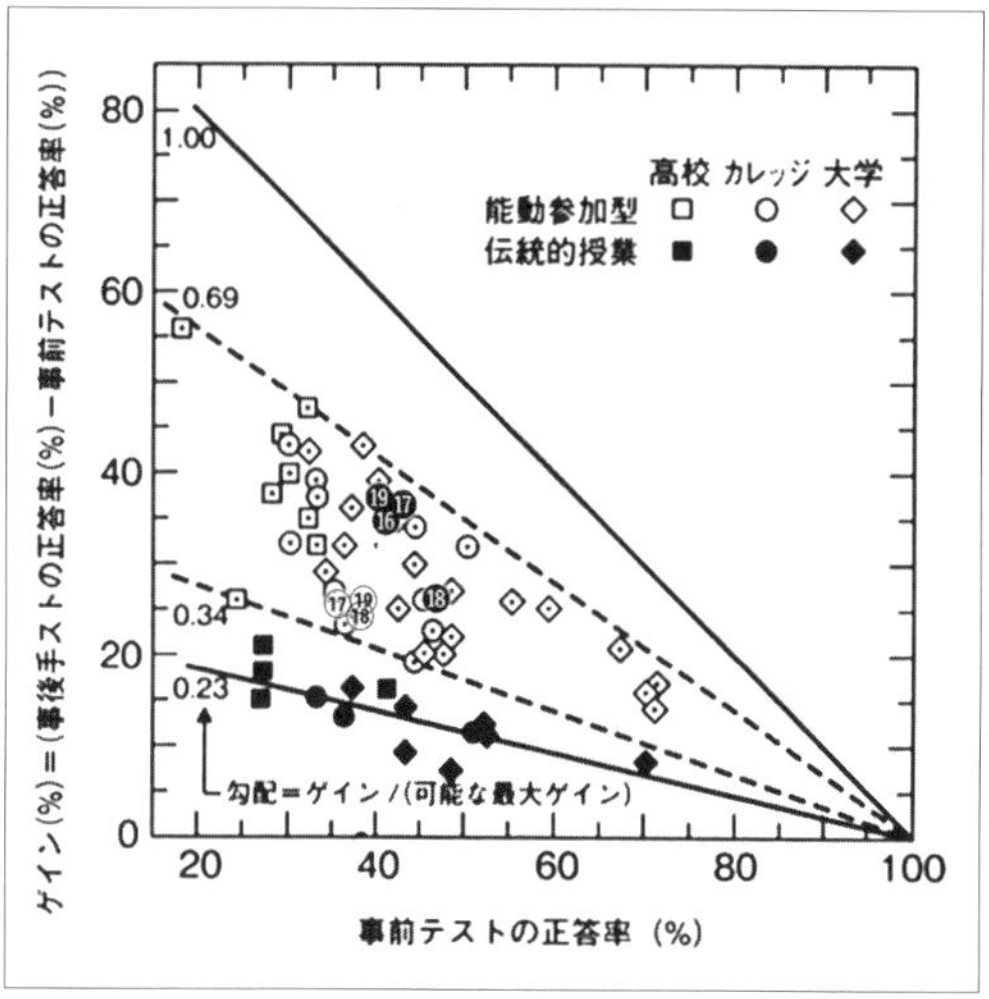

図1

習終了後の３年生９～11月である。２０１６～２０１９年度の本校の調査結果を、「ＦＣＩを用いたアメリカの高校・大学物理教育の大規模調査（Hake 1998）」の結果が掲載されているEdward F. Redish著の「Teaching Physics with the Physics Suite（WILEY）」の日本語版『科学をどう教えるか』（丸善出版、２０１２年）に示されたグラフにプロットし、比較した。なお、図１中の丸数字は調査年度の下２桁を示しており、●・○は、それぞれ本校の普通科特別理科コース・理系コースの結果を表している。

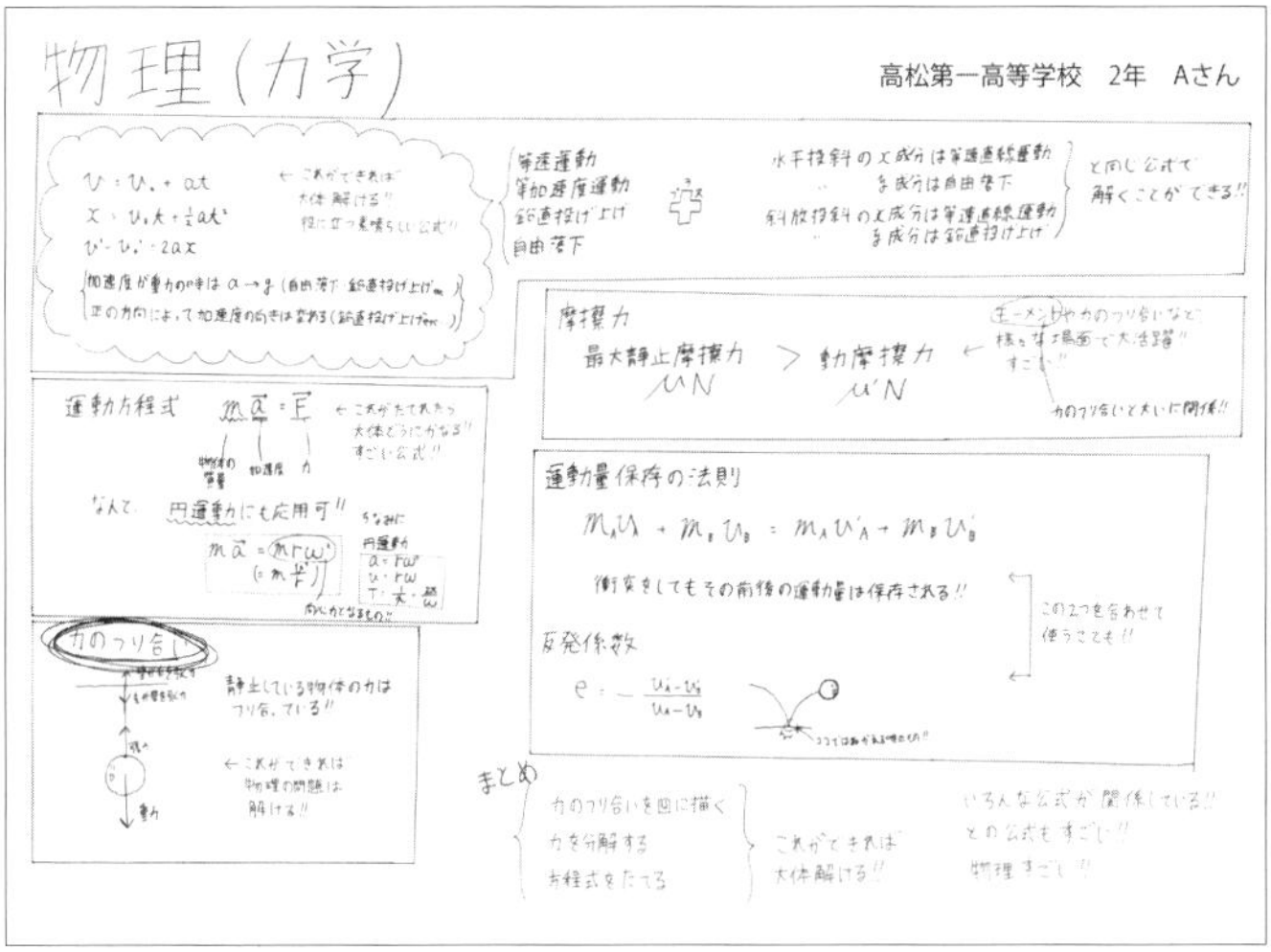

アメリカの調査では、能動参加型授業、いわゆるアクティブラーニングを実施した場合のゲインは０・３４～０・６９と高く、伝統的授業はそれに全く及ばないという結果が示された。本校のゲインはその結果と合致しており、アクティブラーニングの成果が示されていることが分かる。日本国内でも「国際共通の評価ツールを用いた我が国の物理教育の現状調査と改革指針の探究（ＪＳＰＳ科研費２６２８２０３２）」において、２０１４～２０１６年に全国調査が実施されているが、本校のゲインの高さは国内でも突出していることも分かった。

次に、２年次終了時の生徒のレポートを掲載する。レポートのテーマは「教科書やノートを見ずに、自分の頭の中で整理されている１年間の学習内容を50分間でＡ３の白紙に自由に表現しなさい。最後に、自分の中でこれが一番大切と思うものに印をつけなさい。」というものである。生徒が自分の記憶を頼りに記述しているため、

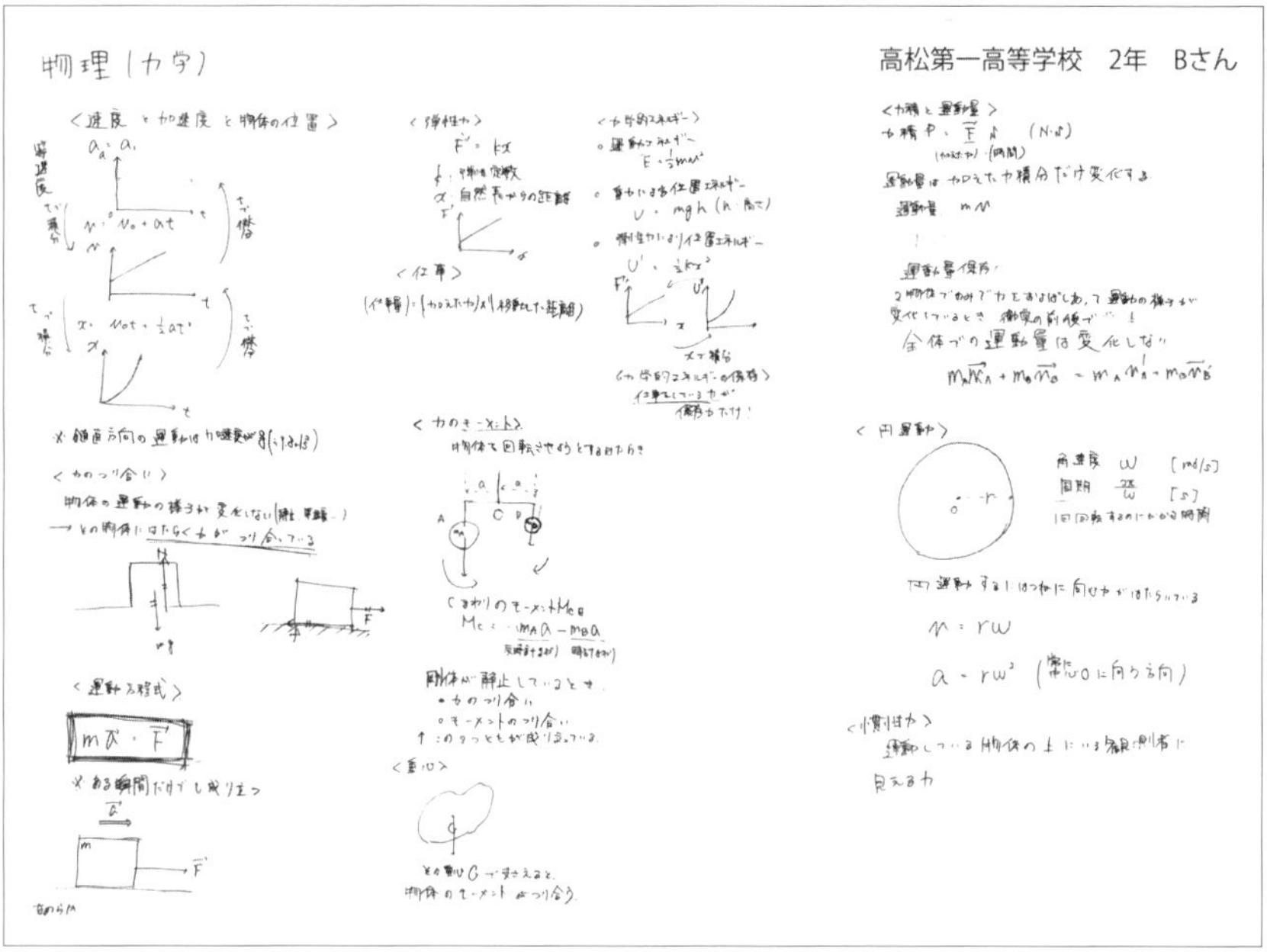

物理の先生方からすると表現が適切でないと感じられる部分や間違っている部分も一部含まれるところはご容赦いただきたいのだが、生徒の頭の中で学習内容を関連付けようとしているところを読み取っていただけるとありがたい。例えば、Aさんのレポートでは、「物体にはたらく力を図示し、ベクトル分解した後、運動方程式を立てて考えることで、物体の運動の様子が分かり、これができれば大体解ける!!」とまとめている。各単元で学習した内容のつながりを意識して、1年間の振り返りができている。

また、Bさんのレポートの等加速度運動の項目では、物体の位置・速度・加速度と時刻の関係が式とグラフで示され、数学の微積分の学習内容も導入してまとめられており、教科間の学習内容のつながりも意識していることが読み取れる。

物理学は、自然現象に含まれる複雑な要因を単純化しながら法則性を明らかにし、数学を言葉として1つの理論体系で説明することを目指している学問である。高校物理の学習でもそれを意識させて学習させたい。学習内容のつながりを意識させ、俯瞰的にとらえることができるようになってほしいと考えている。

■「摩擦力」の授業の実際

これまでに開発し、実践してきた授業は表1の通りである。

表1　これまでに実践してきた授業

- ・物体の運動（斜面の上り下り）
- ・物体の運動（鉛直投げ上げ）
- ・ばねにはたらく力と伸びの関係
- ・作用反作用の法則
- ・浮力
- ・空気抵抗を受ける落体の運動
- ・摩擦力
- ・力学的エネルギー保存の法則＋斜方投射
- ・力のモーメント
- ・2物体の斜め衝突
- ・単振動
- ・単振り子
- ・波の性質
- ・波の反射，屈折，回折
- ・波の干渉
- ・弦の固有振動
- ・電圧計の仕組み
- ・電気抵抗（非直線抵抗）
- ・コンデンサーの充放電
- ・コンデンサーを含む直流回路

今回は、この中から「摩擦力」の授業実践について紹介する。この授業はさきに分類した3つのタイプの授業の中の③に相当する。テーマは、「動摩擦力について調べよう」。静止摩擦力について学習した後の50分×3コマの授業を充てている。1コマ目に実験計画を立て、2コマ目に実験を行い、3コマ目に考察を行うというオーソドックスな流れである。理科の授業における生徒実験は、目的、原理、方法、さらには考察の仕方まで教科書や実験プリント等を使って、教員の説明・指示のもとで行うことが多いが、この授業では、入力変数と結果の変数を意識し、どうすれば変数の相関を明らかにできるのかというところに注目して、生徒自ら実験をデザインするというところに自主性や主体性を持たせている。したがって、実験原理も各班で異なるため、使用器具や実験方法も異なる。生徒たちは、「動摩擦力（結果の変数）」は、物体と床の接触面の状態・物体と床の接触面積・物体にはたらく垂直抗力・物体の速度（入力変数）と関係があるのではないか」と考え、実験計画を立てた。以下に生徒の実験計画を掲載する。

本校の物理の授業では、２・３年次を通じて、表で挙げたアクティブラーニング以外に、生徒実験が20テーマ以上あり、実験レポートを1人ずつ提出させている。各実験を振り返りながらレポートをまとめる中で、改めて入力変数と結果の変数を意識させ、実験への理解を深めさせることが、このように実験計画を立てられるようになるためのポイントであると考えている。

３班：超音波距離センサーを用いて、運動方程式から動摩擦力を算出する。

使用器具：モーションセンサ（島津ＰＳ－２１０３Ａ）、パソコン、斜面、おもり、分度器

①角度θの摩擦のある斜面上で物体を滑らせ、物体に生じている加速度を超音波センサーを用いて計測する。

②下図に示された運動方程式に計測値を入れ、動摩擦力fを算出する。

③動摩擦力と物体の速度に相関があれば、加速度は変化するが、相関がなければ等加速度となるはずであると予想して、「垂直抗力」「物体の面の材質」を入力変数として実験した。

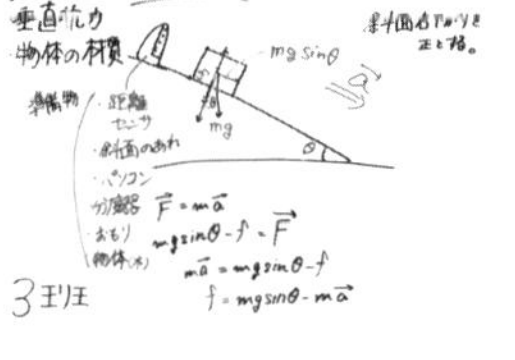

８班：プラレールを用いて物体を一定の速度で引っ張り、ばねはかりで動摩擦力を求める。

使用器具：プラレール、ばねはかり、モーションセンサ、パソコン、おもり、サンドペーパー

①摩擦のある水平面上の物体を等速度運動させるためにプラレールで引っ張ることにする（センサーは運動状態の確認用）。

②等速度運動しているとき、物体にはたらく力はつり合っているので、**下図**のようにプラレールと物体の間にばねはかりを取り付けて物体を引く力Fを読み取ることで、動摩擦力f′が求められる。

「垂直抗力（生徒は質量と表現）」「水平面の材質」を入力変数として実験した。

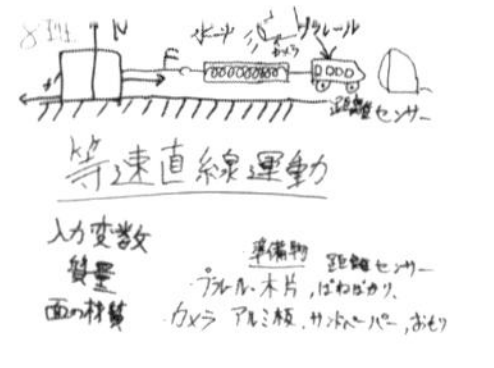

前述の実験以外にも、様々な方法で実験に取り組んでいる。実験計画と結果や考察については、プレゼンテーションを行いクラス全体で共有している。質疑応答の場面でも積極的に発言する生徒がでてきた。例えば、3班の計画に対し、「(質)もし、物体の速さによって動摩擦力が変化したら、そのセッティングで実験できるの？」「(答)動摩擦力が変化したら加速度が変化するし、変化しなかったら等加速度運動になるからこのセッティングで確認できると思う」といったやりとりや、8班の計画に対し、「(質)プラレールって等速で引っ張れるの？」「(答)う〜ん分からんけど……、じゃあ確認するためにセンサー追加するわ」などプレゼンテーションをしながら計画を修正する場面も見られた。実際には、結果が出たグループとうまく実験ができなかったグループが出てくるが、お互いの発表を聴き、実験計画の問題点の洗い出しや改善点を考え、レポートにまとめることを通して、理解が深まると考えている。失敗から学ぶ機会を奪わないように心がけている。

授業は生もので、生徒同士、教師と生徒のコミュニケーションで成り立っている。「予想や仮説が当たるとか、外れるとかは、重要じゃないよ。今まで勉強してきたことをベースに、科学的な根拠や論理的な理由づけのもとに、予想や仮説を組み立てることが大事なんよ。『なんかよう分からんけど、こうなると思う』みたいな、非科学的なのはやめような」「何でそういうふうに考えた？」「なるほど〜」「こういう場合はどう？」「じゃあ、やってみよう。答えは自然の中にある」間違ってもよいという雰囲気をつくり、生徒の生の声を受け止め、授業の展開や生徒へのアプローチを臨機応変に変えられる柔軟さが必要である。

理科＝物理

3

科学的な思考力の向上を目指した物理の授業

吉新　聖二（大阪府立三島高等学校教諭）

■科学的な知識と思考力を育てる

高校における理科教育の目的は何か？　それは一言で言えば、科学的な知識と思考力、つまり私たちを取り巻く事物や現象を科学的に認識し、論理的に考察できる力を身につけることであると考える。

この科学的な知識を身につけるということは、単に専門用語を暗記するということではなく、私たちの身近に起こっている現象や事物が、「自然の法則」に従って成立し、関連し合っているということを理解することでもある。例えば、地球上の物体には重力がはたらいており、物が落ちるのは重力加速度g＝9・8m／s^2の等加速度運動であるということを学ぶことで、斜め上方に投げたボールはどのような軌道を描いて飛んでいくか、何秒後にどこに落下するかを計算して予測することができる。つまり「自然の法則」（この場合は「運動の法則」）を使って「未来を予測する」ことができるのである。これこそが科学的な知識であり科学的なものの見方の一例である。

次に科学的な思考力とは、科学的な知識に基づき（観察や実験を通して）、論理的な考察によって結果を導く力である。この力を身につけるためには、過去の科学者たちがどのようにして真理や法則にたどり着くことができたのか、その探究の過程を可能な限り追体験することである。そして実際に自分で実験をして確かめること、実物に触れることが重要である。法則自体はシンプルでも、それを確かめる実験にはさまざまな要素が入り込み、当然ながら測定誤差も生じる。最も簡単な重力加速度gを求める実験でも、実際には空気抵抗の存在を無視することはできない。これらの影響をどのように考察するか、その方法を学ぶのも、高校理科の大切な内容だと考えている。

このようにして身につけた科学的知識と考察力をもって、生徒たちには自分たちを取り巻く社会や環境に関わる問題についても正しく認識して考え、判断する力を持ってほしいと思っている。それは例えば核エネルギーと放射線、原子力発電や地球温暖化の問題などである。２０１１年3月、東日本大震災が起こり福島原発事故が発生した。その後、福島県産の米や農産物が売れなくなるといった風評被害が蔓延した。そして事故から何年か経っても福島から避難してきた子供が学校でいじめにあうといった事象が起こっている。当時ＴＶでは連日福島の状況が放映され、公園で放射線測定器を持った母親が放射線量の表示を見ながら、ここは危険だから子供を遊ばせられないとインタビューに答えていたり、アナウンサーの話す内容と字幕の情報が異なっていたりと、その情報さえもが錯綜しているという状況だった。(例えばアナウンサーが放射線量を20ミリシーベルトと説明している画面の字幕が20マイクロシーベルトと表示されているような)。

なぜこのようなことになったのか？　それは一般的な日本国民が放射線のことをほとんど何も知らないという現実があったからである。みんなが放射線についての正しい知識を持ち、科学的にその安全性や危険性を判断できればこのような事態にはいたらなかったのではないだろうか。

以上に述べた3つのポイント、

①身近な日常の自然現象や事物を科学的に考察して「自然の法則」について理解すること。

②論理的思考と実験・観察を通して、科学的な探究方法を身につけること。

③授業で学んだ知識や科学的な考え方を、日常生活や社会活動の中で活かすこと。

これが私の目指す、高等学校における理科教育の目標（育てたい力）である。

■「科学的な考え方」をベースにした単元構成

左の文章は、ノーベル物理学賞を受賞した朝永振一郎先生の言葉である。最初の授業で、私は生徒たちにこの言葉を示し、科学とは何か、これから何を学ぶのかを説明する。科学の始まりは「疑問」を持つこと。なので授業はいつも「なんで?」で始める。物理で扱うのは身の回りの現象である。日頃あたりまえと思っている事柄に「なんで?」という疑問を突きつけてみる。そしてそこにある法則を見つけ出す作業を行う。生徒たちに、それぞれ自分で、または友達と話し合いながら(ペアワークで)考えてもらう。それぞれのグループで考えたことを発表してクラスのみんなで共有し、適宜ヒントを与えながら、答えを見つけてもらう。またその法則を発見した科学者は、何をどのように考えたのかというプロセスも紹介する。そうして法則を確認したら、それが本当に正しいのかどうかを確かめる作業が必要である。

ふしぎだと思うこと
　これが科学の芽です
よく観察してたしかめ
　そして考えること
　これが科学の茎です
そうして最後になぞがとける
　これが科学の花です
　　　　　　朝永振一郎

これが実験である。実際に実験装置に触れて、自分たちで実験を行うことで、実体験として法則を理解してもらう。そしてこの法則が、私たちの身近な事物や生活の中で、どう利用されているかに気づいてもらうことが目標である。

科学的な考え方とは、論理的な思考によって仮説から結論を導き、その理論が実験や観察によって確認されることによって正しいと判断されることである。したがって、その科学的思考の流れ(現象の認識→理論的思考による仮説→実験による検証)を追体験しながら学ぶことが大切だと考えている。

高校物理は必修科目である「物理基礎」と専門科目の「物理」に分かれている(本実践時)。全員必修の「物理基礎」では、「物体の運動」「運動の法則」「力学的エネルギーの保存」「熱とエネルギー」と学習していく。これらの単元を通して、身近にある現象や事物の根底に「自然の法則」があることに気づくとともに、科学的なものの見方、考え方を身につけてもらう。その上で、本実践の実践校では「放射線と核エネルギー」を学習する。科学を学ぶことによって、自らの生活や社会の見方がどう変わるかを、具体的に原子力発電や環境の問題にも取り組むことで考えてもらう。自然科学を学ぶことが、単なる知識の暗記や計算問題を解くことではなく、私たち一人ひとりが未来の社会を考える上でとても重要なことであることを知ってもらいたいと思っている。

▣「生徒の育ち」は「授業レポート」で確認

私は毎時間、生徒に「授業レポート」(次頁)を書いてもらっている。これはその時間の授業にどれだけ集中して取り組めたか、理解度はどうか、友達と話し合いや教え合いができたかなどを5段階で自己評価し、その時間の簡単な内容のまとめと質問などを書いて提出するというもので、いわゆる振り返りシートのようなものである。これによって各時間の生徒の到達度やわかりにくかったところなどを把握し、次の授業に役立てている。またこのレポートは定期考査前に返却し、復習やテスト対策に役立てられるようにしている。

また、実験をすれば報告書(実験レポート)を書かなければならない。私は白紙のレポート用紙に実験の目的から原理、方法、結果、考察、感想とすべて自筆で書かせるようにしている。生徒実験はグループで行うアクティブラーニングである。実験方法は可能な限り生徒たちに工夫させるようにし、実験結果の考察については各グループで話し合い、そこに自分の考えを加えて実験レポートとしてまとめる作業を行わせる。いい実験レポートを書いてもらうためには、いいレポートの見本を示すことも重要で、先輩が書いた優秀な実験レポートを見て「すごいなぁ」「こんなところまで考えているんだ」と思った生徒が、負けじといいレポートを書いてくる。そしてそのレポートにアドバイスを書いて返すことで、次の実験ではさらにレベルアップしたレポートを書いてくれるようになる。私は年間に約5回の実験レポートを書かせている。生徒一人ひとりのレポートを評価するのは結構大変な作業だが、このキャッチボールによってこそ「考える力」が育つのである。

物理基礎　授業レポート	1 月 10 日（金） 4 限	NO.

単元名　第２編　熱とエネルギー

前回の授業の復習について、チェック（○印）してください

教科書を読んで復習した［　　］　教科書の問いの問題を解いた［　　］

問題集「リードα」を解いた［　　］　ネットや参考資料で調べた　［　　］

今日の授業への取り組みを自己評価してください　（番号に○印）

4－しっかりできた　3－まあまあできた　2－あまりできなかった　1－できなかった

（1）あなたの今日の授業への取り組みは？	4	(3)	2	1
（2）今日の授業範囲の予習はしていましたか？	4	3	2	(1)
（3）周りの人と教え合いや質問をしましたか？	(4)	3	2	1
（4）今日の授業内容についてのあなたの理解度は？	(4)	3	2	1

今日の授業内容　　授業でわかったことや気づいたことを簡単に書いてください

“暑い”とか“寒い”とか感覚的なものを考えてみるのは難しかったです。分子レベルで見ると、なんとなくその理由も明らかになってきたような気がしてすごいなと思いました。
分子の速さとかエネルギーをコントロールできたら気候で悩むことがないのに…って思いました

授業内容でわからなかったことや質問があれば書いてください

分子の数も、関係してくるのかな？と思いました。

２年　　組　　番　名前　　　確認

実験レポートに書かれた生徒の感想を紹介しよう。

「中学校のときにも記録タイマーを使って似たような実験をしたので、作業はスムーズにできました。しかし計算などは中学とは全く違っていました。目盛りを１／10ミリまで読み取って計算したり、重力加速度を求めたり、初速度があったり…。しかし正確に読み取り、たくさん計算して結果が出たときの達成感があるというのはうれしいことです。また誤差の原因を自分で考えるというのはあまり慣れていなかったので、結構悩みました。それが正解かどうかはわからないけれど、自分で考えて答えを出すというのが大切だと思いました。」

「今回の実験は自分たちの班だけで行うのではなく、自分たちが測定した値をクラス全員で共有する必要があったので、正しい値を測定できるか心配だったけれど、グラフに書いてみて違和感がなかったので良かったです。また、実験後に誤差を求めたり、自分で調べたり、考えたりしたことで、運動の法則についての興味・関心を持つことができました」

次に「核エネルギーと放射線」の授業の感想を紹介する。実践校では教科書で扱われている内容だけでなく、放射線

の性質とその人体への影響について、原子力発電の仕組みについても詳しく教えている。授業を受ける前と後で、放射線についての見方や考え方がどう変化したかを窺い知ることができるだろう。

「小学生のときに東日本大震災が起きてから、周りの大人たちは福島産の野菜や果物を買わなくなったり、ニュースでも放射線の数値が高くて危ないといった報道ばかりが流れていたので何となく放射線には悪いイメージしかありませんでした。整骨院でレントゲン撮影をされた時も怖いなあ大丈夫なのかなと思っていました。放射線と核エネルギーの授業を受けたことで、その考えは偏っているものだとわかりました。放射線は浴びたら病気になるものだと思っていたけれど、私達は日常的に浴びているし、食品にも含まれていること、場所によって強さが違うこと、放射線は（霧箱では）白くてふわふわでひげ根みたいに見えることなど発見がたくさんありました。この授業を受けなかったら放射線のことを知らずに、ただ怖がっているだけだったと思うので、とても勉強になりました。放射線は恐れすぎるものではないとわかったけれど、まだ福島の原子炉は冷えていないこと、放射線がなくなるまでとても長い時間がかかることなど改めて問題点を知ることができました。将来自分自身がその問題を解決することは出来ないと思うけれど、本を読んだり、気になったことを調べたりすることによって、無知から来る恐怖を無くして周りの人にも情報を伝え、正しい行動を出来るような大人になろうと思いました」

▣ 考える授業――「物理基礎」単元：熱とエネルギー

物理基礎の「熱とエネルギー」の単元では、温度をミクロな原子・分子の熱運動の激しさとして理解し、仕事と熱の関係から「熱がエネルギーの一形態であり、熱を含めたエネルギーが保存される」ことを理解することが目的である。そしてまずは、日常で体感する「熱い（暑い）」「冷たい（寒い）」といった温度という概念を、ミクロな原子・分子の運動として認識することが重要になる。

単元の第1時には、ブラウン運動をする粒子の映像を見せて、これが目に見えないミクロな分子のでたらめな運動によって起こることを理解させ、高温と低温での粒子の運動状態の比較から、温度とは原子・分子の熱運動の激しさを表す尺度であることを学ぶ。これから紹介するのは、第2時の授業展開である。第2時は、温度の概念をさらに広げ、熱とは何かを考えることを目的としている。

まずはじめに2枚の図1、2を見せる。

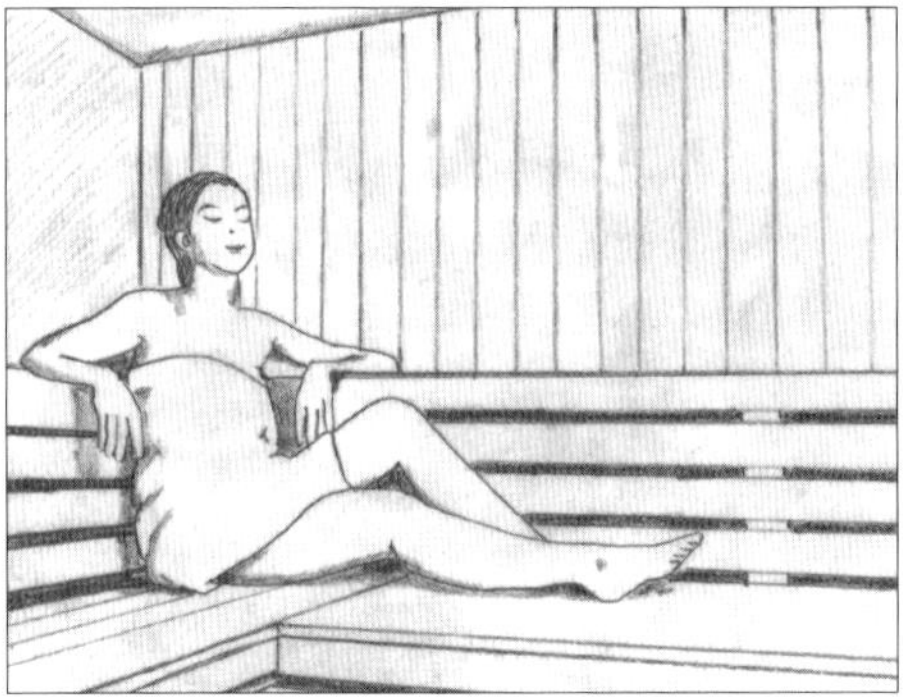

図1

図2

図1はサウナ風呂で気持ちよく汗をかく女性の写真で、図2は有名なお笑い芸人のパフォーマンス(「押すなよ押すなよ!」と言いながら熱湯風呂にはめられる)の1シーンである。サウナ風呂の温度は約90℃程度、熱湯風呂の温度は不明(40~50℃ぐらいだろうか?)だが、もしもサウナと同じ90℃の熱湯に身体ごと浸かれば間違いなく大火傷をするだろう。「同じ温度なのに何が違うのでしょう?」と生徒たちに問いかけ、ペアワークで考えてもらう。5分程度話を

させて、適当に何人かを指名し、話し合ったことを発表してもらう。生徒「サウナは気体で、熱湯風呂は液体だ」「密度が違う」。私「では体で感じるものは何だろう?」。生徒「体にぶつかる分子の数や衝突の回数が違うのかな?」。生徒の意見を聞きながら、適宜ヒントを与えて答えに誘導していく。私「ミクロな分子が体にぶつかると何が起こる?」「運動している気体分子は何を持っていましたか?」。前の単元で学習した運動エネルギー（力学的エネルギー）のことを思い出してもらう。「気体分子が私たちの体の皮膚に衝突してエネルギーを渡すと、皮膚を構成する分子の熱運動が激しくなる。つまり温度が上がる?」。このようなやりとりを通して、分子どうしの衝突によって力学的エネルギーが授受されることに気づかせる。そして、この分子間で受け渡されて移動するエネルギーのことを「熱」または「熱エネルギー」と呼んでいることを伝える。

では第2問、「今日は暑いなぁ」とか「寒いなぁ」とか、温度の違いで暑い寒いを感じているけれど、これは何が違うのかな? ミクロな視点で考えてくださいと投げかける。もう一度ペアワークで答えを見つけてもらう。併せて、気温30℃の空気中での窒素分子の速さは約５２０ｍ／秒、これが１００℃では５８０ｍ／秒になり、０℃では４９０ｍ／秒であることを伝え、ミクロな気体分子が飛び回る世界を想像してごらんと促す。この後、高温の物体と低温の物体を接触させたときの、熱の移動と熱平衡について説明をしていく。

この授業のねらいは、「温度」と「熱」の概念を、単なる言葉の上の理解ではなく、具体的な体験としてイメージで理解することである。そしてマクロな熱現象を、ミクロな原子・分子の力学的な運動とエネルギーで考えることができ、そこでも「運動の法則」が成り立っていることに気づくことである。「エネルギー」の概念が、力学的なエネルギーから熱エネルギーへと拡張され、さらには光や電気、原子力をも含んだ「エネルギー保存の法則」へと発展していくことになる。

第3時の授業は、比熱と熱容量を学習し、熱量（エネルギー）の計算を行う。ここでは、例えばカップラーメンを食べるために20℃の水２００ｇを沸騰させるには何Ｊの熱エネルギーが必要かを計算させて（答は６７２００Ｊ）、具体的な数値でイメージできるようになることが目標である。練習問題を解いて答え合わせを行ったあと、教科書の物質の比熱の表を見て「この中で一番比熱の大きな物質は何かな？」と聞く。答えは「水」である。「では問題、比熱の大きな水は『温まりやすく冷めやすい』『温まりにくく冷めにくい』のどちらでしょうか？」と問う。少し考えれば答えは見つかる。そこで続けて、「冬の寒い日に彼女（彼氏）と公園に行きました。公園には木製のベンチと金属製のベンチがあります。あなたはどちらに座りますか？」「それはなぜですか？」と問いかける。こうして日常の体験を科学的な視点で考える練習をしてもらうのである。なお、このベンチの問題は、比熱よりも熱伝導率（熱が伝わる速さ）の違いによるものであるが…。教科書の計算問題を解くことが、単にテストで点を取るためだけの知識になってしまっては意味がない。今学んでいる内容が、いかに日常生活と関わっているかに気づくことが大切なことなのである。

■ 探究実験授業――「物理」単元：単振動

もう一つ、理系大学進学希望生徒向けの選択科目「物理」で行っている探究（実験）の授業を紹介する。力学の「単振動」の単元で、単振り子（糸におもりをつけて小さな角度で振らせる運動）が出てくる。この単振り子の周期Tは、糸の長さℓと重力加速度gだけで求まり、おもりの質量mには関係しないという性質がある。

これはガリレオ・ガリレイが発見した「振り子の等時性」としてよく知られているものである。物理実験では、この単振り子の周期Tを測定して、重力加速度gを求めるということを行う。余談になるが、アイザック・ニュートンは、地球上の場所（緯度）によって振り子時計の時間（周期）が異なることから重力加速度の大きさが異なる理由として、地球が赤道方向に少し膨らんだ形（回転楕円体）をしていることを発見している。

ふつう授業の実験では、重力加速度を測定し、実際の値と比較して誤差を求めるということを行う。そして考察では誤差を少なくするための方法や工夫などを考えさせるのである。しかし考察で考えられた工夫等を実際に行うことはまずない。そこでこの探究活動では、「重力加速度をどうすればより正確に求められるか」を実験を通して考えるという取り組みを行う。

生徒実験では、4、5人の班で協力して実験を行う。実験の原理、方法等を説明した後、実験プリントにそって測定を行い結果（重力加速度の値）を出してもらう。その後で、今回の探究実験の目的を伝える。「どうすればより正確な測定値を求めることができるかを調べよう」。

まず次の5つのテーマ（項目）について異なる測定方法による誤差の検証を行ってもらう。

①周期の測定は、振り子が何回振れる時間を測るのがよいか。

②時間の測定は、振り子が振れる端の点で測るのがよいか、それとも振動の中心点を通過する瞬間に測るのがよいか。

③周期を正確に測定するには、糸の長さは長い方がよいか短い方がよいか。

④周期を正確に測定するには、おもりの質量は大きい方がよいか小さい方がよいか。

⑤振り子の振れ角（振幅）を大きくしていくと、周期はどのように変化するか。

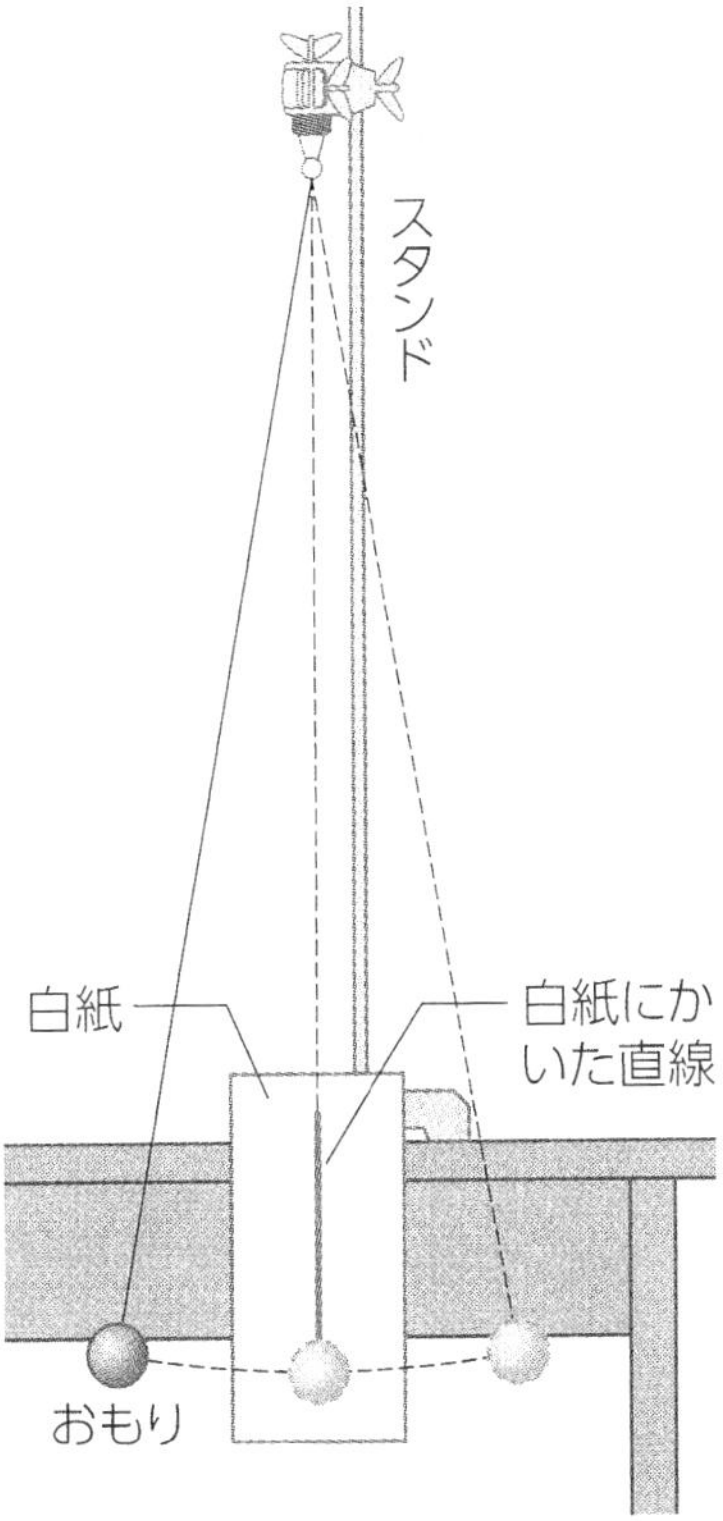

$$T = 2\pi\sqrt{\frac{l}{g}}$$

それぞれの項目にはもちろん答えがある。例えば糸の長さに関して言えば、長さを測る際に生じる測定誤差はおよそ数㎜以内なので糸の長さが長いほど、測定値の相対的な誤差の割合が小さくなる。生徒たちには事前に、測定値の誤差をどのように評価すればよいかという具体的な方法も話しておく。理論的に考えられることを、具体的な測定によって確認することを求める。そして各班が、それぞれ選んだいくつかのテーマについて実験し、その結果の考察を発表することで、クラス全体で結果を共有する。その後で、最もよいと思われる実験方法で重力加速度の測定を行い、これらの実験結果を実験レポートとしてまとめてもらう。

この探究実験のねらいは、単なる実験による理論の検証にとどまらず、その実験方法や実験結果の評価方法について考えてもらうことにある。それらをグループで話し合いながら実際に試していく中で、新たな気づきや発想が生まれ、科学的な思考力の向上にもつながっていくのである。

「真正の学び」への扉―実践を読み解く

廣瀬実践は、身近な自然や生物も意識しないと見れども見えずであることに対して、本物の生物(「今日の一品」)を持ち寄り五感で観察する経験を繰り返し、かつそれを樹形図に位置づけて生物学的な位置づけを明確化する。エイズの薬として考えられるものを身体の器官の働きから想像させたり、免疫細胞になってみてその働きを劇化を通してつかんだりといった、パフォーマンス課題を軸にした単元も設計されている。学年の最初と最後に、「生物とは」という大きな本質的な問いについてコンセプトマップを書かせ、一年を振り返る。生態系の保全の学習では、国語、現代社会、英語と連携し、新聞社に意見文を投稿するなど、横断的・総合的な学習として展開している。

佐藤実践は、実験・観察を通して物理の素朴概念を科学的概念へと再構成することを重視する。「動摩擦力について調べよう」といった大きなテーマが与えられて、生徒たち自身が、既習内容をもとに、変数を意識しながら予想や実験計画を立てて実施し考察する。予想や仮説が当たることよりもプロセスを大事にし、実験計画や結果・考察を相互検討し改善点も含めて各自レポートする。年度末には、教科書やノートを見ずに、自分の頭の中に整理されている1年間の学習内容を50分間でA3の白紙に自由に表現し、知を関連づけ総合し、学び方や教科の本質的概念をメタ認知する。

吉新実践は、カップラーメンを食べるのに必要な熱エネルギー、ベンチの温まりやすさなど、身近な現象や事物の根底に自然の法則を見出し、日常の体験を科学的な視点で考える練習を繰り返す。さらに、「放射線と核エネルギー」という論争的なトピックについて学び、原発の安全性と危険性の両面を検討するなど、社会や環境に関わる問題についても科学的に認識し、適切に判断できる主体に育てていく。実験において生じる測定誤差を深く検討し、実験レポートにまとめることで、法則はシンプルでも現実にはさまざまな要素が入り込むことを理解し、その扱い方を学ぶ。

「学問する」ことと「実践する」ことのどちらの志向性が強いかで、それぞれに実践のモチーフは異なるが、生徒たちは以下のような「動詞」の意味の再定義を伴って、ホンモノの「科学する」プロセスを経験していると考えられる。たとえば、「実験する」ことは、「手順を正確にたどる」ことや「理論を確認する」ことではなく、「予想や仮説を検証・考察する」ことや、「問いをもって自然と対話する」こととして、「科学を知る」ことは、「用語や法則を覚える」ことではなく、「既有の素朴概念を科学的に再構成する」こと、「現象を認識したり物事を判断したりするための眼鏡として学ぶ」こととして、さらに、「自然を知る」ことは、「頭で知る」ことではなく、「五感でつかむ」こととして経験されるのである。

理科において、「教科する」授業に取り組む際には、学年、学期や単元の前後で、同じ問いについて概念マップを書かせて、概念やイメージの再構成を可視化するところから始めてみてもよいだろう。問いや概念を軸に単元を構造化しやすいし、「知識は詰め込みたくても詰め込めない」という事実や生徒たちの学びの面白さと出会うきっかけになるだろう。さらに、ちょっと教科書の実験の条件を変えてみたり、未知の物質を識別する実験を考えさせたり、生徒が持ち寄ったものをもとに観察を行ったりと、未知を感じるものにすると、「科学する」モードが生まれるだろう。

表:「真正の学び」(「教科する」授業)というレンズで見た各実践のポイント

	廣瀬志保先生/生物	佐藤哲也先生/物理	吉新聖二先生/物理
成長目標ベース(自立):ねがいの意識	身近な自然や生物は意識して見ないと、いくら環境が整っていても意識されない。嗅覚や触覚も含めた五感で生物を捉え、観察眼を育てる。生物基礎の目標と、傾聴力、発信力、想像力などの学校教育目標とをともに高める。	アクティブラーニングで概念形成を効果的に促したい。自然現象に含まれる複雑な要因を単純化しながら法則性を明らかにし、数学を言葉として一つの理論体系で説明するといった、物理学の学問の本質を大事にし、学習内容をつなげて鳥瞰的に捉えられるようになってほしい。	私たちを取り巻く事物や現象に科学の法則を見出し、観察や実験を通して、論理的な考察によって結果を導く科学的に探究する力を育てたい。自分たちを取り巻く社会や環境に関わる問題についても正しく認識して考え、判断・行動できるようになってほしい。
パースペクティブ変容(教養):学力の三層構造知の総合やもどりによる深くて重い学びへ	日常生活や社会とのつながりのために、恒常性の維持の単元で、ヒトの体のシステムを学んだ上で、エイズの薬として考えられるものを身体の器官の働きから想像させ、特効薬を考えさせる。免疫の学習では、システムを外から俯瞰する場面と、細胞になってシステムの内に入る活動を組み込んでいる。免疫に関する身近な疾病などについて教授した上で、生徒自身が免疫細胞になって外部からの侵入者への動きを演じる、劇を取り入れたパフォーマンス課題を軸にした単元構成。	静止摩擦力について学んだあと、「動摩擦力について調べよう」というテーマで、生徒たち自身が実験計画を立て、実験を行い、考察する。実験計画や結果・考察を相互に検討する。年度末に自分の頭の中で整理されている1年間の学習内容をまとめるレポートを作成させることで、単元・領域を、時には理数を超えて知識を関連づけ、総合する機会、および学び方や教科の本質的な概念をメタ認知する機会を設定する。	身近な現象や事物の根底に「物体の運動」「熱とエネルギー」など個別の自然の法則を見出す(例:粒子の運動の激しさとして温度を捉え、そこからサウナと熱湯の違いについて考えたりと、日常をミクロな視点で捉え直していく)。さらに、「放射線と核エネルギー」について学び、無知からくる必要以上の恐怖をなくしたり、原子炉が冷えていないことなど問題の所在を認識したりする。折に触れて、実験で誤差を検討し、まとまった実験レポートを作成する。

エージェンシーの育成（自治）：脱正答主義 教師と生徒が競る関係へ	結果がわかっていて手順をなぞる確認実験ではなく、教科書の材料や方法を変えることで、仮説検証や、結果にたどりつくまでのワクワク感を大事にする（生徒自身に観察したいものを持参させ、それに教師が準備しておいたものを混ぜて班で分担して観察し比較する）。思うように反応が起こらない時、「カタラーゼはキャベツのどこにあるの」と問いかけ、細胞壁を崩したら反応が起こるかもしれないという気づきを促し、生徒のアイデアを待ち、必要なものを貸し出す。	予想や仮説が当たるとか外れるかよりも、今まで勉強してきたことをベースに、科学的な根拠や論理的な理由づけのもとに、予想や仮説を組み立てることを促す。結果がうまく出なくても、実験計画の問題点の洗い出しや改善点を考えてレポートにまとめることで、失敗から理解を深めることも大事にしている。「答えは自然の中にある」、間違ってもいいという雰囲気づくり。	法則自体はシンプルでも、それを確かめる実験にはさまざまな要素が入り込み、測定誤差が生じるので、その影響をどう考察するかを学ぶことも大事にする。実験による理論の検証ではなく、実験方法や実験結果の評価方法を学ぶ。探究活動では、誤差が少なく正確な測定値を求めるために変数、条件一つ一つを吟味していく。班ごとに試してみて、もっともよいと思われる実験方法で測定を行って、その結果をレポートにまとめる。
力をつける工夫・学びの幅と密度	「生物とは」という本質的な問いを最初と最後に問いかけ、コンセプトマップを書かせる。それを見比べて一年間の振り返りをする。めざす変容の姿、ゴールから逆算して授業を設計。毎時間の授業では、一枚ポートフォリオを効果的に用いて、自己評価や形成的評価に用いている。	概念や現象に焦点化した話し合いを通して、科学的な根拠をもとに思考し、自分の言葉でアウトプットする中で、素朴概念や誤概念の矛盾に気づき、正しい概念を構築する。入力変数と結果の変数を意識させるなど、実験への理解を自覚的に深める。	毎時間、振り返りシート的な授業レポートを書き、授業への取り組み、わかったこと、わからなかったことなどを振り返る。年に約5回まとまった実験レポートを書かせて、アドバイスを返したり、じっくりと指導する。いいレポートの見本を示して、「すごいな」「こんなところまで考えているんだ」と学び合い、高め合いを組織する。
ホンモノ経験（教科の本質を経験する動詞）	言葉と実物を見て照合するのに止まらず、実物のてざわりやにおいを感じ、五感で事実を克明に捉え観察する。システムを分析的に捉えるとともに、働きを内側から共感的にとらえる。	指示された手順どおりに実験を遂行するのではなく、仮説を意識しながら自然と対話し、疑問や確証を持ちつつ、考察し発見する。	科学を知識や概念として知るのではなく、自然の中に科学を見出し、科学を眼鏡に生活や社会を認識し、法則をもとに予測し、問題について判断する。

英語
English

1

「考える力」を鍛え、「協働して学ぶ」姿勢を育てる授業

田中　容子（元京都府立園部高等学校指導教諭）

▣ 学び方を身につけ、考える力を鍛える

高校の授業と聞いて連想される状況はそれを経験した人によって異なるが、本稿で紹介する授業は実に多様な高校生を対象としている。というのは、筆者の実践の場が、学習への価値の置き方と意欲、そしていわゆる学力において、実に幅広く多様なコースを複数併せ持つ学校だったからである。私はどのコースの英語の授業においても、生徒たちに「授業の目的は、英語を覚えることではなくて、英語の学び方を身に着けることだ。そして考える力を鍛えること」と語ってきた。授業内容に対して「なぜそうなるのか」を問いかけながら順に論理を追って考える姿勢を鍛え、その過程で考える力を育て、学んだことが「使える」という実感をしてほしいと願って、授業を創ってきた。

英語の学習を通じて育てたい「考える力」は、英語を学びそれを使う過程で育つ。母語ではない言語である英語を、単なる暗記に終わらせず言語の体系という視点から論理的に理解しながら学び理解する。そして、学んだ内容がごく少量の語彙と単純な構造の文であっても、それらはすぐに簡単な自己表現に使えて、その行為が習熟を深めていく。英語は、生徒たちが無意識のうちに使用している日本語とは文の構造が大きく異なるため、それを自分の表現ツールとして使う言語活動は、簡単なものでも、思考力を要求する。その思考過程が「考える力」を育て鍛えるように授業展開したいと思う。獲得した言語力は、何らかの表現活動に生かされることを通して、それがほかの誰でもない自分自身につい

ての事実や意見を表現し発信することであればなおさら、より深く習熟が達成されていくということを、生徒の姿が教えてくれた。さらに、獲得した英語力を使って海外で発信されているものを読んだり聴いたりすることは、生徒たちの日常生活の外にある事実や価値観、人々の生きざまを知ることへつながり、その知識は生徒たちが現在を客観的に捉える力となる。外国語学習を通じて、生徒たちが様々な他者の存在と、異なる文化の持つものの見方考え方を実感し、判断力を強化する授業をめざしたい。

授業では、「考える力」の他にもう一つ育てたいことがある。それは「協働して学ぶ」という姿勢である。つながり（学習の協働）を生みだす方向で授業を創ることが個々の生徒の学びの文脈を豊かにすることを、私は生徒たちの姿から学んできた。ある進学コースのクラスでは、難解な英文の読み取りを自由に応答できるグループの形態で行っていたのだが、その授業での生徒たちの感想がそのことを物語っている。

・個人でやるよりもグループ学習の方が客観性や論理を重視できる。自分が訳した根拠を言葉にするのが大切なのだと思う

・グループ学習では、いろいろな人の意見が気軽に聴けて良かった。新たな考え方が発見できることもたくさんあった

・時にはクラス全体で、時にはグループという形態でと使い分けたのが良かった、等々。

授業には、具体的な「何ができるように育てるのか」という目標と、学び甲斐のあるわかりやすい授業、そして習得したことを学習者にとって現実的な文脈で発揮できる評価課題（『今求められる学力と学びとは』日本標準ブックレット№14、日本標準、２０１５年）が必要だ。私は「辞書があれば英語で書かれたニュースや読み物を読み取ることができる」力と、「英語で自分の意見表明等の自己表現と応答ができる」力を、高校生の心の琴線に触れる教材や直近のニュースを理解することで育てたいと思っている。そのためには、教科内容をいかにわかりやすく学習者に伝えるかが問われる。難しいことを端的に表す力が授業者に求められている。

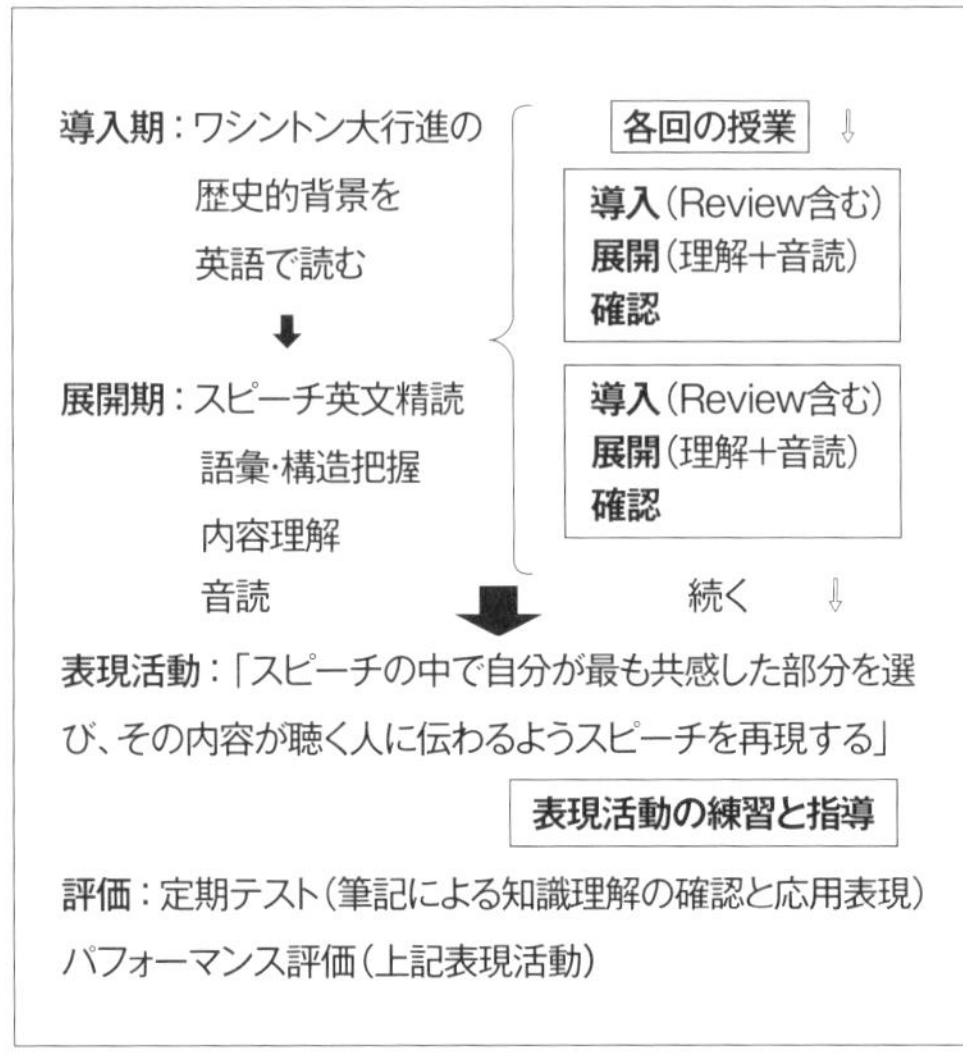

資料１　単元全体図と各回の授業

▣ 生徒たちの満足度の高かった単元構成

資料1は、異なるいずれのコースの生徒たちからも満足度の高かった「ワシントン大行進でのキング牧師のスピーチ」の単元と授業の構成である。それぞれの授業が〈導入部（復習小テスト）⬇内容理解のための発問と応答＋音読活動⬇確認〉で構成され、この単元全体も〈このスピーチがなされた時代背景を理解する導入期⬇内容理解の展開期⬇読み取った内容を自分で表現する表現期〉で構成されている。学んだ知識と理解した内容が学習者のからだを通して表現され、実感されるものになっていくことを目指している。

▣ マリの成長を通して

マリという生徒がいた。私はマリと1年生の時に出会い、2年次3年次と連続して教えた。入学直後の授業から、話しかけても名前を呼んでも全く反応してくれず、毎授業の初めに行う復習小テストも毎回白紙であった。生徒たちをファーストネームで呼ぶ私に、マリの白紙の小テストが余白に「ナマエデヨブナ」と殴り書きされて戻ってきた。苗字で呼ぶようにしたが、相変わらず無視され続けた。白紙の小テストに殴り書きされていたSMAPの文字から、「マリはSMAPのファンらしい」という気づきを得てそんなマリにアプローチするきっかけをつかむことができたのは、入学後1か月ほど経過した頃だった。

「先週の日曜日に自分がしたことを英語で書き、グループの人たちと口頭で伝えあう」という言語活動の中で、隣の生徒と明るく喋っていても私が近づくと表情を強張らせるマリに、「先週の休みはどこかに行った？　カラオケに行ってSMAPの歌を歌ったりした？」「もしもカラオケに行ったのなら、I went to Karaoke.と書けばいいよ」と言いながらワークシートの余白にKaraokeと書き、「もしもSMAPの歌を歌ったのなら、I sang songs of SMAP.」と言いながら余白に「sang. songs」と書いた。私はその場を離れたが、回収されたマリのワークシートには「I went to Karaoke. I sang songs of SMAP.」と書かれていた。

◎「近くにあったら良いと思うものを書きなさい」
can shopping（ママ。高校二年七月）
◎「あなたの大切なものを書きなさい」
I like music. Music is important. My favorit music is J-pop. I like wating DVD. DVD is important. My faviorite DVD is monie and music and Live. I like wating movie. movie is important. watching movie is fun. I like window shoping. window shopping is fun. I like travering. something to car train. （ママ。高校３年７月）

資料２　マリの英語作品例（学校実施GTEC答案から）

マリは後に次のように述べている。「中学1年の時、英語の時間にすっごく嫌なことがあった。私の中1の英語の教科書は2学期から無いよ。私が破ったから」。嫌なこととは、授業がわからなくて、求められる言語活動をきちんとできなかった時に教師から何か言われたことだそうだ。「英語の時間はなぁ、その時のことがよみがえってきていやになるんや！」と語った。

マリは2年生で就職コースに進んだ。このコースでは、マリ以外にも英語嫌いが多数いて苦労した。英語の単位数は少ないながらも、先に紹介した「キング牧師の演説」の読解と表現にも取り組んだ。演説後半の一部をワークシートを使って精読し、何度も何度もみんなで音読し、個別に聴き、書きとりをし、また音読してと、たたみかけるようにして理解を進める。二つのパラグラフが完全に暗唱できたころ、「自分のことで「I have a dream that ＿＿.を書く」という表現課題に取り組んだ。

「夢なんかない」という声もあったが、「ささやかな希望を書こうよ」と励まし、表現したいけれども単語がわからないときはどんどん質問させて教え、実際に生徒たちが持っているささやかな夢を英語にしていった。その後、生徒たちが教室を歩きまわって、互いに「What is your dream?」と聴き合って書き取る言語活動に取り組んだ。すると、それまでよそよそしかった教室に初めて温かい風が吹いたかのようだった。じっくりと納得して読み取り、理解して英語を使う表現活動を重ねる中にマリの姿もあった。資料2に見られる2年次と3年次における一斉テストでのマリの作品の変化から、英語の授業に対するマリの嫌悪感が少し和らいでいる気がしている。

■ 生徒の参加を促す実際の授業

授業は生徒にとって「答え合わせをする」場ではなく、「学び方を学ぶ」場、「考える」場であってほしいと思う。英語の授業では、事実的知識やスキルを習得する際に丸暗記でなく「わかる」という実感を伴って理解することを大切にしている。そして習得した知識・スキルを自分自身の文脈で使用して自分の考えを表現する場面があり、その結果理解がさらに深まる、という生徒像を持って授業を行っている。いくつかの授業場面を紹介しよう。

英文の読み取りは「なんとなく意味がわかる」ではなく、「論理を追って読む」ことを体験させたいと願って、畳みかけるように発問を重ねて読みを進める方法をとっている（資料3）。生徒が読み取りに全力を注げるよう、長い一文を読み取りやすく工夫し、あらかじめ一定の語彙情報を載せたワークシートを用意する。指示はできるだけ英語で行うが、説明には日本語を使用する。生徒への指名は、生徒の心の準備ができるよう、座席順で行う。指名する生徒が困りそうな箇所は補足しながら発問する。資料3は英語が苦手な生徒の多いクラスでのやり取りであるが、前から順を追って考えさせる方針はどのコースでも共通している。

Crown Communication English III（三省堂）より “I have a dream” の冒頭部分
I am happy to join with you today in what will go down in history
as the greatest demonstration for freedom in the history of our nation.

以下はワークシートに記述している英文

I am happy to join with you today

～の中で ～として ～を求める
in what will go down in history as the greatest demonstration [for freedom]
～において
in the history of our nation.

*join with- ーとつながる go down in history 後世に残る demonstration デモ
freedom 自由 nation 国

*what… …(する)もの

T: Let's read together.（全員が読む）
OK, Takeshi, please put into Japanese, “I am happy” .
Takeshi: 私は幸せだ
T: Very good. この場合は「嬉しい」と表現したらいいですね。
ではなぜ嬉しいのか、to不定詞部分が述べていますよ。 Akira, please read.
Akira: to join with you today in what…
T: Thank you、Akira. to join with youまででいいよ。I am happy、何をして？…Ken.
Ken: あなた方とつながれて。
T: Nice! あなたがたとつながれてhappyなんですね。いつですか？ …Saori.
Saori: 今日。
T: Good, 今日ですね。何の中でですか？ inから最後までみなさん一緒に読みましょう。
（ゆっくり一緒に音読する）
T: 何の中で？ Please answer in Japanese. …Yukiko.
Yukiko: ？？？？
T: go down in history の意味は注釈を見て。（willの表現がわからず詰まっているのだと判断して）willはこの場合はこれから先のことを予想する助動詞なので「～だろう」と考えて。どうぞ～。
Yukiko: ？？？？（さらにwhatの読み取りで詰まっているとTが気づく）
T: みなさん、このwhatは、すでに習ったWhat is important（と板書しながら）のwhatと同じです。「大切なもの・大切なこと」でしたね。
Yukiko: 歴史の中に残るだろうもの
T: Excellent!! その通り！ではみなさん、何として残るの？ asからfreedomまで、please read, Koji.（Kojiが読む）
T: Thank you, Koji. Please say in Japanese. Greatestは「最大の」というくらいの意味で。
Koji: 自由を求める最大のデモとして。
T: Very good! では残りの部分を日本語にすると？ …Masashi, please.
Masashi: 私たちの国の歴史において。
T: Thank you, good! みなさん、Let's read aloud this part, from “in” to “history” .
（全体で一緒にゆっくり読む）
T: 何の中で今日あなた方とつながることができてうれしいのですか？ まとめて日本語で表現してください。…kana, please.

資料３ 英文の読み取りに関わって、発問と応答

・英文を繰り返して言ってほしい時
Please repeat. / Once more, please.
・書きとりたい英文の中の語彙の綴りがわからないとき
Please show us the spelling of the word, "……".
・書きとった英文の中の語彙の意味がわからないとき
Please tell us the meaning of the word, "……".
・英作文する際に使いたい語彙に対応する英語がわからない時
・Please tell me the English word for「(日本語の語彙)」.

資料4　Review小テストでの要求と質問に使う文例

*Reviewテスト用紙は書きとる語彙と英文、創る英作文の欄があるだけの簡単なものだ。それを配布してから

T: Please fill in your name and today's date. Kenta, what is today's date of the month!

Kenta: Fifteen.

T: Yes! It's July 15th today. Everyone, fill in July 15th. OK, let's start today's review. Vocabulary number 1, "necessary".

Hitoshi: Please repeat.

T: OK! "necessary". You need two "s", OK?

資料5　実際の小テストでのやりとり①（語彙の書きとり部分）

授業で履修した内容が、丸暗記でなく学習者のものになっていってほしいと切に願う。そのために、「復習のための言語活動―小テスト形式でのディクテーションと英作文」にささやかな工夫をしている。生徒が自ら参加してくる姿勢を育てたいのだ。まず、語彙や英文を聴き取れない場合、誰かが「Please repeat.」や「Once more, please.」と言えば、私は何度でも繰り返す。これは、授業中に必要に応じて生徒から要求を出せる空気を創るためと、英語を発話する必然性を設定するためである。

ナチュラルスピードで読まれる英文を一度で書きとることは困難なので、生徒はどうしても何度か聴きなおさなくてはならない。困っていても自分から「Please repeat.」と言い出せる生徒がいないクラスでは、ふと目が合った生徒を目で励まして「Please repeat.」という発言を引き出す。「OK!」と言ってもう一度読む。「こういう時にPlease repeat. って言ってくれる人は貴重ですよね～。他の人たちがとっても助かっていますね」等の発言で生徒の要求を促しながら次々と「Please repeat.」と言わせ、私も何度も英文を読む。最初は恐る恐るリピート要求しているクラスでも、だんだんと要求する生徒の数が増えてくる。さら

に、英単語の綴りや意味がわからない場合、英作文する際にも質問してよいとする。質問に生徒たちが使う英語は慣れるまで黒板に書いておく（資料4）。

＊前回の授業で読んだところから、復習したい文をディクテーションの対象とする。（高一4月：Crown Communication English より）

T: When Steve Jobs was twenty-one, he started Apple in his parents' garage with his friend Steve Wozniak .

S1: Please repeat!　**T**: OK! (繰り返す)

S2,S3 と続く……

S9: Please repeat!　**T**: OK! (繰り返す)

（文が長いのとナチュラルスピードで読んでいるためリピート要求が何度も出るが、そのたびに快く繰り返す）

S10: Please slowly!!

T: Please read in a slow speed? OK. （T，ゆっくり区切りながら読む）

S11: Please show us the spelling of the words, “parents' garage” .

T: OK! (黒板にparents' garageと書く)

こんな風にして、生徒の筆が止まらないよう、綴りと意味の質問をどんどんさせて、答案作成を促す。まだ書いている途中の生徒もいるが書き終えた生徒がちらほら見えると、次の指示を出す。

T:Please write down the meaning of the sentence in Japanese.
When you finish writing, put the Japanese sentence on the blackboard into English.

T:まだの人はゆっくりやってくださいよ〜。急がなくていいからね。

資料6　実際の小テストでのやりとり②（ディクテーションと英作文）

私は「質問してくれたらみんなが助かるよね」と言い続ける。実際のやりとりは資料5のように展開する。ここで「necessary」の綴りについての注意を喚起しているのは、私が多くの生徒が間違うことを予測しているからだ。この言語活動は前回の授業のみでなくこれまでの履修で学んだことを総動員して習熟することを目的にしているので、その途中に指導をどんどん入れる。このようなやり方に対して、最初は生徒たちから「復習テストなのに、答を言っていいんですか?」「ちゃんと書けている人がソンするじゃないですか」などの戸惑いの声が上がるが、「小テストって呼んでいるけれど、これは学習内容定着のためのもので、みんなの力がつくためにしているんだから、いいんだよ」と応答す

この日はwhenで始まる副詞節を使いつつ、日常にある事実を述べる文

「一昨日台風20号が近づいた時、風が夕方に急に強くなりました」
（一昨日the day before yesterday 近づくapproach 夕方にin the evening 急にsuddenly 強くなったbecame strong）

T: わからない部分は質問してください。決して白紙のままにしないで。
（自力で解答できる生徒はどんどん進ませる。自信なさげにWhenで書き始めている生徒には「そう！それでいい。続けて！」と励ます。The day before yesterdayから書き始めている生徒が散見されるので、「英語で表現する場合、まず最初に来るのはどの語ですか？ the day before yesterdayではないですよ〜。よく考えて」と注意を促す）
S12: Please tell us the English word for "台風20号".
T: OK!（と言ってtyphoon No.20と黒板に書く） 台風にはそれぞれ固有名詞がつくんですけどね、日本では番号で呼んでますね。
S13: Please tell us the English word for "急に".
T: Please look at the blackboard. 黒板に書いてあるよ。
……このように生徒からの質問とこちらからの応答と説明で小テストが進行する。自力でできる生徒には粛々と進ませているので、終了までにかかる時間に個人差が出てくる。自分の答案が出来上がったと思う生徒たちから自己採点へと移っていく。
T: When you finish, please have a red pen and check your answers with your worksheet and text book.

資料7：黒板に、書きとった英文を参考にして創る英作文問題を書く

る。授業を個別の取組でなくて、その場にいる人みんなで取り組んでいるものにしていきたいと思っていることを伝え続ける。

資料6は、語彙の書き取りに続けて行う英文の書き取りの様子である。この言語活動（書き取り）は生徒にとって決して易しくない。生徒は語彙の綴りも意味も質問すれば教えてもらえるが、語彙というパーツで成り立つ英文がどのような意味を構成しているか、与えられた日本語文を英語で表現するにはパーツをどのように構成すべきなのかを、考えなければならない。また文を構成するためにはそれまでに習得してきた事実的知識を総動員する必要が生じる。質問するには、何をどう質問するべきかを考えなくてはならない。だから、この小テスト式言語活動はヒント満載ではあるのだが、最初は「こんなんでいいんですか」と疑問を呈する生

徒たちが真剣に取り組むようになる。それは、書き取りの文と英作文の難度を彼らが真剣に考えなければできないレベルに設定しているからである。

「自分で考える」ことができるためには、彼らの思考のペースが尊重される必要がある。そのために、この言語活動の終了は、個々の生徒が自分のペースに応じて自分で決める。終われば語彙の部分について、粛々と自分で添削作業を始める。最後の英作文の解答は、数人の生徒に自分の作成した英文を板書してもらう。多くの場合は「書いてくれる人どうぞ。間違ってくれるほうが助かるから気楽に」と言って、自主的に黒板に書きに来てくれる生徒を募る。それらの解答例を添削するのも生徒たちである。添削係はこちらが募集したり指名したりするのだが、「周囲の人と相談してやってもっていいよ」と言葉かけするので、怖気づくことなく添削するようになる。不思議なことに、ほぼ完ぺきに添削される場合が多い。不完全な部分が残れば私が補足する。最後に、「この他の形で書いた人はいませんか?」と問いかける。英作文の場合解答は必ず複数あると伝え、自分の作成した英文が解答例と異なっても、どのように間違ったのかを納得してからでなければ直してはいけない、と常々言い聞かせている(資料7)。

この復習小テスト形式の言語活動は毎授業の前半に行い、後半に資料3で紹介した読み取りが続く。単元間に、それまでに習得した英語の知識、スキル、理解を総動員して、意見表明や創作などの英文の制作や発表といったパフォーマンス課題に取り組む。難度の差はあるが、このような授業の流れの中から、先に紹介したマリの変容も生まれた。

2 英語で言いたいことが言えるようになる

多賀　由里（広島県立尾道東高等学校教諭）

■ なんのために学んでいるかを実感させたい

私が授業する教室で待っていると、生徒たちが前日の英語の授業でディスカッションしていた内容について、ああでもない、こうでもないと言いながら教室に入ってきて、話をずっと続けているという光景を目にすることがよくある。一つの単元が終わりに近づき、内容についての思考が深まってくるとよくこのような状態が起こってくる。生徒たちは、授業が終わっても、その授業で議論した話題に興味を持って自分で本を読み、インターネットで情報を検索するなど、自主的に学習を進めては意見を交換している。こうなってくると、生徒たち自身が積極的に授業に参加し、授業を自分たちで作っていく。自ら「どうしてだろう」と疑問を持ち、決して英語が得意でない生徒でも辞書を引きながら英語の資料を粘り強く読み、お世辞にも上手いとは言えない英語で意見を言おうと手を上げたりする。

従来、多くの英語の授業では、教科書に書かれている事実を確認する事実発問や内容の要約、イディオムや文法の運用能力といった基本的な知識・技能の習得を目的としてきた。例えば、「本文の内容を理解し、適切に要約することができる」「新出表現の〜を使って適切に表現することができる」ということを単元目標としている授業である。しかし、事実発問に答えることができ、要約することができても、本文の内容を深く理解したとは言い難く、要約する力や新出表現を使って表現することが、実際のコミュニケーションの場面で使えるものになっていないと感じる。生徒は何のためにその知識・技能を身に付けようとしているのかを意識することなく、毎時間の授業を受けていることが多い。

そのため、生徒の英語による対話力の低さを痛感する。自分の言いたいことだけ言って終わる1分間スピーチ、やり取りを必要としない要約や再話といった活動は比較的得意であるが、ディスカッション、ディベートといった即興性を必要とし、やり取りを必要とする活動、さらにそれが身近な課題の解決についてなど、内容を伴うやりとりとなると話が続かず、言いたいことが言えない生徒が多い。

従来のように知識・技能の習得のための練習を積み重ね、技能を習得した後で、やっとディスカッションやディベートに取組む、といった考え方では、いつになってもディスカッションやディベートはできない。この課題を解決するには、討論・議論、交渉といった説得型のやり取りができる等、4技能や思考スキルなどを統合的に使うような活動を授業に組み込み、問題解決型のゴールを設定することが必要である。そのことにより、英語の知識・技能の習得は勿論、教科書本文の深い理解も自ずと進んでいくのである。例えば、単元の終わりに、ディスカッション、ディベートなど、根拠を持って自分の意見を話すといったやりとりを必要とする活動を組み込むと、「概要を理解し、要約する」ことを目標として掲げなくても、話す、書くために何度も教科書本文を読み直し、理解することが必要となり、結果的により深い読みが促される。また、話す、書く過程において、要約する必然性も生じてくる。さらに、話す、書くために必要となる語彙・語法といった知識・技能を自発的に習得しようとする態度も育成される。それを最後に個に返し、やりとりの中で深まった思考を自分の中で振り返りながらまとめていくことで、メタ認知が向上してくる。

そのような思いで授業をしているので、私の授業では教科書に書かれた内容は、単元ゴールに設定した問題解決型のゴールに到達するための一つの資料に過ぎないということが多い。

■「付けたい力」を明確にした単元設定

単元は、①ゴールに到達させるための基礎力を付ける、②より深い理解を促すために生徒の思考を揺さぶる問いかけや課題を与える、③自己関連性を持たせ、自分の意見を表現させるという3段階で構成している。

この①②③を具体化するために、その単元で「付けたい力」の設定をする。これは、年間指導計画の中に評価計画とともにシラバスに示しているものであるが、具体的にどのような力を付けていくかは授業担当者で集まって決めている。例えば、「本文に書かれている情報やそれに関連した資料による情報を根拠として、決められた立場で適切な根拠とともに相手を説得する意見を述べることができる力」を付けることを目標にしよう、という具合である。

この「付けたい力」から逆向きに設計し、③→②→①という順番で単元計画を考える。

まず、③自己関連性を持たせて、生徒にどのように意見を表現させるのか、単元のゴールを設定する。例えば、「脳に悪い影響があるからインターネットを使うのをやめて、本を読みなさい」という意見について、自分の考えを理由や根拠を明確にして書く、といったゴール設定をする。

そして、②より深い理解を促すために生徒の思考を揺さぶる問いかけや課題を与える。具体的には、ゴールとして設定する課題に向けてどのように生徒の思考を深めていくか、アプローチの仕方を話し合う。例えば、「脳に悪い影響があるからインターネットを使うのをやめて、本を読みなさい」と主張する母親とそれに反論する高校生の子ども、それぞれの立場で即興ディベートを繰り返し、それを分析させる、等である。

最後に、①ゴールに到達させるための基礎力を付ける。ゴールが担当者の中で意識統一された後、そのゴールに到達するために必要な力として、共通でインプットする語彙や表現、どのような英語の資料を追加で読ませるか、生徒自身に調べさせるか等について考える。

本校では、授業担当者で統一するのはここまでである。そのあとは、情報共有しながら各自が工夫して、ゴールまでのスモールステップを考えて授業を組み立てている。

単元ゴールについては、単元の開始時に提示し、生徒たちが目的を持ってそこに至るまでの授業を受けることができるようにしている。そして、英語の授業の中では教員も生徒も英語しか使わないことを徹底している。

OPINION : We don't need to protect the loggerheads and other threatened species. It might be cruel to say this, but they are just animals. Even if they go extinct, it has nothing to do with us. It is true that it is sad to see something die, but does it affect our lives directly? The answer is "No." There might be some tears, but no harm to humans.

1時間の授業の構成は、①の段階の授業は、教科書の内容を理解したり、表現方法を習得したりといった比較的取り組み易い内容となる。ここで徹底して本文に書かれた内容を英語で説明できるようトレーニングする。第1学年では、教員が模範を示しながら上手く再話できるよう指導するが、段々と学年が上がるにつれて、家庭学習として、授業で学習した内容を再話できるようになってくることを課している。それを次の授業の最初に確認するので、①の段階が終わった時点で生徒はそのレッスンの内容すべてについて英語で説明できる。第3学年では、理解した内容をその場で再話することが可能な英語力が身についている。この再話活動を徹底して行うことで、②③の段階で、ディベート等を英語で行うことが容易となる。単元ゴールを単元の開始時に提示しているので、生徒は目的を持ってそこに至るまでの活動に取り組む。

▣「揺さぶり」に反応し、育つ生徒たち

実際の授業では、「①ゴールに到達させるための基礎力を付ける」ために、本文を読み通し、ストーリーマップを書く、事実発問に答える、表現や語彙・語法に注意を向けながら内容を理解する、再話する、英語で要約を書く等、基礎的な学習を通して、作者の主張を適切に捉え内容理解ができているかを確認する。これらはいずれも生徒の能動的な作業を促す活動で、生徒は必然的に何度も教科書本文を読み直し、筆者の主張を捉え、内容を理解しようと努める。しかし、この段階で与えられている情報は教科書の本文に限られており、ここで授業を終わってしまうと、生徒は教科書に書かれている作者の主張を確認するにとどまり、理解は深まることなく終了してしまう。英語の表現等の定着も表面的である。

（生徒の反論例）I disagree with this opinion. I think that we need to protect the loggerheads because all living things on the earth are connected with each other and the extinction of one spices will surely affect our lives. For example, loggerheads eat jellyfish, and jellyfish eat smaller plankton. So, if loggerheads go extinct, the number of jellyfish which eat smaller plankton will increase. Then, the number of smaller plankton which is normally the food which fish and other organisms eat will decrease. Eventually, we will lose a lot of fish we eat. The loggerheads' extinction affects our lives indirectly. That's why we should protect the loggerheads sea turtles. （原文ママ）

そこで、②より深い理解を促すために生徒の思考を揺さぶる問いかけをする。例えば、「アカウミガメが絶滅しかかっているので、救わなくてはいけない」という彼らが当然だと思っている主張で終わっているレッスン（PROMINENCE COMMUNICATION ENGLISH Ⅱ' Lesson 5）で、前頁のような意見文を読ませ、特に資料を与えず反論を書かせた（多賀、２０１６）。

教科書の主張を肯定的に捉え、当然であると思っている生徒にとって、この②の段階で初めて思考が揺さぶられることになる。「アカウミガメの死は人間と関係ないのでアカウミガメを救う必要はない」という意見は、生徒には新しい視点であり、自分が当然と思っていたことに疑問が投げかけられ、戸惑う生徒もいた。その結果、「水族館でアカウミガメを見られなくなると悲しむ人が多い」といった主観的な理由づけしかできない生徒もいた。上のような、単元の初めに読んだアカウミガメの食性に関する資料を利用して、「アカウミガメの死は、クラゲの異常増殖につながり、結果的に人間の生活に確実に影響を与える」という論理的に見える反論は半数程度であった。

次に、それぞれの生徒が書いた反論を紙の真ん中に貼り付けさせ、グループ内でお互いの書いた反論を評価し、それぞれの反論に対する反駁を書いて貼っていく活動をした。反駁には、本校で使っている型を使う。例えば、"You said that … But that's not true / significant / always true / clear because …

（反論例に対するアタック例A）You say that the loggerheads' extinction affects our lives indirectly and we will lose a lot of fish we eat. But that's not significant, because we have many other things to eat except fish. For example, we can eat meat or vegetables. Moreover, we can simply farm the fish we eat. So, your argument is not strong enough, and easy to solve.
（反論例に対するアタック例B）You say all living things on the earth are connected with each other. But your opinion is not clear because you did not show us enough evidence to prove how significant the problem is. For example, how many loggerheads die each year? How many jellyfish do loggerheads eat a year? You should show us how harmful effect the extinction of loggerheads will have a harmful effect on humans. So, your argument is not clear.（原文ママ）

For example / …. So / your argument is … ." といったものだ。
　前頁の反論例に対しては、上のアタック例A、Bのように、根拠の裏付け資料が不足しているために、「主張の重要性が明確でない」、「推測にすぎない」という意見が多くみられた。自分自身は全く客観性のない意見文を書いた生徒でも、「批判的に読む」という視点を与えると、適切な指摘をすることができた。

　このように、「批判的に読む」という視点を与えることで、生徒たちの思考が大きく変化する。自分自身の意見文について十分に吟味できなかった生徒でも、他の人が書いた意見文の妥当性を吟味することによって、自分自身の書いたものを振り返る手がかりとなる気付きを得ることができる。
　その後、反論例を取り上げ、クラス全体でアタックを参考にしながら分析する。ここで初めて、「論理的な文章を書くために留意する点」を全体で学習する。教師が教えるのではなく、生徒自身の気づきを共有することで、理解できたという実感を持って学ぶことができた。その学習をもとに③自己関連性を持たせ、自分の意見を表現させる。①のレベルから③のレベルに行く前に、このように1つの「問い」や協働して行う課題を与えることで、生徒が自ら「問い」を立て、思考を深めていき、論理的な英文を書く基本ができてくる。さらに、反論の型や表現、環境問題全般に関する語彙等を自然に身に着けている。

■ 基礎からゴールまでの流れを大切にした実際の授業

トム・ウージェック（Tom Wujec）が２０１０年TED Talkで紹介した“Marshmallow Challenge（マシュマロチャレンジ）”という課題とその結果について、教科書に紹介されている。ここでは、この題材を扱った授業を紹介する。レッスンのタイトルは“Build a Tower, Build a Team”（PROMINENCE COMMUNICATION ENGLISH Ⅲ, Lesson 3）である。

「マシュマロチャレンジ」とは、４人のチームに18分という時間と20本のスパゲッティー、１ヤードのマスキングテープ、１ヤードの糸、１つのマシュマロが与えられ、それらを使って、できるだけ高いタワーを建ててその上にマシュマロを載せるという課題である。その課題解決にあたって、チームワークやリーダーシップが試されていくわけであるが、メンバーの職業や経験知によってどのように結果に違いがでてくるかが紹介されている。「理由や根拠とともに自分の意見を英語で書く力」を付けるために、最終的に、本文や追加資料を根拠として「自分のクラスをよりよいチームにするために自分がしようと思うこと」という英語のエッセーを書くことを、単元目標（ゴール）として設定する。

① ゴールに到達させるための基礎力を付ける（1時間目から3時間目）

まず1時間目に、４~５人ずつのグループで、英語で書かれている手順を読みながら、実際に「マシュマロチャレンジ」に取組ませ、実験の結果と取り組み方法を英語でレポートさせる。次に、本文を読み通し、概要を掴ませる。内容を理解した後、英語で再話させ、内容理解ができているかを確認する。この時点で、生徒が「マシュマロチャレンジ」について教科書本文に書かれた内容について、英語で説明ができ、質問にも英語で答えることができるようになっていることが大事だ。

② より深い理解を促すために生徒の思考を揺さぶる問いかけをする。（4時間目）

教科書本文で報告されている「マシュマロチャレンジ」の実験と結果について理解した後、本文に書かれた実験結果をもとに「なぜ、幼稚園児たちがタワーを作ることに成功したのか」、「なぜ、ビジネススクールの卒業生は失敗したのか」を考え、「よいチームを作るには何が必要か」を本文に基づいてまとめさせる。この時点では、生徒は教科書の内容から抜粋したり、教科書の内容を言い換えたりして答える。指導者の英語での問いに生徒がどんどん挙手して答えていくという形で答えを引き出し、単語での答えには常に「文章で答えて」、理由が明確でない答えには「なぜそう思うのか」「なぜそう言えるのか」と投げかけ、英語で答えさせていく。その過程で、英語の間違いは正しながらやり取りする。

生徒は教科書から抜粋して、collaborateという単語を使うだろうと予想し、「cooperation と collaborationの違いは何だと思うか」と問い、生徒から「collaborationというのは、単に協力するのではなく、メンバーのそれぞれが自分の才能を発揮し、役割を果たしていくことだ」という答えを引き出しておく。

次に、Malcom Gladwellの〝The Bakeoff〟（The New Yorker, September 5, 2005, p.124）を参考に作成した上のような課題を生徒に与え、グループでどちらのチームが勝ったのかを予測させ、理由とともに発表させる。

> A food scientist put together two distinctly different teams who worked together for six months with the goal of coming up with a brand-new cookie that was both healthy and delicious.
> Team A was large and hierarchical, managed by one clear leader.
> Team B was composed of a large collection of experts, known as “Dream Team.”
> Which team came up with the winning cookie?

ほとんどのグループが予想通り「メンバーのそれぞれが才能を発揮し、collaborateして、高い専門性を発揮すると素晴らしいクッキーができるであろう」という理由からBチームを支持した。

ここで、教科書本文では省略されているトム・ウージェックの「マシュマロチャレンジ」の残りの部分をTEDで視聴させ、情報を書きとらせる。この残りの部分には、「一番高い塔を建てたのは、建築家とエンジニアで、CEOたちは平均よりも少し良い結果を出したが、チームにリーダーを置くとCEOの成績は著しく上がった。『ファシリテーション』という特殊技能を持っているからだ」という情報が出てくる。

クッキーの実験でも同様で、実際の「料理コンテスト」では、実はチームは3つあったこと、しかし、ドリームチームは負けてしまったことを生徒たちに伝え、「なぜ専門家が集まったドリームチームが負け、リーダーが加わったチームが勝ったのかを考えて、よいリーダーとはどんな人か」をグループで考え、発表させる。ここで、「ファシリテーション」という言葉に着目して考えるよう、視点を絞っておくと、生徒たちは、「チームが上手くcollaborate できるようfacilitate することができるのが良きリーダーで、決して権力を持とうとする人ではない」ことを具体的に英語で説明する。

③ 自己関連性を持たせ、自分の意見を表現させる（5時間目）

前時に考えたことをもとに、「自分がクラスのリーダーだったら、クラスをよりよいチームとするために何を提案するか」を150語程度の英語で書かせ、「説得する表現を適切に用いて英文を書いている」「『マシュマロチャレンジ』から得られた情報を自分の言葉で言い換え、根拠として使っている」「適切に理由づけをして英語で意見を書くことができている」という観点で評価する。実際に生徒は、色々なことを提案していた。例えば、「自分がリーダーだったら、文化祭でミュージカルをすることを提案する。自分のクラスには色々な特技をもった人がいるので、シナリオを書く、音楽を担当する、絵を描く等、全員にそれぞれ自分の得意分野を分担してもらう。」といった具合だ。②の段階を踏むことで、生徒の中で『マシュマロチャレンジ』から得た情報についての理解が深まり、それを適切に根拠としながら、自分の意見が書けていた。

このような活動を繰り返すことで、自然に英語を多量にインプットし、アウトプットするので、英語の4技能を統合的に伸ばすことができている。

【参考文献】

・多賀由里「より高いゴールの設定」『グローバル人材に求められる英語力の育成』教材文化研究財団、2016年、16－24頁。

英語

3

キラキラした眼で英語を使って対話をする生徒を育てたい

富髙　雅代（文部科学省教科調査官）

■授業を通じて自分を考え、世界を考える授業

私が高校で初めて教壇に立った20年以上前からずっと理想としている授業がある。それは、生徒たちが英語を使ってキラキラ輝いた眼で話したり対話したりする機会にあふれた授業である。高校入学までに、英語が好き、得意と思う生徒も、そうでない生徒も、進学や就職と卒業後の進路が違っても、高校3年間で、それぞれの生徒にとっての英語の学びの意識を持たせながら、生涯、前向きに英語と関わることができるようになってほしいと思い授業を行ってきた。私は、外国語のある生活は楽しく人生がより豊かになると思っている。英語の学びを通して、他者との対話や多様な考え方に触れながら、自分や世界について考えることができる。

グローバル人材の育成の重要性が言われて久しい。第3期教育振興基本計画では、「グローバル化の一層の進展が予想される中、日本が抱える社会課題や地球規模課題を自ら発見し、解決できる能力を有したグローバルに活躍する人材の育成が重要である。また、言語や文化が異なる人々と主体的に協働していくことができるよう、国内外の様々な場において外国語で躊躇せず意見を述べ、他者と交流し、共生していくために必要な力等を育成していくことが重要である。」とある。外国語の学習のみでグローバル人材を育成するわけではないが、外国語に関する能力の育成はグローバル人材の育成に資するところが大きい。

学習指導要領（平成三〇年改訂）が目指すところは、外国語の学習過程での学びを充実させ、コミュニケーションを行う目的や場面、状況に応じて理解し伝え合う思考力・判断力・表現力等の育成と、主体的・自律的にコミュニケーションを図ろうとする態度の育成である。高等学校の外国語の授業を通して、そのような力を育てることができているだろうか。授業において生徒が、課題などを「自ら発見し」て、「解決できる」ために「協働し」ながら「躊躇せず意見を述べ」たり「他者と交流し」たりする機会や場面があるだろうか。そのような問いを持ちながら授業を行いたい。

・自律的な学習者の育成につながる主体的な学び

主体的な学びはどのように生まれるのか。粘り強く英語の学習に取り組むためにはモチベーションが鍵になる。高等学校では、進学のためではなく、より長期的かつ具体的な英語学習の目的を持たせ、粘り強く英語の学習に取り組むことができるような動機付けをしていくことが重要だ。生徒によっては高校での授業が人生で最後の学校での英語の授業となることも忘れてはならない。従って、授業での学びが、生涯にわたる英語学習につながるものでなくてはならない。生徒は将来海外勤務もあるだろうし、外国人への対応が求められる職種に従事する者もいるだろう。そのようなときに「英語、嫌い」と思って英語に向き合うより、英語の授業で学んだことを生かして前向きに英語に関わることのできる生徒を育てたい。そのために、授業で扱う内容を自分事として考えることができるようにしたり、専門系学科であれば、専門の学びを外国語で発信したりするなどの機会を与えることは有効であろう。英語の習得に継続的に取り組むことができるように、授業での学びを通して、自分にはどのような力が足りないか、どのような学習がさらに必要かなどを自ら考え、授業外でも努力を続けられる自律的な学習者を育てたい。

・真正のコミュニケーションを意識した深い学び

生徒の深い学びにつなげるためには、具体的な課題等を設定し、コミュニケーションの目的や場面、状況などを意識して活動を行い、知識を実際のコミュニケーションにおいて活用する学習の充実を図ることができるような指導を行いたい。聞いたり読んだりしたことを基に自分の意見や考えを伝え、伝え合い、話されたり書かれたりしたことの理解を深め、自分の意見や考えを再構築してまた伝えることができるように授業を実際のコミュニケーションの場とすることが重要である。また、答えが一つでないことについて考え、他者とのやり取りを通して自分の意見や考えを共有することで自分の考えを更に深化させるような機会の充実を図りたい。

・**学校教育目標の実現に寄与する外国語教育**

高等学校においては、各学校における教育目標の実現が大変重要である。学校が掲げる教育目標のもと、その学校において目指す生徒像の具現化のために、教科「外国語」を通してどのような生徒を育てたいかを明確にした上で、年間指導・評価計画の作成及び実施、CAN-DOリストの形での学習到達目標の作成及び活用や教科用図書の選定を行いたい。また、CAN-DOリストの形での学習到達目標を年間指導計画・評価計画と連動させて、年間を通してどのような力をつけさせたいのか、そのために各単元で焦点を当てたいことは何か、ある程度まとまった期間で生徒がどう変容したかを、どのように、どの時点で測るのかといった指導計画や評価計画を英語科全職員でしっかり立てて、生徒や保護者とも共有したい。

▣ 活動を中心に据えた単元構成

言語習得は長期的になされていくものである。その過程には、常にコミュニケーションが存在する。実際のコミュニケーションの場となっている授業とは、英語によるコミュニケーションの必然性のある授業のことである。生徒がそれまでに学習した語句や文を使って豊かに表現できるように、コミュニケーションを行う目的や場面、状況等に応じて、自分の考えや意見を話したり書いたりして伝え合う活動を、授業の中でふんだんに行いたい。

英語によるコミュニケーションを図ることができるようになるためには、単元ひとくくりでの完結ではなく、複数単元を通したまとまりのある期間を意識した上で、指導や評価を行いたい。取り扱う内容や教科書の本文のテキストタイプなどにより、例えば、この単元では「話すこと［発表］」に重点化し、様々な発表を聞いたり見たりして、自分たちの発表に関連のあるものを読んで、発表のための視覚的な補助を作成し、実際に発表を行う。他の単元では、話すこと以外の技能の重点化を図るなどして、複数単元を通して英語によるコミュニケーションの能力の向上を図りたい。

最後に勤務した高校は、宮崎県南部の人口約5万人の日南市にある6学科からなる総合制専門高校であり、多くの生徒が卒業後就職していく。英語の学力は、例えば実用英語検定2級を取得する生徒から、3級レベルに達していない生徒まで幅広い。週2～3単位という限られた授業を通して大事にしてきたことをいくつか述べる。

・メタ認知と主体的な学び

CAN-DOリストの形での学習到達目標の中から毎授業での目標を、板書やワークシートで提示し、生徒が自己評価を行っていた。その月のカレンダーと科目の授業内容とCAN-DOリストからの目標が記載された毎月の学習カレンダーに、授業での学習内容を毎時生徒自身が記録する。「学習カレンダー」のような学習の自己管理記録は、自分の学習に責任をもつ自律した学習者を育てるのに有効な手立てであると思われる。

・文法はコミュニケーションを支えるもの

語彙や文法事項が、英語によるコミュニケーションを支えるものとして重要であることは明確であり、文法事項の丸暗記が授業や学びの主になることはない。文法事項は、その文法事項が使用される場面やその意味が腑に落ちなければ定着はしない。帰納的であろうが演繹的であろうが、文法事項の説明を聞いただけでは、生徒はそれを使って話したり書いたりできるようになることは難しい。また、文法事項を扱う際に、生徒の発達段階を考慮し、話題を稚拙なものにしないよう留意することも大切だ。私の場合は、ターゲットの文法事項を使う場面や状況を設定した上での活動を通して、生徒がターゲットの文法事項の働きに気付き、その文法事項の意味や形を確認し、自然にその文法事項を使って意見や考えを話したり書いたりして伝えることができるようになる活動を段階的に必ず行っていた。

・グループディスカッションと自己・相互評価

単元で扱った話題に関して、司会者による進行のもと自分たちの意見や考えを伝え合い話し合い、ルーブリックを用いた自己評価と相互評価を単元ごとに行った。自己評価により、自分のできているところやまだできていないところに気付くなどのメタ認知力を高め、相互評価により、他の生徒のパフォーマンスについて話し合ったり、評価する責任として他の生徒のパフォーマンスを注意して考察したりすることで、自分のパフォーマンスの向上につながることを期待した。またパフォーマンスから評価までに主体的に関わることで、学習者としての自律性を促すことができると考えた。

1年次最初のグループディスカッション後に実施したアンケートの回答の一部を紹介する。

> 英語で伝えることの難しさを改めて感じた。質問には答えられたけど難しい単語を使って答えることはできなかった。自分から切り出すのはなかなか難しかったけど、みんなで助け合いながらできてよかった。もっと自分の語彙を増やしたい。思っていることを英語にできなかった。他の人の意見をもとに質問を出せるようにしたい。

勤務校での英語学習・授業に関する調査において、3年間の授業で最も印象に残っている活動として多くの生徒がこの活動を挙げた。「クラスメイトの意見を聞くのが楽しい」「英語で会話するのが楽しい」といった理由である。この活動をより効果的に行うには、生徒同士が尊重し合い、英語の間違いを恐れることなく意見や考えを表現し合えるような日頃からの授業づくりが大事である。

・授業外での学びの工夫

自己学習に対する管理能力を育てるような、あえてカタカナ表記にするが、アサインメントの出し方に工夫が必要である。演習問題的な宿題ばかりを出すのではなく、自分でいつまでに何をするといった計画を立て、自己管理の必要なアサインメントも、自律した学習者の育成の面でも特に高校では有効であろう。いつがポスターセッションを行う日なので、いついつまでに原案提出、いつが発表練習と、区切りごとに教師が指導に入り進捗状況を生徒と確認する。ライティングなら、いついつまでに初稿、生徒同士による読み合いや評価を経て、いついつまでに最終稿提出といったこともある。このようなアサインメントの自己管理にも、前述の学習カレンダーが有効であった。

・指導の具体例

以下、実際に行った1単元の流れを一例として示す。取り扱う話題を「日本の発明品」とする。CAN-DOの形での学習到達目標に関しては、例えば、「身近な話題や興味関心のある事柄について、準備をしないで対話を行うことができる」「幅広い日常的な話題に関する比較的短い記事やレポート、資料から必要な情報を読み取ることができる」ことを目指す。

〈1時間目〉

(1) 単元への導入として、日本の発明品に関する写真を用いて意見を述べ合う。又は、日本の発明品に関する対話を聞く。

(2) 日本で発明された製品などに関して話し合う。(1)(2)の中で、鍵となる語彙や表現に触れる。

(3) 日本で発明された製品について教科書の英文を読む。

(4) 学んだことや発明品の有効性についてなど、読んだことに関して意見を伝え合う。

〈2時間目〜3時間目〉

(1) 新幹線やレストラン展示用食品などの発明品に関する英語で書かれた初見の文章を読む。教師は複数の発明品の説明文を用意し、生徒はその中の一つの発明品に関する説明文を読む。次の活動のために読む活動であることを生徒は認識し、その活動で必要な情報を読み取る。

(2) 教科書本文の語彙や表現、文章などを使用しながら、(1)で読んだ発明品について、ペアの聞き手に即興で短い紹介（発表）を行う。その後、聞き手が、その発明品に関して質問したり話し手の意見を尋ねたりする。「その発明品を使ったことはあるか？」「どれくらいの頻度で活用するか？」「何が便利か？」などである。発表者は、聞き手にもその発明品について同じような質問を行う。

(3) 相手を変えて(2)を複数回行う。

(4)(2)(3)で得た情報などをグループで共有し、どの発明品がすばらしいかなどについて理由や根拠とともに協議する。

(5)(4)で話した発明品について、もしそれらがなかったらといった仮定的な条件で、クラス全体で話す。生徒が自然に仮定法の形を使えるよう、生徒の発話を教師が言い換えするなどして、仮定的な話をする際の意味と形にも意識を向けさせる。

(6)仮定的な話題について話すときなどに使用する文法事項について意味と形を確認する。

(7)仮定的な質問に対し、自分ならどうするというように、自分の意見や考えを伝える。

〈4時間目〉

どのような発明品があるとよいかについて、その理由や根拠とともにグループで話し合う。話し合う際に、司会者を立てた形態で行ったり、自由に議論する形態であったりと、いろいろな形態でやり取りができると望ましい。話題によっては、ディベートという形態での議論もできるであろう。ここでの話し合いでは、本単元で学んだ語彙や表現の定着を図ることができる。

▣ 生徒たちに自信が付けられた

前任校に赴任して、地元に貢献できる社会人を、英語の授業を通して育成したいと考え様々な活動を行った。英語での道案内を学んだ際、地元の観光食べ歩きマップを使った英語での会話問答集を作成し、地元の約40の商店に配布した。その後、海外からの大型客船寄港時に、英語による歴史的建造物や商店への道案内、商業系学科による外国人観光客対象の調査や農業系学科の生産物販売等を継続的に行った。この活動は、英語が通じた、通じなかったといったコミュニケーションの学びの場であり、地元を知り、誇りに思う心を育てる場にもなった。

地域活性化のための課題などをこれら一連の活動を通して見つけ、商業や農業の専門の学びを生かしながら課題解決を研究するこの活動は、生徒や学校・地域の実態を適切に把握し、教育の目的や目標の実現に必要な教育の内容等を教科等横断的な視点で組み立てていく「カリキュラム・マネジメント」においても有効であった。また、この活動は、地元の日南市や国土交通省等の行政や地元の歴史や人物に詳しい地域の方々などの協力なしには実現できない。これはまさに「社会に開かれた教育課程」として、本校における教育課程を軸に学校教育の改善・充実の好循環を生み出す「カリキュラム・マネジメント」を実現するものであった。

1年次の5月と12月、2年次の12月に、英語学習に関する3段階評価のアンケートを実施した。1年次に、「英語が好き」と回答した生徒の平均値は1・9であったが、2年次の12月に2・4になった。「英語を積極的に使おうとしている」生徒は、2・0から2・6になった。入学時より、少しではあるが、生徒の英語への関心や態度、習得へのモチベーションは向上した。生徒が考えや意見を述べ合う機会が多い授業を行い、英語4技能を評価することで、中学校で英語に対する苦手意識をもった生徒がどのように変わったのか。3年次でのアンケートで、次のような回答を得た。

○英語で話すことに自信がついたと思いますか?
・クラスメイトと英語で話し合いができた。自分の英語力が向上した。間違いもするが人前で話せるようになった。相手に通じて自信がついた。授業外でも自分の英語が通じた。
○自分の英語力は向上したと思いますか?
・書くことでの表現の幅が広がった。読む力・聞く力が伸びた。話そうとする意識が強くなった。普段の授業で英語力がついた。話すことで聞く力がついた。
○将来も英語を使いたいと思いますか?
・仕事で使う。困っている外国人を助けたい。外国に行きたい。オリンピックに関連して使いたい。
○将来英語が必要になったとき前向きに取り組めると思いますか?
・これまで学んだ事を基盤にして取り組めるから。自分の英語で通じることが分かったから。英語で話したいと思うから。英語が好きだから。高校で学んだことをいかすことができると思うから。

このアンケート調査によると、生徒は、授業、特にグループディスカッションでのやり取りや、校外活動、SNSによる海外の高校生徒との定期的な交流活動等において、英語4技能を総合的に使うことにより英語が好きになり、それ

英語

が自信につながっていることが伺えた。また、卒業後も積極的に英語に取り組むであろう姿勢を身に付けたと多くの生徒が自覚していた。本校のCAN-DOリストにおける卒業時の学習到達目標である「自律した英語学習者として、英語での情報を理解・活用したり、自分の意見や考えを他と共有したりすることができる」生徒が育ったと言える。前述のクルーズ船活動に関しては、市長と対談したり、市民向けのシンポジウム、英語でのプレゼンテーションコンテストや生徒商業研究発表大会で発表したりと生徒の活躍の場は広がり、生徒が自分の英語使用に自信を持つ貴重な経験となった。〝Think globally, act locally〟の精神のもと、卒業後も自信を持って英語を使って地域や社会に貢献する生徒の育成を目指した結果、生徒たちの普段の会話や生徒会における協議事項、文化祭、進路選択等を見ても、地元をもっと知り、地元に貢献したいという気持ちが強まったことがわかった。

1年次に、クルーズ船活動について私が説明を始めた時に、露骨に嫌そうな表情をした生徒がいた。しかし、実際のクルーズ船活動では、誰よりも積極的に外国人観光客と話をしていた。日頃の授業でも、授業外でも、主体的に英語学習に取り組み、3年次最後のパフォーマンスと筆記による定期考査では、学級内で最高点数を得た。3年次の進路選択では、外国人を相手にした管理栄養士を目指すことを決めた。生徒たちは、決して英語の運用能力がものすごく向上したわけではないかもしれない。しかし、自信をもって相手と主体的にコミュニケーションを図ろうとする態度は身に付いたと思う。

■ 生徒の「伝えたい」を引き出す実際の授業

「授業」が基本である。週当たり2単位の授業でも4単位の授業でも、授業の1時間はとても大切である。授業で実践したい要点をいくつか述べる。

・話題への導入

多くの教科書には、取り扱う話題に関連した絵や写真、図表などが、テキスト本文を扱う前に提示されている。それらを活用し、これから聞く又は読む内容に関することについて話したり、短めの英語を聞いたり読んだりする活動には重要な意味がある。生徒にとってその話題に馴染みがない場合においても、生徒の既存の知識や体験と関連付けできるようになり、聞きたいとか読みたいというモチベーションを高め、実際に聞いたり読んだりする準備が、心理的にも言語的にもできる。

気を付けなければならないのは、聞いたり読んだりする前に、本文にある語彙等の日本語での意味の確認等に時間をかけ過ぎないことである。語彙や表現といったものは、聞いたり読んだりする過程で習得済みの語彙や表現を駆使したり、文脈や品詞などのような単語そのものが持つ機能などから想像したりしながら、聞いたり読んだりできるようになることが大事である。一対一の英語・日本語訳の形で短期記憶を促すようなことではなく、聞いたり読んだりという受容の中で得た語彙や表現を、話したり書いたりという発信の中で何度も使うことなどにより定着を図りたい。

・聞いたり読んだりする際の目的の明確化と、目的に応じて使用するストラテジーの活用

聞いたり読んだりする際には、何のためなのかを生徒に意識させたい。講義を聞くのかニュースを聞くのか、案内放送を聞くのかなど、場面や状況によって、聞く目的は変わる。メール文を読む、新聞広告に目を通す、小説を読むなどでも目的は違う。ポイントは、目的に合わせて、聞き方や読み方が変わることである。場面や状況、目的に応じて、自分でどう聞いたり読んだりするのが良いのかを判断し、それが可能になる最適なストラテジーを活用しながら聞いたり読んだりできるようにするのも、授業が果たすべき大きな役割の一つである。

・聞いたり読んだりしたことの深化

聞いたり読んだりしたことを基に、自分事として考えたことを伝え合ったり、更に課題を見つけて調べて発表したり、書いて伝えたりする活動につなげたい。教科書の英文を読んだ後に、その英文を言い換える活動を目的や場面、状況の設定なしに繰り返し行っていても、情報や意見の交換を伴わない演習となる。また、授業全体を通して、取り扱う話題についてより深い議論をもたらすことを心掛けたい。それは、聞いたり読んだりしたことについての正誤問題といった理解を確認する質問だけでは成立しない。答え合わせが主体になっていたり、そのための形だけのペアワークが行われていたりする授業では、思考は深まらない。正解のみを求めていないか。正解を誘導するような問いをしていないか。生徒が違う考えを受け入れ、英語の間違いを許容することができているか。生徒が自分事として考えて、意見や考えを言える発問であるか。多様な意見を生み出す発問であるか。教師の発問力が問われる。

・やり取りの際のフィードバック

生徒同士で意見や考えを伝え合うやり取りを行うことは望ましい活動の一つであるが、問題はやらせっぱなしになる可能性があることである。どのタイミングでどのようなフィードバックを行えばよいのかは、即座の判断が求められるゆえに、教師には、言語習得に関する知識と経験が求められる。大切なことは、生徒が伝えたいことをより的確に伝えられることができるようになることである。そのためには、生徒が伝えたい内容に合う語彙は何か、伝えたいことを効果的に伝えるためにはどのような文法事項や表現を使うとよいかを教師が生徒に質問しながら発話を引き出したり、自分の伝えたいことを更に的確に伝えることができるようになるために、生徒の発話を教師が言い換えたり、生徒による言い換えを促したりしながら、的確に語彙選択をしながら多様な文で表現できるような指導の工夫が必要である。また、生徒同士だけでなく、生徒と教師のやり取りを大切にしたい。その過程で、教師の英語がモデルになり得るため、教師は生徒が伝えたいことをより的確に伝えられるようになるための、英語の引き出しをできるだけ多く持っておくことが求められる。

グローバルな規模や身近な社会で起きている課題や世界規模で起きている課題に対しても、不測の困難に対しても、それらに主体的に向き合い、人々と協働しながらよりよい社会を創り出すことのできる人材の育成に、外国語教育を担当する我々は大きな役割をもって貢献できるだろう。

「真正の学び」への扉―実践を読み解く

田中実践は、「キング牧師の演説」の読解・暗唱の後、自分（I）を主語にして、「自分のことで"I have a dream that……"を書く」という自己表現の課題（パフォーマンス課題）に、協働で取り組むことに向けて、結果逆算的に（逆向きで）単元が設計されている。英語を「道具」というより「文化」として、生徒の生活との接点を探りつつ、仲間との協働を通して、豊かな文脈の中で学ぶことで、自己や言語生活を豊かにすることが大事にされている。生徒たちのわかりたい、賢くなりたいという気持ちに応え、言葉の力をしっかりとつけていく、学力と自治の保障の実践でもある。

多賀実践は、教科書で扱われている内容や主題を素材に、時には教科書本文と異なる見解の意見文を読んだりもして、自らの意見を論理的にエッセイに表現するといった、パフォーマンス課題を軸に逆向きで単元が設計される。４技能を統合する言語活動の一つの資料として教科書を位置付けることで、教科書本文の概要を自ずと要約的に読むようになるし、何度も読み直すようにもなるし、教科書本文を英語で説明できるくらいマスターするように促す。実際のコミュニケーションで使える対話力、および論理的なエッセイの執筆による英語圏の意見や議論の仕方を重視した実践である。

富髙実践は、真正のコミュニケーションを意識して、教室での授業自体をコミュニケーションの場とし、教師自身が英語話者のモデルとなるべく、生徒の発話を受け止め励まし、広げられるように、教師自身が英語の引き出しを広げることも重視されている。さらに、学校外に飛び出して、地元の観光食べ歩きマップを使った英語での会話問答集を作成して地元商店に配布したり、外国人観光客対象に調査や販売を行って、商業系学科や農業系学科の専門的な学びを豊かにしたりと、横断的・総合的な学習としても展開され、地元に貢献できる社会人の育成が大事にされている。

　教養主義と実用主義という英語教育の古典的論点も反映し、各実践のモチーフは異なるが、生徒たちは、訳読式を超えたホンモノのプロセスを経験していると考えられる。インプットに関わる「読む」ことは、「逐語訳する」ことや「字面をなぞって音読する」ことではなく、「テクストの意味やリズムを理解する」こととして、アウトプットに関わる「書く」ことや「話す」ことは、「定型文や話型を当てはめる」ことではなく、「本当に伝えたいことや自己を表現する」ことや「自分の意見を論理的に組み立てる」こととして、「コミュニケーションする」ことは、言いっぱなしの「伝える」ことではなく、やりとりが生じ言葉を紡ぎ出さざるを得ない「伝え合う」こととして経験される。

　外国語科で「教科する」授業に取り組む際には、パフォーマンス課題のように、生徒たちの自己を表現したい思いや日常の言語生活とのつながりを生かし、英語話者のオーディエンスを設定するなど、コミュニケーションする必然性のある場を設定し、グループで取り組んでみることが重要だろう。文法がしっかりしていないとコミュニケーションもできないという段階論ではなく、最初は部分的に翻訳ソフト等も使ってもいいから、まずはコミュニケーションしてみて、案外やってやれないこともない、英語話者が身近に感じたといった具合に、生きた言葉として英語を経験することが大事だろう。形を整えてきれいに話すこと以上に、伝えたいけど言葉が出てこないもどかしさを経験すること、英語を暗記物として受け取ってしまっている生徒たちの学習観を組み替えることが重要である。

表.「真正の学び」（「教科する」授業）というレンズで見た各実践のポイント

	田中容子先生	多賀由里先生	富高雅代先生
成長目標ベース（自立）：ねがいの意識	辞書があれば英語で書かれたものにアクセスでき、英語で自分の意見表明や自己表現と応答ができる力を育てたい。	要約や再話に止まらず、英語で即興的なやり取りができて、自分の身近なことについて言いたいことを論理的に言える対話力を育てたい。	外国語のある生活は楽しく人生がより豊かになる。卒業後の進路が違っても、生涯英語に前向きに向き合えるようになってほしい。
パースペクティブ変容（教養）：学力の三層構造知の総合やもどりによる深くて重い学びへ	「キング牧師の演説」の読解・暗唱の後、固有名の私を主語にして、「自分のことで"I have a dream that …"を書く」という自己表現の課題（真正のパフォーマンス課題）に、協働で取り組む。母語でない英語という言語を学ぶ意味（思考を鍛え、外部の文化にアクセスする）を大事にし、高校生の心の琴線に触れる教材や直近のニュースを理解する活動を通して、高校生の学びの文脈や言語生活を豊かにすることをめざす。	教科書で記述されている内容や主題に自己との関連性を持たせる。たとえば、「マシュマロチャレンジ」の実験や議論をふまえて、「自分がクラスのリーダーだったら、クラスをよりよいチームとするために何を提案するか」について自分の意見を論理的にエッセイとして表現する活動を単元の中に組み込んで、問題解決型のゴールに向けて単元を展開する。	英語での道案内を学んだ際に、地元の観光食べ歩きマップを使った英語での会話問答集を作成して地元の商店に配布したり、海外からの大型客船寄港時に、商業系学科の生徒による外国人観光客対象の調査や農業系学科の生徒たちによる生産物販売などを行ったりする。市民向けシンポジウム、英語でのプレゼンテーションコンテストなど、英語での地域貢献の活躍の場を広げていく。
エージェンシーの育成（自治）：脱正答主義教師と生徒が競る関係へ	語彙や英文を聞き取れないとき、Please repeat などの要求を出すよう促して抵抗なく要求を出せるようにしていったり、「間違ってくれる方が助かるから気楽に」と言って、自主的に黒板に書きに来てくれる子を募り、生徒たち同士で解答例を添削するようにしたりと、生徒たちにゆだねる。英作文には必ず複数解答があると伝え、正解か間違いかの二元的な見方を解きほぐしていく。	教科書の内容は、単元のゴールのための一つの資料に過ぎない。教科書を超えて、教科書に切り取られたTED Talkの省略された部分と生徒を出会わて生徒たちの身近な問題と関連付けて考えさせたり、教科書の本文の結論とは異なる意見文を読ませて批判的に読ませたり、反論の術を学んだりする。互いの意見文やそれへの反論例を吟味する中で、生徒自身で論理的な文章を書くために留意する点を共有していく。	生徒同士で意見や考えの伝え合いを、やりっぱなしにするのでなく、生徒が伝えたいことをより的確に伝えられるようにフィードバックを重視する。教師が生徒に質問しながら発話を引き出したり、生徒の発話を教師が言い換えたり、生徒による言い換えを促したりしながら、多様な文で表現できるようにしていく。英語話者として教師の英語がモデルとなるために、教師自身が、英語の引き出しを広げることを重視する。

力をつける工夫・学びの幅と密度	協働的な学びを生かしながら、語順の違いという英語学習の困難に対して、前から論理を追って読むことに集中できるよう、足場かけのあるワークシートを用いる。語順の違いに対応する頭の働かせ方をテンポのよい発問により高密度で学ぶ。復習小テストをも、英語の学び方を学ぶ機会としている。英語を生きた言葉として生徒自身の言語生活とつなげ、溶け込ませていく。	自分の意見をエッセイにまとめたりするために何度も教科書本文を読み直し、インプットとアウトプットを繰り返すことが必要となり、4技能を統合的に伸ばせる。語彙・語法といった知識・技能を自発的に習得しようとする態度も育成される。学年を超えて長期的に、再話活動の徹底などにより教科書本文の内容を英語で説明ができて質問にも英語で応えることができるくらいまで基礎力を鍛える。	CAN-DOリストの形で毎時間の目標を学習カレンダーにして、自己管理記録をつけながら自律的な学習を促す。授業外の課題も、自分でいつまでに何をするか（例：ポスターセッションのために、いつまでに原案提出、いつが発表練習か）を計画して自己管理していくアサインメントを工夫する。教科書の表現等を使いながら、自分で選んだ発明品の紹介と質問といったコミュニケーション活動を、角度を変えながら繰り返す。
ホンモノ経験（教科の本質を経験する動詞）	文化としての英語（外国語）を学び、認識形成と自己表現を深める。	エッセイを書く活動を軸に、英語圏の思考法をつかみ、自分の意見を論理的に組み立てる。	社会や生活の中で実際に英語を生かし、コミュニケーションする経験を広げる。

探究活動

Inquiry activity

1

卒業研究をマネジメントする

小笠原　成章（広島県立広島高等学校教諭）

■ 卒業研究で目指すもの

・卒業研究の位置づけ

広島高校は学校教育目標を「知性を高め、感性を豊かにし、意志を鍛える教育活動を通して、グローバルな社会に貢献できる全人的な力を持った人材を育成する」としている。総合的な探究の時間は、3年間の学びの軸として、「知の総合化を図る主体的な学習者」を育成するのが目標である。各学年に1単位配当して課題研究を行っており、その集大成が2年次の2学期から3年次の1学期にかけて行う「卒業研究」である。これは個人研究で、自由に研究テーマを設定し、2年次においてはプレゼンテーションソフト、3年次では文章で、研究論文をまとめるものである。卒業研究は開校以来行ってきたが、SGHの指定（2015〜19年度）を機に目標と内容を整理し、3年間の系統的な課題研究の最後に位置づけた。課題研究再編の方針は、コンピテンシーベースの学びにすることと、持続可能な社会の構築に責任を持ちながら、グローバル社会を生きる主体を育てることである。これに向けて「高い志、批判的思考力、協働力、創造力、深い知識・技能、英語力」の六つのコンピテンシーを設定した。卒業研究の部分は批判的思考力と創造力の育成を主に受け持つ。SGHでの整理は今後とも継承し発展させていく。

学習指導要領は、総合的な探究の時間（総合探究）を「探究の見方・考え方を働かせ、横断的・総合的な学習を行うことを通して、自己の在り方生き方を考えながら、よりよく課題を発見し解決していくための資質・能力を」育成することを目指すものとしている。これの具体化としても、大学の卒業論文のようなものを書かせることは、最もストレートな方法の一つである。

・卒業研究への期待

開校時には現在よりも学力向上に重きを置いて卒業研究を設定した。ここで言う学力は大学生活やその後の人生を支える学力だが、通常の教科学力の向上も期待した。「覚えている」レベルから「分かる」「考える」レベルを目指したのである。SGHの研究開発によって社会性が重みを増した。ただし社会的な研究をさせようとするのではない。全員が身につけるべきは個々のテーマ以前の、知的な主体としての態度と能力である。それが高い志とあいまって社会で活用されることを期待した。研究の知は、教科書的な「正しい知識」とは異なり、検証と更新が前提である。自身のそれも含めた世にある言説の、何が正しいかを問い直し続ける動的なものである。その水準の知のあり方を体得した生徒は、将来どんな道に進むにせよ、自分や周囲、社会を批判的に捉えて課題を発見し、改善できるはずである。「分かる」ことをベースに、「批判する」ことや「創造する」ことなどの、知的な主体としての活動を強く求めるようになった。

主体性や社会性を意識した学びは学校全体で取り組んでいるが、卒業研究の特徴は、1年間にわたって研究を自分で進め、ゆっくり、深く、一人で考えることである。多忙な高校生活の中で、知的な主体を育てるにはこういう時間も必要ではないか。また、「何をどうやりたいか」という自問に基づく活動は、本来的な意味でのキャリア教育でもあり、自己の在り方生き方を考えることにつながる。

・研究の形態

本校の卒業研究は個人研究である。グループ研究にも数々の利点があるがそれは課題研究の前半で行う。課題研究後半の卒業研究では、テーマを決め・計画を立て・実行するという一連の流れに一人で責任を持たせたいのだ。ただし質疑や相談は積極的に推奨しているし、指導して内容を深めることも重要である。

テーマは自由とする。これはもっともよく生徒個々の興味関心と一致するはずだが、同時に指導の行き届きにくさも伴ってしまう。本校では1人の教員が生徒20人の行う20種類の研究を担当している。自由テーマで行うのは卒業研究の本質が生徒の主体性にあると考え、隅々まで指導できることより優先すると腹をくくったからである。もちろん何も教えずに主体的な学びは成り立たない。さまざまな指導や支援については後述する。

・進路とのつながり

研究テーマが進学先の学部等と一致する生徒は7割程度である。進路に縛られないテーマ選びもリベラルアーツの観点から推奨できる。教育や心理などの身近なテーマや、社会的テーマ、部活動と関連するテーマなどを設定する生徒もいる。

卒業研究で直接的に進学が有利になるわけではない。大学への出願書類の記載事項として創造力の評価を求められることや、推薦入試等で卒業研究の実物を提出する場合もあるが、まだ数は限られる。卒業研究を提出する大学に「何をもって『研究』と認めるか」を問うたところ、異口同音に「途中で、最初に立てた予想と違ってくること」という回答を得たことがある。全て予定通りなら、分かり切ったことをしたにすぎない。失敗にこそ発見があるという言葉もいただいた。確かに問い直し続ける力は大切である。卒業研究のあるべき姿を考える上で大きな示唆になった。

■ 卒業研究に向けたカリキュラムの構成

生徒がどんな分野に進むにせよ社会の一翼を担うし、興味の持ち方や物事への姿勢でも、社会のあり方と自己は切っても切り離せない。従って卒業研究で、直接社会を扱う必要はなく、逆にどんなテーマでも社会を意識する部分がほしい。広島高校の課題研究が、卒業研究に入るまでは社会的な課題を積極的に取り上げているのはこのためである。

課題研究全体のカリキュラムは、社会を考える・自己を考える・研究の3領域から構成した。ここで言う社会とはグローバルなそれを、自己とはそのグローバル社会を生きる主体を想定する。社会はそもそも多様だが、地域の国際化は加速しており、その現実を踏まえてグローバル社会と呼ぶ。一義的に海外生活を目指すものではない。総合の時間は教科の統合や補完の役割を果たすが、本格的な研究に踏み込む部分と並び、グローバルな社会に実際に触れる部分にも特徴がある。

表1　総合的な探究の時間内でのカリキュラム構成（概略）

		研究につながるもの	自己や社会に関するもの
1年次	1学期	学問調べ	グローバルリーダー研究【講演】
	2学期	デザイン科学の解説【講演】	海外姉妹校交流 学問への誘い【講演】
		広島県の課題とその解決を考えるポスター発表「ひろしまの未来を考えてみた」	
	3学期	社会的課題を発見し、プレゼンテーションソフトでまとめ、発表する	
2年次	1学期	研究の手法を学ぶ「アカデミックスキルズ」 ・先行研究やデータの入手法のレクチャー ・テーマ設定と研究方法についての協議	東広島市の国際化行政について市役所職員から聞く【講演】 訪問インタビューの準備
	夏季休業中	地域や大学での訪問インタビュー「プロフェッショナル探究」	
	2～3学期	卒業研究をプレゼンソフトでまとめる	ハワイ大学でのＳＤＧｓ対話
3年次	1学期	卒業研究中間発表会	
	夏季休業前	卒業研究を文章で完成する	

本稿はグローバル社会系の内容には深く立ち入らないが、例えば1年次の夏季集中講座で海外の高校生と協働作業で

ポスター発表をし、そこで身につけた態度や技能を2学期の姉妹校交流に活かす。また1年3学期の社会的課題まとめは海外研修の下準備を兼ねるなどの、行事と授業の連携がある。異文化体験はそのほとんどに課題研究の要素を持たせており、相補的な学びを構成している。

■ 高いコンピテンシーを身につける生徒たち

・初期段階の見取り

卒業研究を進めるうちに、生徒は教科書に載っていない知見に触れ、世界観を更新していく。調べるうち拡散し過ぎたり、行き詰ってテーマを仕切り直したりもする。初期段階で右往左往することも学びである。この時期に有効な発問はテーマの土台を問うものである。例えば「よい数学の授業」がテーマだとして、ただ授業案を出しても、無数に存在し相互に矛盾しさえする「よいこと」の一つを恣意的に示したに過ぎない。論文書きは仮想の読者の説得だが、納得を得るには、根本に遡って合意点を探る必要がある。「そもそも教科（教育）の目的は何か」を問うた上で、「では数学の授業はどうあるべきか」に進むのだ。既存の理解に反論する場合も含めて、根本的な思索の深さが説得力を大きく左右する。

・途中段階の成長の現れ

研究の中期では、生徒が黙々と作業するのが順調とは限らない。卒業研究で「助けを求める力」を提唱した生徒がいたが、行き詰っても黙っている生徒がいる。困ることは必要だが、困り果てた時に助けを求められるのも生きる力である。

報告の場では、発表内容もさることながら議論ができることがポイントである。批判は改善提案であってほしい。その元になるのは自分で筋道が見えることだから、創造力にもつながる。また議論できることは、傾聴の姿勢があり人の指摘を受け入れられることでもある。

批判的思考力や創造力の伸長は研究内に留まらず、自分達の置かれた状況への改善提案を生む。中間発表会の感想文には、質疑を活性化する方策や発表者の心構えなどへの提案が多くの生徒からあった。生徒が日ごろの活動を自分のものにし、育っている証拠である。学校全体の風景も変わってくる。変化を最も強く感じたのは、生徒会が行事を分析し生徒主導で改善提案を始めた時である。

・完成期の要求

学習としての完成を論文の脱稿ではなく、学びをメタ認知し人に説明できることと考えて、卒業研究のマニュアルづくりを課した。卒業研究中間発表会で高2生に対する研究方法のレクチャーも始めた。既に過去の研究を座右に置く生徒が多いが、次の年度の生徒たちがアドバイスを受けて、よりよく研究を進められることが上級生の成果の一つである。

・成果物の評価

夏季休業中に成果物を評価する。表2は2019（令和元）年度の教員による評価である。3段階以上が満足できる水準だが、全員達成を目指したい。

探究活動

表2　指導者による卒業研究論文（a～e）と感想文（f）の評価（表中の数値はグローバルコースに対する％）

	4段階	3段階		2段階	1段階
a.テーマ設定	非常に意義深いテーマ設定	社会的課題の研究	学術的・専門的研究	右2つ以外の、自分の興味で研究	調べ学習に留まる
	9.8	37.8	22.0	24.4	6.1
b.先行研究批判	先行研究を批判して使用	学術的な先行研究を踏まえている		踏まえたものはある	自分の考えのみで進めた
	11.0	46.3		34.1	8.5
c.構成の論理性	並はずれて重厚な構成	納得のいく論展開		論に一部飛躍	まとまっていない
	3.7	51.2		39.0	6.1
d.結論の創造性	明確に新しい価値観や知見	ある程度の創造性（先行研究の検証やまとめ研究含む）		既知の結論に留まる	結論が不明
	11.0	50.0		31.7	7.3
e.論文の記述	下を満たし非常によい表現	引用と自分の論の区別が明示されている		一部区別が不明	誰の文章か分からない
	12.2	61.0		18.3	8.5
f.感想文の内容	将来と結びつく高い志を得た	研究を通して物の見方や考え方が変わった		やり抜いた達成感がある	研究に意義を感じなかった
	26.8	46.3		25.6	1.2

生徒の感想文には、学びの意義の捉え方が如実に表れる。以下に感想の一つを紹介する。

卒業論文作成を通して気づいたことは、学問が公のものであるということだ。今まで勉強は基本的な知識をただ受け取るものだった。しかし、目指しているものはそれらを汲んだ上で学問を発展させ、ひいては社会に貢献することなのだとやっと分かったように思う。先行研究を調べていく過程は、自分のテーマに合わせてこれまでの学問を踏まえていく作業だったし、論を展開していくのはそこに新しい何かを積もうとする試みだった。公に発表する以上客観性や論理性が必要なのは自明だ。そうした「公の意義」を実感を伴いながら獲得できたのはいい経験になった。

私の研究は文化に関わるものであった。文化の植民地化等が関連する内容である。この問題意識は、高校1年次に参加したフィリピンでの海外フィールドワークにも由来する。スペイン、アメリカ、日本の三ヶ国を旧宗主国にもつフィリピンでは、各国の文化が混成して一つの文化となっていた。そこには、ただ、「植民地化の過程で文化的にも占領された」といった言説では片付けられない何かがあるような気がした。つまりそれが私にとっての文化の多面性を意識するきっかけとなったし、自分の知識や「当たり前」を相対化する大きな転機となったのである。

1年次から続いてきたこの学習を、私は日常的に問題意識を持ち、何かを解決したいときのツールとして生かしたい。学問は思っているほど高尚でも大仰でもなく、生きるのに必要不可決なものだと思う。疑問に感じることや、何かにつまづいた時に、解決策を探したり考えたりするためのヒントが、卒業研究をはじめ身につけてきた課題意識や思考力にあると思っている。そうした形で、生きるスキルの一つとして、大切にしていきたい。（SGH初年度の生徒）

■ 長期にわたる実際の授業

卒業研究は長期にわたるので、六つの項目にまとめて報告する。

・研究テーマの設定

主体的に研究テーマを決めることは、最も大切で最も困難である。本校では2年次初めに一度テーマを提出させ、研究方法のレクチャーの中で研究として成り立つか相互検討させる。フィールドワークなどを同じ研究分野のグループで行い、2学期当初に本調査を行う。その後でも何度変えてもよい。

研究を深めるには学問との接続が必要である。学問領域ごとに事象を扱う視点や方法が違う。例えば生徒がアイドルグループを「研究」したいとして、好きだというだけではすぐに行き詰まるが、心理学、組織論、社会学、経済学、音楽、芸能史などと接続すれば、深い学びになり得る。選び得る学問領域を多角的に検討するには異なる視点の持ち主が協力するとよく、グループでアイデアを出し合う協働活動が有効である。

学問領域が決まった生徒は、まず基礎をおさえるために本を読む。ネット上の記事のような断片では足りない。高校生に読みやすいのは新書なので、新書を読む習慣は1年次からつける。

テーマが思いつかない場合は学問から始める。生徒には別の場で悩みながら決めた進路希望がある。志望する学問領域を詳しく知ることは有益だし、具体的な研究まで調べていると疑問や着想が生まれる。また、これまでの卒業研究や研究マニュアルを読むのも有効である。後輩に研究引き継ぎを求めるメッセージも入っている。

・基本的研究手法の修得

研究方法や論文としての構成には一定の型があり、普遍的な論理展開を反映している。共通部分の指導をしっかり全体で行うことで個別指導の負担を軽減できる。

(a) 授業で研究の手法を知る
対象の見方・考え方は教科学習で身につけるのが基本である。各教科のパフォーマンス課題は学んだことを使いこなし、現実的な文脈の中で答えのない問いに取り組むものだから、特に卒業研究と共通性がある。

(b) 理念をテキストで読む
以前は研究をテーマにした大学教授の講演会を行っていたが、実際に研究を始めないと実感できない部分も多い。現在は副読本として慶應義塾大学出版会の『アカデミックスキルズ』を持たせている。実践的ノウハウだけでなく、研究者としての姿勢にページを割いているのが、本校の目的に合っている。

(c) 研究計画を検討する演習を行う
テーマ設定する力を育てようと、大きすぎるテーマや曖昧なテーマなどを批判する演習をさせたことがあるが、自身の立案にはつながらなかった。現在は立案そのものの演習を2年次1学期の「アカデミックスキルズ」の中に組み込んでいる。典型的なテーマ例から計画を考える演習と、自身のテーマと研究計画をグループで検討してもらう演習の2段階である。前述のように3年生が2年生に研究方法を伝授する場面も設けている。

(d) 研究の進行に準じたシート構成のプレゼンテーションソフトを使う（図は3枚目のシート）

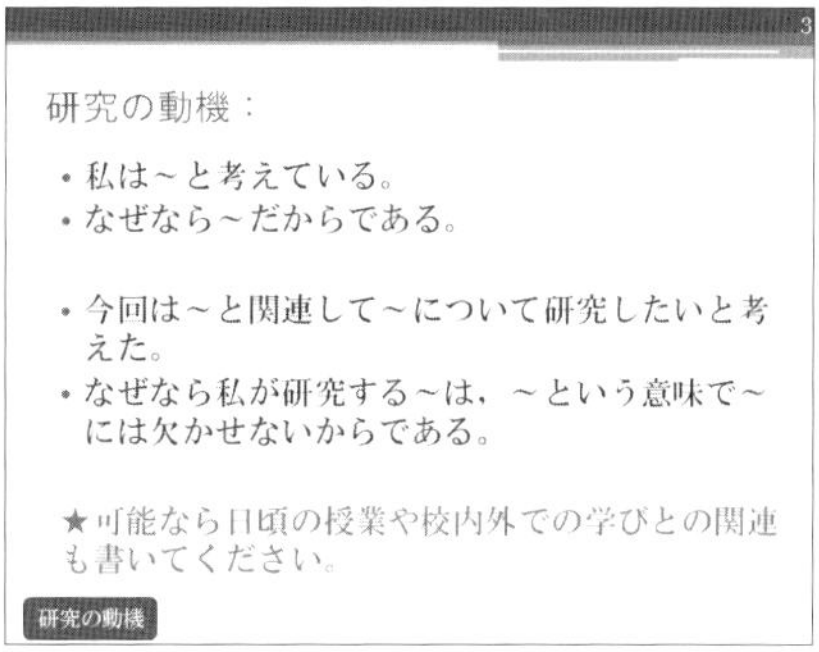
3
研究の動機：
• 私は～と考えている。
• なぜなら～だからである。
• 今回は～と関連して～について研究したいと考えた。
• なぜなら私が研究する～は，～という意味で～には欠かせないからである。
★可能なら日頃の授業や校内外での学びとの関連も書いてください。
研究の動機

2年次の卒業研究用のシートは初期段階で次のような構成をし、注釈を付してある。

表紙、摘要、研究の動機、問題となる事象、研究テーマ設定、この専門分野の基本的な考え方、先行研究批判、仮説の提示、仮説の検証・実験など、課題解決・提案、まとめ

・大学との連携

卒業研究では「研究」をさせたい。調べ学習ではなく、思いつきでもない。学問領域の基礎を知り、先行研究を調べる。その上で検証や応用に進む。知の世界で、受け手に留まらない態度を示すのだ。本校ではそれを「創造」と呼び、卒業研究の要件として求める。複数の先行研究を批判的にまとめる研究も創造と認める。ただし高校生はどの先行研究が重要かを知らないし、研究計画の組み立てなどは直接対話しながら指導を受けるのが分かりやすい。そこで大学院生指導を行う。卒業研究中間発表会では県教育委員会の主事や広島大学の教授に研究の視点から講評をいただいている。また、1年次の秋には社会的課題の発見・解決の科学的手法と実践例を知るために、山口大学国際総合科学部から講師を招き、デザイン科学を学んでいる。

(a) 大学院生による指導

2年次の11月と2月に大学院生指導を行う。広島大学の教育系の大学院生なので、この指導を自身の教育研究の一環として捉え、生徒を育てようと綿密な準備をしてこられる。11月はテーマと研究計画の妥当性について、2月は中間段階の点検と結論に向けての指導である。

(b) 指導の継承

京都市立堀川高校では大学院生の指導に同席している教員が、しだいに生徒に質問できるようになると聞く。「疑

問を感じ、問いかけること」は生徒間でも可能だろうし、お互いに勉強になるはずだ。大学院生指導は同じ分野の5人を1グループとするが、他の生徒が指導を受けている間を、目のつけ所を学ぶ時間と位置づけている。

・指導上の工夫と留意点

(a)　プレゼンテーションソフトの使用

本人にとっても周囲とやりとりする上でも、論文の作成過程を可視化することが必要である。そのため2年次ではプレゼンテーションソフトを用いて「論文」を作成している。

「見える化」に使う

文章は読むのに時間がかかるし全体がつかみにくい。内容についてのやりとりをスムーズにするには、その時々の進行を見てすぐ分かるようにしたい。

思考ツールとして使う

ソフトにもよるが、1枚のシートはタイトルと本文、メモ欄に階層化されている。シートの増減や入れ替えが容易である。また表現は簡潔で図示を中心とするよう指導している。これらの特徴を、思考を構造化するツールとして利用している。ただし文学研究のような文章主体のものなど、相性の悪いテーマはある。

省力化によって深くするために使う

シート画面で示すのはエッセンスなので、考えることに注力できる。3年次には文章で同じ論文をまとめさせる。技能の向上には複数回研究をした方がよいが時間的に難しい。仕切り直しの機会を作ることで、1・5回論文づくりをする感覚である。文章版では細部の詰めが必要だし発展を奨励する。表現の違いに対応することも一つの勉強である。

(b)　自他の論の区別

ネット上の記事をそのまま貼り付け、自作の文章と区別なく示す生徒がいた。倫理に反するし、知的態度とも言えない。本校は副読本を使って理念を示した後に、原稿作成上のルールを示しているが、前出の表2で分かる通り、未だに完全ではない。これは大げさに言えば高校教育の要所である。生徒は教科書に書いてある「正しいこと」を受け入れてきた。しかし実社会には虚偽や悪意を含んだ情報もあふれているし、全ての情報には立場がある。高校生には、自他の言説を区別し、批判した上で取捨選択できることと、先人の成果に敬意を払うことを求めたい。

(c) 同じ分野の研究をする生徒のグループ化

生徒間のやりとりのため複数クラスを同時展開にし、同じ研究分野の生徒でグループ化している。質疑応答は常時推奨している。

・卒業研究の締めくくり

研究が人から認められることや、人の役に立つことも、生徒がこの学びに意義を感じ、学習効果を上げられるようにするには大切である。

(a) 卒業研究中間発表会

3年次の6月に卒業研究中間発表会を実施している。高3生の一部は高2の教室で研究方法のレクチャーを含めた発表を行う。それ以外の高3生は体育館のフロアを使って相互にポスター発表を行う。最後に代表が全体発表を行い、大学教授から講評を受ける。できるだけ多くが発表できる場を作り、質疑の時間を多めに取り、活発なやりとりができていて満足度が高い。立候補を募ると、高2生に対する発表ならしたいと応じる生徒も多い。人の役に立つからだし、研究の苦労が一転して苦労話の面白さになるからだろう。

(b) 研究のメタ認知と、卒業研究の継承

先に触れた通り、卒業研究の本当の成果は研究結果ではなく、研究する姿勢や科学的態度の育成である。感想文やマニュアルを書かせることで、「自分が何をしたか」を明らかにするとともに、後輩に引き継ぐ。

探究サイクルを意識した授業づくり

髙山　望（元広島県立御調高等学校校長）
澄川　昭（広島県立御調高等学校教諭）、柴田　深月（広島県立広島叡智学園高等学校教諭）

■「考えてみようかな」と思わせる授業を

・基礎・基本とは何か

「主体的・対話的で深い学び」を実現しようとする際に、「基礎・基本（ICEモデルでいうI、ideas）の定着が不十分な生徒にC（connections、つながり）やE（extensions、発展）は無理」という考え方がある。本当にそうだろうか。

教師が「ここは次のテストに出すよ」「ここだけはできるように」と強調する授業は、「せめてこれだけできれば赤点は免れる、勉強が苦手な人も頑張れ」という一見優しいメッセージに見えて、実は「君の力はこの程度」、あるいは「なるべく楽なほうがいいだろう？」という裏のメッセージを生徒に刷り込んでいるのではないか。「まず基礎・基本」という考えの中には、教師中心主義、単一の評価軸、生徒の力を見くびるなど、学校教育で見直しが求められている多くのことが隠されているように思う。

そもそも、「基礎・基本」とは何なのか。教科学習においては「基礎⬇発展」「基本⬇応用」という方向で「全員が少なくともここまで」という捉え方で「基礎・基本」を設定しがちである。しかし実社会を見たとき、発展段階と考えられがちなEこそがむしろ現実に即した「真正の課題」であり、すべての生徒の思考の出発点、基礎・基本とするべき問いなのではないだろうか。

「テストは苦行であり、できるだけ楽にやり過ごしたい」と思ってきた（思わせられてきた）生徒に向けて「考えてみようかな」と思わせる問いを発すれば、生涯を通じて生きる力を伸ばすことにつながるだろう。教育課程上、このような課題解決型・教科横断的な学びを深めるのに最も適しているのが「総合的な探究の時間」（総合探究）である。

・「職場で可愛がられる人」に育てたい

御調高校（以下、本校）は、広島県東部の尾道市御調町にある各学年2学級規模の県立高校で、２０２２（令和４）年に創立１００周年を迎える。普通科だが2年次から「文理」「福祉」「情報・サービス」の３つの類型に分かれる。近年の生徒の進路先は概ね大学・短大４割、専門学校３割、就職３割である。

本校のミッション（地域社会における自校の使命）は、「自主・勤労・純真」の校訓のもと、地域の教育力を活かし、知・徳・体の調和のとれた人材を育成することである。育てたい生徒像として「個性がキラリと光り輝く生徒」を掲げている。具体的には「未来の創造に知恵を活用できる賢い生徒」「人や社会に思いやりを持って接する優しい生徒」「夢の実現に向け粘り強く取り組む活力ある生徒」が目指す生徒像であり、全校集会等では「職場で可愛がられる人になってほしい」と伝えてきた。

本校では「持続可能な開発のための教育（ＥＳＤ）」で挙げられている7つの資質・能力を、生徒に身に付けさせたい資質・能力として全般ルーブリックを設定している。これらを身に付けることにより、高校生としてはもちろんのこと、将来にわたって社会で活躍できる生徒を育てようとしている。

本校生徒の学力の幅は広く、中学校、あるいは小学校段階の学びでつまずきのある者もいる。しかし、勉強が得意・不得意に関わらず、授業中、教師の問いかけに対して生徒が冷ややかでない態度で受け止めて自分ごととして考え、行動しようとする姿を、赴任直後からしばしば目にして、心強く思ってきた。その態度を育ててきたのは、地域に支えら

・地域の方の講演
・地域の現状を分析
・地域外の地域活性化等の取組を知る
・課題解決の手法を学ぶ
・先輩の取組を知る

➡

【4~6月】　チームビルディング、計画発表
【通年】　各グループでの活動（表1）
【10月】　中間発表、他校との交流
【2月】　中高合同発表会
【3月】　レポート作成

➡

・進路実現に向けてまなびのとびらでの活動が進路を考える材料となる生徒もいる
・これまでの「まなび」の振り返りや評価アンケートを通して、振り返りや改善点の確認等を行っている
・後輩への継承

れた本校の総合探究の積み重ねだと考えている。

なお総合探究の計画・実施に当たっては、「地域活性化」という、生徒にも地域にも分かりやすいキーワードを掲げているが、これは決して最終目標ではない。御調地域のために生徒が活動しているというよりも、生徒が現在どこに住み、将来どんな仕事をするとしても生かせる力（それはＳＤＧｓに示される17目標を達成するための力でもある）を御調地域で伸ばし、結果として地域の活性化にもつながることを目指している。

・総合探究の考え方

本校の総合探究における3年間の学びをおおまかに表すと上の図のようになる。

第1学年の総合的な探究の時間「未来に生きる」では、3学期に設定されている「プレまなび」という単元の中で、地域内外の方の講演や先輩の取組報告を聴き、地域の現状や課題、地域活性化に向けた取組とその想いを知る機会を設けている。その過程で、課題の設定、情報収集、整理・分析のプロセスを学び、第2学年「まなびのとびら」での「御調地域の活性化」に向けた実践につなげる。

本実践が始まる数年前に、当時の生徒が御調地域の強みや特徴を分析してまとめ「御調の5宝」を設定した。それ以後、生徒は毎年、5つのグループに分かれ、自分たちの学年での目標や取組を話し合い、高校生としてできることを考え、関係機関や地域住民の方々との連携を深めながら実践を続けてきた。

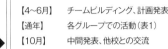

表1　令和元年度の各グループの実践や取組

グループ	福祉・医療	ソフトボール	文化・伝統	自然	食物
目的	地域交流を盛んにする。	ソフトボールの楽しさを知ってもらう。	観光資源をいかして人に来てもらう。	ヤギと耕作放棄地を活用して野菜を作る。御調を花で溢れる地域にする。	パパイヤを使って御調地域に関心をもってもらう。
取組例	ありがとうデー（道の駅「クロスロードみつぎ」でのイベント）参加等				
	・福祉施設への訪問 ・ウォークラリーのイベント実施 ・難病支援活動への支援活動	・御調のソフトボール知名度調査 ・小学校訪問 ・ゆるキャラ作成 ・ＳＮＳでの情報発信	・柿の商品販売・開発 ・地域の祭りへの参加 ・「真田伝説」の広報活動	・耕作放棄地での野菜作り ・御調の自然を使ったものづくり ・花壇の花植え ・ＬＩＮＥスタンプ作成	・パパイヤの商品開発 ・御調地域の特産品調査

第3学年ではそれぞれの進路実現に向け、自分がこれまで取り組んできたことを振り返り、何に挑戦したのか、どんな力を身に付けたのか、それをこの先どのように活かしていくのか、個人で意味づけを行う。3年間の学びを、高校での学びで終わらせることなく、自分の将来につなげて考えていくよう指導している。

■ 探究サイクルを回す単元設定

・年間指導計画の構成

年間の指導計画は、探究のサイクル（課題の設定→情報の収集→整理・分析→まとめ・表現）に則って構成している。

年度当初には、企業コンサルタントを講師として招き、チームビルディングやブレインストーミング等のレクチャーを受け、集団の中での自らの役割や課題を明確にして目標をたてる手法を学ぶ。写真1はこれまでに得た知識や自分の意見をグループで出し合い、御調地域が抱える課題についてKJ法を用いてまとめている場面である。（課題の設定）

次に、グループで設定した目標の達成に向け、実施したアンケートの分析結果等を踏まえつつ計画を立て、年間計画発表会（6月）で、協力いただく地域の方々から直接、意見や要望を聞く機会を設ける。その後も地域の方との連携を継続しながら、生徒は新たに得た情報や視点をもとに計画に修正を加える。これにより、課題をより俯瞰的に捉え、根拠を持って仮説を立て、検証しようとする態度が育つ。写真2は福祉・医療グループが尾道市御調保健福祉センターを訪れ、企画したウォーキングスタンプラリーの打ち合わせをしている場面である。（情報の収集）

各グループがフィールドワーク、企業との連携、イベントの実施等、実践を行っている最中の10月には、現段階までの活動を一度振り返って整理し、活動への意見を他者からもらうことで新たな視点を得て、改善につなげることを目的とした中間報告会を行う。令和元年度は広島県立大崎海星高等学校との交流を行った。写真3は大崎海星高校の生徒とともに議論を行っている場面である。（整理・分析）。

写真１

2月には、1年間のまとめとして、連携型一貫教育校である御調中学校と中高合同発表会を実施し、年間の取組とそこから得た学びを地域の方々や後輩に伝えている。また、個人としても1年間の学びについてレポートを作成し、活動を通して得た気付きや自己の成長を振り返り、自己評価を行う。（まとめ・表現）。

このように、年間を通して大きな探究のサイクルを設定するとともに、単元や授業の中で小さな探究のサイクルを何度も繰り返すことを意識している。生徒は学校外に出て活動することが多く、そのことをもって一見活動重視の授業に思うところ

写真2

写真3

がある。しかし、活動だけで終わらせず、活動を通して得た成功や失敗をもとに、「なぜその結果になったのか」「次はどのようにすればよいか」を必ず振り返り、整理することで、その都度修正を加える「トライアル&エラー」を意識して指導を行っている。

　この過程を通して自分たちの取組を振り返り、今後の方向性を確認したり、「新たな課題」を設定してこれまでの取組を変更・拡充したりするグループもある。たとえば、当初は社会福祉施設の利用者との交流を考えていたグループが、実際に訪問した際、施設でほうれん草の栽培をしていることを知り、これを活用できないか考えた結果、ほうれん草を使った施設の広報活動を行う方向に変わっていったこともあった。そのため教員は、生徒がやりたいと提案したことは、困難なものであっても、まずは挑戦させるようにしている。うまくいかずに途中で挫折するものもあるが、失敗を糧に生徒たちは試行錯誤を繰り返しながら成長していく。

・授業の構成

　各グループで課題を設定し、その課題の解決に向けて取組を進めていくため、校内で活動するだけでなく、地域の関係機関を訪問する等、グループによって取組内容が異なるということも生じる。外面に現れる特徴的な取組だけに注目するのでなく、大きな単元の中で、各グループが探究のサイクルに則って学びを深めていくように、授業の最初に全体での方向性や授業の目標を確認し、授業担当者が意識してファシリテートしている。

　授業の最後には、その日取り組んだ内容について、簡単に報告させる。生徒は、ワークシートに自分たちの活動だけでなく、他のグループの活動も記録している。また、授業の終わりに7つの資質・能力のうち、どの力がどの程度身に付いたかを、ルーブリックを基に自己評価させ、「積み重ねグラフ」に色を塗らせている（次頁）。自分がどのような力が身に付いているのか、視覚的に分かるように工夫している。

■徐々に変化を見せる生徒たち

学校概要で記したように、本校生徒の進路先は、大学・短大、専門学校、就職と多岐にわたる。『全員が国立大学を目指す』「全員がある資格取得を目指す」という学校であれば、均質な集団としての強みも大きく、当面の目標達成に向かっての効率はよいだろう。しかし生徒が将来生きていく社会は、企業にせよ地域社会にせよ、さまざまな経歴や文化的背景を持つ人の集まりである。その中で、他者の考えを理解し、自己の意見を主張して、折り合いを付けていくことが求められるのであり、進路や背景が多様な生徒がともに学んでいるということは、多様性を受け入れるという点で大切な経験をしているものと考え、日頃から生徒にも伝えている。

本校生徒は良くも悪くも大変素直である。楽しいことや興味を持ったこと、やらなければならないと納得したことに対しては、時に教員の想像を超えたパワーを発揮することがある。まず、令和元年度「まなびのとびら」ソフトボールグループの生徒が小学校訪問を行った様子を挙げる。

小学校訪問は、御調地域のソフトボールの競技人口を増やすことを目的に、御調地域の幼稚園や小学校を訪問し、子ども達にソフトボール体験を通してその楽しさを知ってもらうという活動である。計画を立てる中で、「御調地域以外の学校に行くことで、御調のアピールをするべきではないのか」という意見が出た。ＪＲ尾道駅で行ったアンケート調査の結果からも、尾道市内で御調のソフトボールの知名度が低いということが明確になり、尾道市内の小学校を訪問することに決めた。

どのグループも訪問先との連携は、教員が授業や活動の趣旨を伝えた後は基本的に全て生徒が行っている。大人に電話をかけてやりとりをすること自体初体験に近い生徒もおり、うまくいかないこともあった。訪問が終わった後は必ず「良かった点・悪かった点・次の改善点」を振り返って意見を出し合い、全員で共有するようにした。

　訪問を重ねるごとに、生徒に変化が見られた。電話を嫌がっていたリーダーが自ら「伝え忘れたことがあるので電話させてください」と率先して電話をかけるようになるなど、自分で考え、行動する場面が増えた。雨天でグラウンドが使えず、急遽体育館で行うことになった時も、臨機応変に対応することができていた。子どもに声をかけて並ばせ、司会に注目するように促したり、進行を妨げないように裏で次に使う道具を設置したりと、一人ひとりがこれまでの反省を活かし、自分の役割を探して行動できるようになっていった。

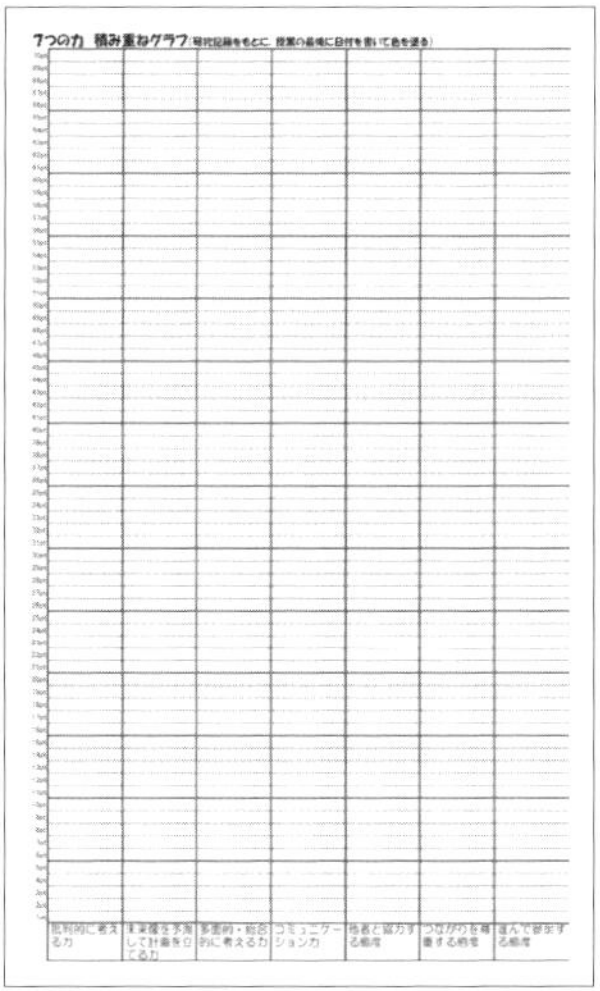

まなびのとびら　自己評価規準シート

次の評価基準をもとに，授業の最後に自己評価をしましょう。

7つの力	0	1	2
批判的に考える力	・今回は自分ではあまり考えなかった。・今回は他の人の意見について吟味せず，同調した。	・根拠をはっきりさせながら考えた。・段階を追って物事を考えた。	・問題が生じたときに代案を考えた。・他の人と意見を出し合って，いろんな意見を踏まえた最終意見をまとめた。
未来像を予測して計画を立てる力	・今回は先のことはあまり考えていない。	・少し先のことを意識して考えることができた。	・自分たちが考えていることが御調町の将来にどうつながっていくかをしっかり考えた。
多面的・総合的に考える力	・今回は1つのことを1つの立場からしか考えなかった。	・1つのことに対して，2つの視点で考えることができた。・自分の意見と違う他者の意見を1つは踏まえて考えることができた。	・1つのことに対して，3つ以上の視点を持って考えることができた。・3つ以上の異なる意見を総合的に考えて，結論を導くことができた。
コミュニケーション力	・今回はあまり自分の意見を述べたり，他の人と意見を出し合ったりしなかった。	・仲間に自分の意見を述べることができた。・仲間と意見を出し合って話し合ったり，議論したりできた。	・学校外の人に自分たちの意見を述べることができた。・学校外の人と話し合ったり，議論したりできた。
他者と協力する態度	・今回は自分ができる最低限のことだけをした。・今回は自分のしたいことをした。・今回は一人で作業に取り組んだ。	・一人ではできないことに仲間と協力して取り組むことができた。・困っている時に自分から協力することができた。	・一人ではできないことを仲間と協力して達成した。・学校外の人とも協力して取り組んだ。
つながりを尊重する態度	・やっていることがどうつながっているのかを考えずに行動した。	・自分たちのやっていることが，今までやってきたこととどうつながっているかを考えて行動した。	・自分たちがやっていることが，御調町や町内の人々にどういう影響があるかを考えて行動した。・自分たちがやっていることが，他の人がやっていることとどうつながっているかを考えて行動した。
進んで参加する態度	・あまり積極的に参加しなかった。・言われたことだけをそのままやった。	・役割分担で分担されたことには積極的に取り組んだ。	・やるべきことを自分から見つけて取り組むことができた。・誰もやりたがらないことであっても必要だと感じたことには進んで取り組んだ。・リーダーシップを発揮してグループで取り組む体制を整えた。

■ グループ中心に進める実際の授業

　先に述べた探究のサイクルに則った単元計画のうち、「整理・分析」にあたる授業を紹介する。第2学年の「まなびのとびら」では、グループごとに目標を設定し、活動するという授業形態で行っており、グループでの話し合いの司会、地域内外の企業や関係機関との連携、イベントの企画・運営などはすべて生徒主導で行っている。教員は1グループにつき2人で担当し、助言や引率を行う。1年間の活動計画を立て、時に修正を加えつつ実施する中で、前年度の活

動を引き継ぐグループや、新たな視点で挑戦するグループなど、進度も様々であり、生徒個人の熱意にも差がでてくることがある。また、「パパイヤを育て、商品として売る」「小学生にソフトボールを教える」といった「活動」がいつの間にか「目的」にすり替わってしまうこともある。これらの課題を踏まえ、「地域の課題を解決する　～活動計画・手順・方法の見直し～」という単元を設定した。

本時の目標は「これまでに得た情報等を基に、今後の取組の方向性をまとめる。他者の意見を踏まえ、自分たちと地域とのつながりについて、自分の意見をまとめる。」である。地域と深くつながり、幅広い活動を行っている大崎海星高校から生徒に来てもらい、同じ「地域の活性化」に取り組む高校生の活動や思いに触れ、自分たちの活動が何のための活動なのかを再考する機会を設けることで、目標を再認識すると共に、新たな視点をもって計画を練り直すことを目的として授業を組み立てた。

本単元は1年間を見通した大きな探究のプロセスの中の「整理・分析」にあたるが、この単元の中でさらに小さな探究のプロセスを実施するよう計画した。これまでの自分たちの活動が本当に課題の解決につながっているのか、地域や社会にどのように貢献することができているのかという問いを立て（課題の設定）、大崎海星高校や他のグループの取組を知る（情報の収集）。そこで得た情報や意見をもとに、地域と高校（生）のつながりについてグループで協議し、整理する（整理・分析）。最後にグループでの結論をまとめ、全体に発表する（まとめ・表現）。

当日は臨時時間割を組み、終日の授業をすべて総合探究として実施した。午前中はゲームや自己紹介によるアイスブレイキングの後、両校の実践報告と質疑応答を行った。午後はグループごとに活動場所の教室に移動し、事前の調査や交流の中で得た情報をグループ内で共有した。ここでは、御調地域と大崎上島の共通点や相違点に気付き、これまで自分たちが行ってきた取組が地域とどのようにつながっているのかを考え、まとめる活動を行った。

グループによって、地域内外の企業や小・中学校、行政等、連携先はさまざまであるが、地域の中で高校生がどのような役割を担い、どのような期待をかけられているのかに気付くことで、生徒一人ひとりが各グループで設定した課題を自分ごととして捉え、地域や社会とのつながりを尊重する態度の育成を目指した。使用したワークシートは資料1である。「お世話になった人」「もし地域に高校がなかったら」「地域の方々が高校に求めていることは何か」を考えた上で、「私たちは何をすべきか」「地域の方々の思いを受けとめることができているのか」「私たちの活動は本当に地域に貢献できているのか」についてグループで協議を行い、自分たちの活動の意味づけと後半の計画の修正を行った。

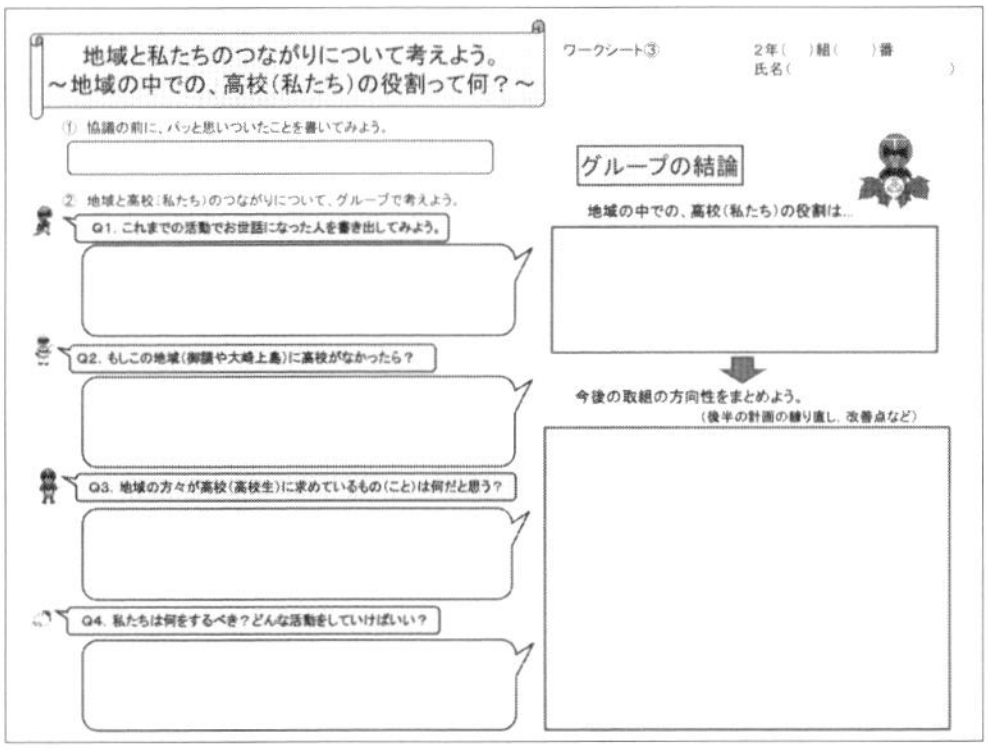
地域と私たちのつながりについて考えよう。
～地域の中での、高校（私たち）の役割って何？～
ワークシート③
2年（　）組（　）番
氏名（　）
① 協議の前に、パッと思いついたことを書いてみよう。
② 地域と高校（私たち）のつながりについて、グループで考えよう。
Q1. これまでの活動でお世話になった人を書き出してみよう。
Q2. もしこの地域（御調や大崎上島）に高校がなかったら？
Q3. 地域の方々が高校（高校生）に求めているもの（こと）は何だと思う？
Q4. 私たちは何をするべき？どんな活動をしていけばいい？
グループの結論
地域の中での、高校（私たち）の役割は…
今後の取組の方向性をまとめよう。
（後半の計画の練り直し、改善点など）

資料１

協議の一場面を紹介する。御調地域でさかんに行われているソフトボールグループでは年度当初、地域内外の御調地域のソフトボールに対する知名度等の意識調査を行った。JR尾道駅に協力していただき、１００人程度のアンケートをとることができた。「お世話になった人」について協議している際、ある生徒が「アンケートに答えてくれた人」と答えた。一つひとつの活動が誰かとの関係性の中で成り立っているということに改めて気付く中で、生徒たちは自分たちが行ってきた活動を違う視点から振り返り、新たな気付きを得たり、活動の意味付けを行っているのである。

また、福祉・医療グループでは、「地域の方々が高校に求めていることは何か」を考えるとき、議論が停滞した。一人の生徒が、「そんなん聞いてみんとわからん。人によって違うはずだ」と言ったことがきっかけだった。地域の方の思いを生徒が直接聞く場面は多くあったはずである。しかし、そういった交流が、生徒の中で「自分たちに求められている」という意識に必ずしもつながっていなかったか、もしくは、多くの地域の方と関わる中で、人によって高校生に求めていることが違うのだということを経験から感じ取っていたと考えられる。そうだとしたら、漠然と「地域の方々」と問うのではなく、お世話になった特定の人物に限定して考えを深めさせた方がこの生徒にとっては振り返って考えやすかったのかもしれない。

このように、生徒たちの素直な反応から、授業の進め方について教員が考えさせられる場面が多々ある。大崎海星高校の生徒から意見をもらいながら、このグループが出した結論は「若さ、やる気、真面目さ、ルールを守ること」であった。

協議の間、教員は進行の方法をリーダーにアドバイスしたり、議論に参加したりする場合もあるが、基本的には生徒同士の話し合いを見守っている。生徒から質問をされたときも、「どうしたらいいと思う?」と聞き返すようにしている。生徒から出てきた質問にすべて答えるのではなく、全体に対して問い、考えさせる。「まなびのとびら」ではこのように、生徒の主体性に任せ、根気強く答えを待つ場面が多くある。たとえそれで失敗したとしても、生徒はそこから何か得るものが必ずあり、成長につながる。そう信じて時に見守ることも大切だと考えている。

授業実践をまとめるに当たり、令和元年度の一人の卒業生に「まなびのとびら」をやってよかったと思うことを尋ねてみると12項目にまとめて答えてくれた。その中には「発案から実行までを周りの力を借りながらも自分たちで達成できる喜び」「突拍子のない案でも生徒の意見として尊重され、実現に向けた取組ができる」「目標実現に向けた計画立ての重要性がわかる」「発表で質疑応答・下級生からのコメントがあるから、自分たちの不十分だった点を知ったり新たな視点を得たりできる」「他の学校ではしてないから、自信・強みになる」などと書かれていた。「御調地域の活性化」という大きな目標を掲げ、学校内の活動に留まらず、広く地域に目を向け、さまざまな人の力を借りながら協働し、時には失敗しながら取り組んだ経験が、生徒の中で意義深いものとして残っているとわかり、生徒に付けたい力が付いていることを実感して嬉しくなった。

「まなびのとびら」では毎年度の初めに生徒に「本当に宝はこの5つかな」と問いかける。今のところ生徒から「5宝」を見直そうとする声はないが、「御調の5宝」に毎年注目しながらも、その年ごとに生徒たちの課題意識は変わっている。いずれは「5宝」を見直そうという動きが出るかもしれない。それもまた、生徒たちが地域や社会をしっかりと見て高校生としての在り方・生き方を考えた結果であり、それができる生徒が育つならば本望である。

本校の「総合的な探究の時間」では、地域のさまざまな人的・物的資源を活用しながら、探究のサイクルを意識させる授業を計画し、教科横断的な学びを進めてきた。今後も、「生徒たちにどんな力を付けたいのか」を教育活動のすべてにおいて教員が意識し、主体的・対話的で深い学びを実現していきたい。

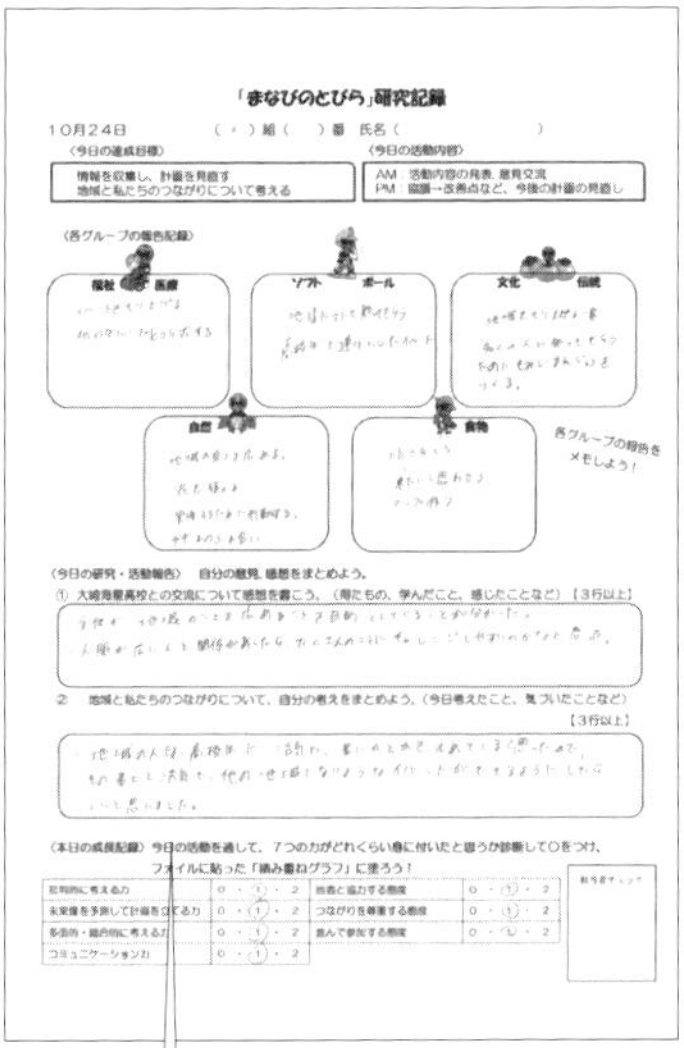
「まなびのとびら」研究記録

10月24日　（ ）組（ ）番　氏名（ ）

〈今日の達成目標〉
情報を収集し、計画を見直す
地域と私たちのつながりについて考える

〈今日の活動内容〉
AM：活動内容の発表、意見交流
PM：協議→改善点など、今後の計画の見直し

〈各グループの報告記録〉
福祉　医療
ソフト　ボール
文化　伝統
自然
食物
各グループの報告をメモしよう！

〈今日の研究・活動報告〉　自分の意見、感想をまとめよう。

〈本日の成長記録〉今日の活動を通して、7つの力がどれくらい身に付いたと思うか診断して○をつけ、ファイルに貼った「積み重ねグラフ」に塗ろう！

批判的に考える力	0・①・2	他者と協力する態度	0・①・2
未来像を予測して計画を立てる力	0・①・2	つながりを尊重する態度	0・①・2
多面的・総合的に考える力	0・①・2	進んで参加する態度	0・①・2
コミュニケーション力	0・①・2		

〈今日の研究・活動報告〉　自分の意見、感想をまとめよう。

①　大崎海星高校との交流について感想を書こう。（得たもの、学んだこと、感じたことなど）【3行以上】

・全体が、地域のことを広めることを目的としていることが分かった。
・人脈が広い人と関係があったら、たくさんのことにチャレンジしやすいのかなと思った。

②　地域と私たちのつながりについて、自分の考えをまとめよう。（今日考えたこと、気づいたことなど）【3行以上】

・地域の人は、高校生に活気や、若い力とかを求めていると思ったので、その若さと活気で、他の地域にないようなイベントができるようにしたらいいと思いました。

探究活動3＝「探究基礎」

生涯学び続ける学習者を育てる「探究基礎」

紀平　武宏（京都市立堀川高等学校教諭）

■「自立する18歳」を育てる

「自立する18歳」の育成を最高目標に掲げる京都市立堀川高等学校では、「いかに社会が変化しようと」、将来にわたって自ら課題を見つけ、主体的に判断し、行動し、よりよく問題を解決するための資質・能力を伸長することを目的とする授業「探究基礎」を設置し、生涯学び続ける学習者を育てることを目指している。

本校には生徒達の学習の指針となるような「ことば」がいくつかあり、そのうちの一つに「二兎を追え」がある。この二匹の兎のあらわす「日々の学習」と「探究活動」は異なるものではなく、必要な知識・技能の獲得を目指す日々の授業と既習の知識や手法を活用する必要性に気づき知識を生かす場を経験する探究活動を繰り返す、これによって知識・技能を主体的に学んでいこうとする学習者を育成することをめざしている。

もうひとつ堀川高校入学直後に生徒たちに伝えている「ことば」を紹介する。「探究五箇条」と呼ばれるそれは次の五つからなる。

一、知らないということを知れ

まずは「自分ではわかっているつもりのことでも、実はよくわかっていないことがある」ことを自覚するのが何より大切である。「わかったつもり」は探究の芽をつんでしまうことにつながり、無知を自覚し、謙虚に学ぼうとする姿勢が探究の前提となる。自分が未熟であることを認識することは、単に教わることから脱却し、主体的に学ぶことの始まりであり、堀川の標榜する「自立する18歳」への第一歩を意味していると考える。

一、常識を学べ

答えのない問いと向き合うには、世間の一般常識はもちろんのこと、先人たちが明らかにしてきた知恵や理論を学ばなければならない。探究は人類全体の時を超えた共同作業であり、どんな新発見も「教科書」の上に積みあがっていく。学ぶことによって、自分の知っている世界を広げるだけでなく、それ以上に知らない世界を広げてしまうことがあるかもしれないがそこに楽しみを見出してほしいと考える。

一、常識を疑え

学んだ「常識」を鵜呑みにするのではなく、ときには疑ってみることも必要である。探究活動の出発点である「問い」は、「常識」とされてきたものへの疑いや違和感から生まれることも多いといえる。一見矛盾する「常識を学べ」「常識を疑え」という2つの言葉は、どちらも新たな知識や知見を得るときの姿勢といえるだろう。

一、手と頭を動かせ

探究活動は思考だけでも作業だけでもうまくいかない。手を動かすことで様々な事実を集め、一般的な法則を見つけ出す「帰納」というプロセスと、一般的な法則を用いて論理的に推論する「演繹」というプロセスの両方が重要である。

一、朋と愉しめ

探究は決して孤独な闘いではなく、仲間の存在があってこそ、有意義なものとなる。時にはアドバイスを与えあい、時には厳しく批判しあって互いに高みを目指す、そして探究によって得たものは、みんなで分かち合ってこそ価値のあるものといえるであろう。「朋と愉しめ」という言葉が示すのは「対話」の姿勢である。探究活動では対話を重要視しており、対話によって新たな自分自身の発見につながるという経験を積むことを目指している。

堀川高校では、探究基礎が教育活動の柱であることを教職員全体で共有し、よりよい探究基礎の授業を教員一人一人

探究基礎1年半の流れ

探究DIVE

DIVE：入学直後に，探究活動の一連の流れを2日間で経験し，今後探究活動に取り組む上でどのような力が必要となるのか考えさせるためのとりくみ。

↓

HOP

HOP：探究の「型」を学ぶ

講義やグループワーク等を通して，探究活動に必要な心得や作法を学ぶ。課題設定から課題解決までの流れを体験的に身につけることが目標。自らの主張を的確に伝えるための発表の仕方や論文の書き方についても学ぶ。

↓

STEP

STEP：探究の「術（すべ）」を身につける

実際に探究する上で必要となる課題解決能力の育成が目標。ある疑問に対して答えを出す方法は，専門分野ごとに異なる。そこで，ゼミ（少人数講座）に分かれ，分野に固有の研究手法を学ぶ。

↓

JUMP

JUMP：探究の「道」を知る

論文作成に向け，実際に探究活動を行う。ゼミ内やゼミを超えてポスターなどを用いて発表を行い，同級生・TA(ティーチング・アシスタント)・教員からアドバイスや批判を受ける。それを反映して研究を進め，論文を作成する。

↓

さらなる挑戦

指導上,意識していること

HOP
- 失敗させないような指導をしない。その後のフォローを大切にする。
- 生徒の自主性の伸長に向けて，自由度を残す。たとえば，探究テーマは教員が指定しても，具体的課題については生徒に決めさせる。
- グループワークなどで出た意見をそのまま受け入れさせず，対話させた上で，批判的に捉えさせる。
- 身につけさせたことを，STEP，JUMPで実際に活用できるようにさせることを意識。HOPでの学びを深くするためには，さまざまな場面での経験と学びをつなげさせることを意識。

STEP
- JUMPで抱えることの多い課題を生徒自ら克服できるようにするためのテーマを設定する。
- STEPの段階から，JUMPでの課題設定を意識させる。

JUMP
- それぞれの生徒に対して設定するゴールを常に修正しながら，JUMP終了時には「体験記集」に言語化させ，また，JUMP終了後も対話を通して，探究基礎で学んだことが普遍的な力となることに気づかせる。

資料1

が展開していくことを目標に、年度当初に探究基礎の企画・運営を行う校務分掌である研究部主導による探究基礎研修会を全教職員対象に実施している。その内容も毎年変化し、年度によっては教務主任や進路指導主事が探究について研修を実施するなど全校体制で探究基礎を展開している。

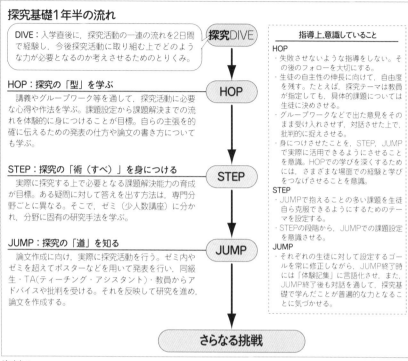

・「探究基礎」の流れ

「探究基礎」では、探究する力の育成をめざし、自ら設定した課題に基づいて研究をすすめ、その成果をポスター形式で公開発表するとともにそこで得た指摘をふまえ、論文にまとめる活動をおこなっている。この「探究基礎」は1年生前期を「探究する上での基礎となる知識・技能を学ぶ期間」、1年生後期を「具体的な対象を調査するための技術を学ぶ期間」、2年生前期を「これまで身につけたことを活用し実際に探究活動を実践する期間」として設定し、それぞれ1週当たり2時間配当されている。また1年前期をHOP、1年後期をSTEP、2年前期をJUMPとよんでいる。まずはHOPでの講義・実習を経て、STEPから生徒一人一人の興味関心に応じたゼミにわかれ課題設定能力・課題解決能力を高めながら、JUMPでは一人一テーマで研究に取り組み、2年前期終了時には課題研究を一通り体験でき、探究の作法を身に付けられるような指導をおこなっている。堀川高校では学科、文理問わず全員がグループではなく個人で探究活動をすすめる。

また、高校入学直後に2日間を利用して、あえていきなり「答えのない問い」に対峙する体験を通して、その後の探究活動でどのような力が必要となるのか、つまり、自分たちはこれからどのような力を身につけていけばよいのかということを、生徒に考えさせる「探究DIVE」という取り組みも実施している。この1年半の流れをまとめたものが資料1である。

■ある生徒の成長の過程

数学ゼミに所属していた生徒の例を紹介する。

その生徒は幼少のころからピアノをずっと習っていたこともあり、音楽と数学の関係について探究をすすめたいと漠然と考え始めたことがスタートであった。最初は久石譲の曲が好きだからその曲を分析してみようと思っていたようだが、無理やり数学と結びつけるわけにもいかず日々悩んでいた。生徒たちは1年次に先輩の研究発表会に参加して、その様子を知っているため、2年生の秋に自分自身もその場に立つことを想像して、そこまでに研究がまとまるのか、そもそもまとまるような研究テーマが決まるのか、ほとんど全員が胸に不安と期待を抱きつつ「探究基礎」の授業に挑んでいる。

そんな中、興味をもったことをとりあえず調べてみるということを繰り返しているうちに、習っていたピアノの曲の中で曲調が不思議であったバルトークの「バグパイプ吹きたち」という曲に注目し、その不思議さを調べてみるとバルトークという作曲家が民族曲を科学的に分析し作曲していたということをつきとめた。そして、本当にバルトークだけが特徴的だったのか、どんな科学的な方法で作曲していたのかに興味を持つことになった。バルトークの作曲技法について書かれた書籍があることもつきとめ、それを入手し、その内容を理解しようとするが、なかなか読み解くのに苦労した。ここで、本を読むということについて、書かれていることを咀嚼して自分自身の言葉で述べることができるようになるためには読み込みが足りないということに気づいたと振り返りに記述している。ただ字面を追うのではなく、そこに現れるフィボナッチ数列なども自ら学び、書籍の手法を再構築しようと表計算ソフトを用いて分析をはじめた。自ら知りたいことを追究するために手を動かし頭を働かせているうちに、今度はバルトークの作曲技法と数学の関連について述べられている論文を見つけた。やっと解決の糸口が見つかったと思ったここでも問題が生じた。その論文はインターネット上で閲覧することができなかったのである。インターネットで公開されていない論文を手に入れるということは、高校生にとってそんなに簡単なことではない。しかし彼はせっかく見つけた論文をなんとかして読みたいと思い、自ら近くの大学の図書館まで出向き、読みたかった論文を手に入れることができた。この行動力を称えたいと思う。

その論文の内容を参考に、ついにバルトークの作曲技法のどの部分に数学が現れるか彼の中で腑に落ちる瞬間があった。その後は他の作曲家ではどうなのかを調べることでバルトークとの違いを明らかにできると考え、他の曲について分析をすすめることになりそれをまとめた。彼の「探究基礎」論文のタイトルは「バルトークのピアノ曲における黄金分割―「ソナチネ」を用いて―」であった。研究成果自体もさることながら、彼自身の興味関心から少しずつ少しずつ深めたり広げたりして、他者との対話を繰り返しながら導き出すまでの営みは、彼自身しかできない、オリジナルの探究活動といえるものである。2年生秋に実施された探究基礎研究発表会では、自分一人でやりとげようとしている研究内容を後輩たちの前で自分の言葉で自信をもって、そして堂々と発表していた。おそらく後輩はこの姿を見て、1年後の自分に対し同じように不安と期待を抱いたことであろう。

■ 対話重視の実際の授業

・入学直後の探究DIVE

1年前期HOPにおいて探究をするうえで必要となる知識・技能を学ぶといっても、それだけをとりあげると生徒たちにとってみれば何のためにやっているのかわかりにくくなり、モチベーションの低下につながりかねない。そこで入学直後、普段の授業開始に先駆けて2日間かけてみっちり「答えのない問い」に立ち向かう経験を通して今後の探究活動に活かすヒントをみつける。この取組ではグループごとに与えられたテーマについて自分たちの考えをまとめてポスター発表を行う。それまで、高校入試という受験勉強を経て入学してきた生徒たちにとって、どこから考えてどこに向かえばいいのかわからない、しかも入学直後でお互い性格もよくわからない中でのこの取り組みは、最初戸惑いから始まる。しかし、最初はぎくしゃくした会話も議論を少しずつ重ねることで、他者の意見の重要性に気づきながらさらに対話を重ねてなんとか形作って、発表するときには自分たちの言葉で伝えようとする。もちろん理論が不十分である点は多々あるため、教員からの指摘からだけでなく自分たち自身でも指摘しあうことになるが、だからこそ自ら足りない点に気づくことになる。

・HOP～「型」を学ぶ～

将来生徒一人一人が探究活動をすすめていくうえで、いかなる分野の研究を進めていくうえでも必要となる、普遍的な探究活動の手法や表現方法を学ぶことを重要視した期間として設定しており、探究の「型」を学ぶHOPとよんでいる。具体的な到達目標は、「探究活動を行う際の心得（「探究五箇条」等）を理解する」、「課題を設定し解決するプロセスを理解し、そのために必要な能力を身につける」、「ポスター発表の意義を理解し、ポスターの作成方法と発表方法を習得する」、「論文の書き方を理解し、自らの主張を論理的に組み立て、表現する能力を身につける」、「授業を通じて得た学びや気づきを振り返り、今後の探究活動や実生活に活かせることを自覚する」の五つを設定している。約40名1クラスに対し、教員2名を配置しＴＴ（ティームティーチング）で授業を行っている。この授業の中で与えられたテーマに基づいて探究のサイクルをまわす経験を積む。２０１９年度のテーマは「日本の高校生の学習における試験にはどのような意味があるのか」「携帯電話・スマートフォンの進化は日本の高校生にどのような影響を与えているのか」であった。教員側からテーマを与えることのねらいは、今後生徒が取り組みたいテーマがあったときに、それを課題に昇華させるためにはどのようなプロセスを経るとよいかということに焦点をあてたいからである。

この期間の活動を通して、どのように情報収集を行い、得られた情報をどう整理して、どう理論立ててまとめるかを学ぶことになるが、ここでのポスター発表会や論文でも生徒それぞれがベストなパフォーマンスを発揮しようとする中で、例えば論拠となる情報がまだまだ十分でない、論証が不十分であったなど、失敗から学び今後の個人探究につなげていくことに生徒自身が気づくことも促している。日々の授業の振り返りの中で、例えばポスター発表後に、発表者としての視点から「今回『心の理論』を十分に働かすことはできなかったもののそれでも思ったよりはできたのではないかと思います。留意点としては聞き手とアイコンタクトをとり、『相手がうなずいている→伝わっている』を確かめることだと感じました」と振り返り、聴衆としての視点から「適切な質問ができなかった。適切な質問をするためには、まず相手の言いたいことを理解することが第一で、その後にクリティカルシンキングを行うことだと思いました」と振り返っている。ポスター発表でのやり取りを通して、他者との対話によって新たな見地を得ることができるということをここでも体験させたいと考えている。

なお、ＨＯＰの授業資料や指導案等は本校における校務分掌のひとつである研究部が担っており、研究部が作成した素案を、研究部と学年団との議論を経て、担当者全員の集まる担当者会議で共有する。その担当者会議は毎週実施している。

・ＳＴＥＰ～「術」を身につける～

この期間では、実際に探究する際にどのような知識・技術が必要となるか、それらをどのように役立てるかといったことを見通し、必要となる課題解決能力を伸長することを目標としている。そのために、例えば実験・観察・調査などの方法や計画の立て方、結果の分析方法、文献調査の方法やテキストの解釈の方法、議論の仕方など具体的な探究の手法を学ぶ。ある疑問に対して答えを出す方法は、専門分野ごとに異なるため、少人数講座（ゼミ）に分かれ、分野固有の研究手法を用いて課題解決に向けて戦術を立てる力を向上させる「術（すべ）」を身につける期間として設定している。普通科と専門学科で少し異なるが、言語・文学、人文社会、国際文化、物理、化学、生物学、地学、数学、情報科学などの8〜9講座設置している。生徒たちはそれぞれの興味関心に応じて希望するゼミを選択し、一つのゼミにつき約10人程度の生徒が配属され、そのゼミに対して教員が2名と大学院生が1名ＴＡ（ティーチングアシスタント）として指導に当たる。生徒1人に対して教員が十分な時間をもって対応ができる利点を最大限に活かし、ゼミ内での活動において、ＴＡも含めた教員側から一方的に教えるということはほとんど行わない。どのゼミでも生徒たちの気づきを生むきっかけとなる教材やテキスト、実験を準備することを重要視し、教員との対話だけでなく生徒同士の対話を通して生徒自身による理解と必要なスキルの習得を目指している。ＨＯＰでは探究活動をすすめるうえで課題設定の型の一例を学習し、その型に則ってポスター発表を行い、論文を書きあげた。しかし、分野によってはその型では扱いにくい場合も出てくるため、そういった場合も各ゼミ内で適宜修正しながら指導をしている。特にＳＴＥＰでは探究五箇条のひとつである「手と頭を動かせ」を実践する場を多く設け、またゼミに関わらず共通の課題としてレポートを設定している。このレポートを通して、生徒たちが2年から個人探究をすすめるにあたって、そのゼミにおける知識や技術を身につけているかも見取っている。

数学ゼミを例にあげてみると、ここ数年はジョセフ・Ｈ・シルヴァーマンの『はじめての数論』をテキストとして扱い輪読している。最初のうちは書いてあることを疑いもせず素通りすることがしばしばあるが、そのたびに、本当に理解しているのかをわれわれ教員で質問をし続けることで、少しずつ本の読み方を身につけていく。しばらくすると生徒からも質問するようになり、そうなれば教員側から働きかけることは減って少なくなっていく。また、書かれている条件を変えるとどうなるかなどをレポートに課したり、授業中に問いかけたりすることでどのように考えを広げていけばよいかのひとつの方向性も身につけていくよう促している。

ＳＴＥＰのもう一つの目標を「ＪＵＭＰ開始時に調査・実験に着手できるよう、課題解決までの見通しをたてつつ、課題を設定する」としている。そこで、ＳＴＥＰの後半からは「課題設定トライアル」とよんでいるプリントを準備し、取り組みたい課題やどのようなことを明らかにしたいのか、そのために必要となる理由や根拠は何か、またそれらを手に入れるためにはどうすればよいかなどについて生徒が記入してきたものを、本人と教員で確認しながらブラッシュアップする取り組みを行う。

これらの活動を五つの観点「課題を設定する力」「知識・技能を習得・活用する力」「論理的・多角的に考える力、計画的に進める力」「対話・表現する力」「ふりかえりの力」で評価している。また、これら五つの観点についてはＳＴＥＰの授業開始時に生徒にも提示している。

なお、このゼミ活動から大学院生をＴＡとして配置しているが、大学院生にも授業に参加してもらうことは単なる専門知識の指導助言ということ以上に、生徒たちにとっての「近い未来」を肌で感じることのできる貴重な教育機会であると考えている。またＴＡを経験して本校の教員となり、「探究基礎」の授業を担当するというサイクルも生まれている。

・ＪＵＭＰ～「道」を知る～

いよいよ生徒たちが自分自身で課題を設定し、個々人で探究をすすめていく期間となる。実際に探究活動をおこなうことで普遍的な探究能力、いわば探究の「道」を実践的に知ることを目的とした期間である。ＪＵＭＰでは1年次にＨＯＰ、ＳＴＥＰで習得した研究手法を活用し、設定した課題について、調査・実験をすすめつつ、発表と論文作成を行うことで課題設定能力や課題解決能力を含めた探究能力を向上させることを目標としている。ＪＵＭＰではＳＴＥＰに所属したゼミに継続して所属し、一つのゼミ当たり約10人が所属することは変わらない。もちろん、年度をまたぐことになるため、そのゼミを担当する教員が変わることはよくおこる。その場合でも各ゼミを担当する教科がその教科内で引継ぎを行うことで対応している。このことは通常の教科指導と変わりない。ＪＵＭＰについても授業開始時に「身につけたい力」として評価の観点を提示している。（資料２）

1	課題を設定する力	解決の見通しが立つまで考えを深めて「課題」を設定することができる。
		自らが設定した課題や研究の学問的・社会的な価値について、評価を受けようとする姿勢を持っている。
2	知識・技能を習得・活用する力	自らが設定した課題を解決するために必要な知識・技能を主体的に習得し、課題解決に活用することができる。
3	論理的・多角的に考える力	自らが設定した課題を解決するまでのプロセスを論理的・多角的に考え、自分なりの答えを導くことができる。
	計画的に進める力	自ら設定した課題を解決するために必要な調査・実験を計画的に遂行することができる。
4	対話・表現する力	対話の意義を理解した上で、表現の仕方を相手に応じて柔軟に工夫することができる。
5	ふりかえりの力	日々の活動をふりかえり、学んだことや気づいたことを具体的に言語化することができる。
		学んだことや気づいたことを、今後の活動につなげようとしたり、周囲に波及させようとしたりすることができる。

資料２

生徒達が探究活動をすすめるにあたって最も苦労することは、やはり課題設定である。しかし、たとえ生徒が課題設定に困っていたとしても、堀川高校では教員側から課題を与えるということは行わない。ＳＴＥＰ以上に生徒一人ひと

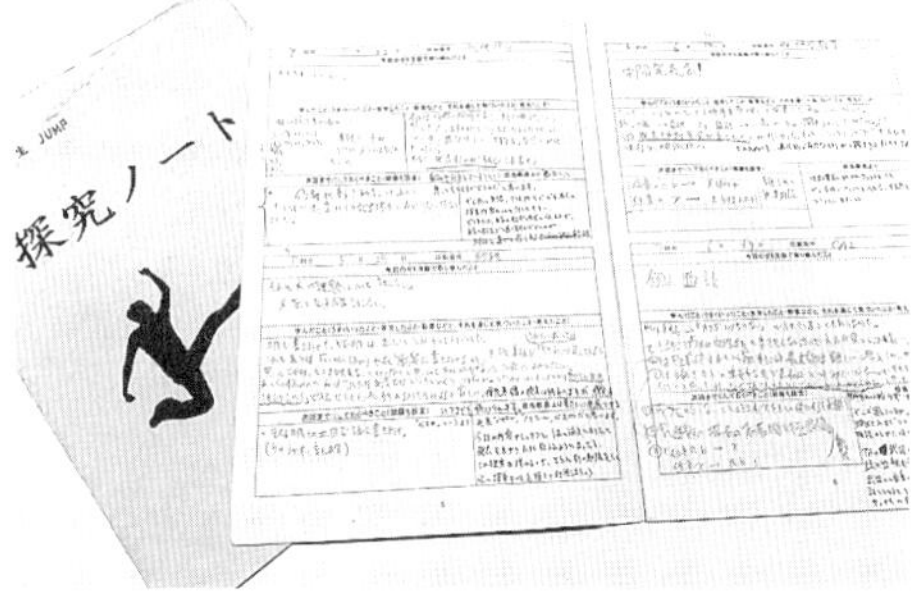

資料3

りと面談を繰り返し、その生徒が何に興味を持っているのかを徹底的に掘り下げ、その生徒自身が気づくように対話し続ける。そういった意味では「探究基礎」の授業は最も自分自身と向き合うことのできる（向き合わざるをえない）授業であるといえる。個人で探究を行うため、ある意味ではだれも助けてくれない。だからこそ大変なこともたくさんあるが、課題設定から課題解決、そしてポスターで発表し論文にまとめるまですべてひとりで行うことができるという愉しさに気づいていく（かつての生徒が探究活動は「たのしんどい」ものだと表現したことがあり、それは今でも生徒たちが口にする）。

そのような状況であるため、10人程度のゼミでもやっていることはバラバラである。たとえばひとつの教室では自動作曲するプログラムをつくりたいといって音楽を聴きながら分析している生徒や、渋滞を緩和するためのシミュレーションを行っている生徒、津波の被害を軽減するためにどのように防波ブロックを配置すれば効果的かを検証する生徒がいたりする。ほかの教室では文献調査していたり、アンケートをとるためにその項目を考えていたり、論文をよんだりなど、文系、理系問わず生徒が取り組む内容は同じゼミ内でも様々である。ただし、それぞれが異なるテーマで探究をすすめていても、生徒同士は頻繁に議論したり相談したりする。それはここまでの取組を通して、他者との対話によって新たな視点を得られるということを体験してきているからだと考えられる。

また、日々の活動の振り返りを重要視しており、HOP、STEP、JUMPそれぞれの期間ごとに一人1冊ずつ「探究ノート」と呼んでいる冊子を作成し記入させている。授業内での教員とのやりとりと、その日の活動から少し時間をおいた後で振り返った内容についても教員とやりとりをすることで自らの活動を俯瞰的にとらえる意識を養っている。さらに、この探究ノートを見返すことで生徒一人ひとりの学びの軌跡を捉えなおすことができ、これによってどの

ようなことに苦労してそれをどう乗り越えたか、そこでどんな学びを得たかを意識できるようになっている。（資料3）

探究活動を進めるにあたって、最も苦労することは課題設定であるということは、先にも述べたとおりである。ただ、課題設定は初期段階で一度なされればよいというものではなく、むしろ、探究活動が進むにつれて、課題が具体化していくという理解をしておく必要がある。そして、研究目的を達成するための道のりを想定し、その中で、今の自分自身ができること、新たなことを学んだり身につけたりすればできること、新たな情報やデータが得られればできること、現状ではできないことを実際に経験しながら自覚していき、具体的にどの部分を乗り越えるべきなのかということを見定めていくことが、探究の課題を設定する上で必要となる、ということがこれまで「探究基礎」を学校教育の柱として取り入れ、指導をしている中で得られた一つの示唆である。

また、生徒たちは本気で探究に取り組めば、最初に設定した課題から出発した研究が一定の結論を得たとしても新たな課題が出てくることに気づくことができる。そういった活動によって、生徒たち一人ひとりの「知りたい」に向かって一歩ずつ歩みを進めているということを実感し、「探究基礎」終了後、高校卒業後も「自立する18歳」として自ら道を切り拓く糧にしてほしいと願っている。

【参考文献】
・京都市立堀川高等学校編『2020学校案内』2019年。
・京都市立堀川高等学校編『新編 未知の探究』2109年。
・大野照文監修、蒲生諒太編著『学びの海への船出 探究活動の輝きに向けて』、京都大学総合博物館、2015年。

多様な他者が共鳴する探究活動

藤野　智美（奈良女子大学附属中等教育学校教諭）、長谷　圭城（奈良女子大学研究院教授）

■ 6年一貫でつくる探究活動カリキュラム

・15年間の研究開発から見出した探究活動の理想像

本校は平成17年度よりスーパーサイエンスハイスクール（ＳＳＨ）に採択され、15年以上にわたり理数教育のカリキュラム開発に取り組んでいる。第1期ＳＳＨでの自然科学リテラシーをキーワードとした教科型探究活動の開発、第2期ＳＳＨでのリベラルアーツの涵養を目指すカリキュラム開発を経て、現在は課題研究を軸とした探究活動カリキュラムの開発に重きをおいている。探究活動カリキュラムのうち自然科学分野での活動は、授業時間内に行われる「課題研究」と放課後を中心に活動する科学クラブ「サイエンス研究会の探究活動」から構成されている。サイエンス研究会は、「生徒が自らの好奇心に基づいて課題を設定し、ゼロから自分たちで作り上げること」を目標とした研究会であり、入部したての生徒は、先行研究の模倣や、顧問や先輩から与えられたテーマに取り組みながら、時間と経験を重ねていく。彼らのすぐ傍には、自分が選んだテーマに対して試行錯誤を繰り返す先輩の姿があり、その空気感を肌で感じながら、自分だけの探究テーマを手繰り寄せていく。新任として本校に赴任した私は、こんな光景を何度となく目にしてきた。同時に、主体的な探究活動の陰には、個々の生徒と対話を重ね、自らの役割を考えて動く教員の姿があった。教員としてのキャリアを重ねながら、現在は顧問の1人として、また授業での探究活動を担当する教員の1人となった私にとって、このような生徒と教員が辿る道筋は「探究活動の理想像」として今なお自身の教育活動に大きな影響を与えている。ここでは、私が教員生活の中で感じた本校の6年一貫探究活動カリキュラムの強みと生徒の学びのストーリーについて紹介する。

・6年一貫探究活動カリキュラムの概要と二つの学びのストーリー

本校の探究活動は図1に示す内容で構成されている。

図1　6年一貫探究活動カリキュラム

学年	領域	名称	内容
1年	世界遺産 古都奈良の文化財	課題研究・寧楽Ⅰ	身近な奈良のフィールドワーク
2年		課題研究・寧楽Ⅱ	世界遺産を中心としたフィールドワーク
3年	ESD（持続可能な開発のための教育）	課題研究・世界Ⅰ	ESD、SDGsを意識した探究
4年		課題研究・世界Ⅱ	課題研究入門（自然科学分野・人文社会科学分野）
5年	リベラルアーツ	コロキウム	ゼミ形式、6講座でのテーマ別の議論
6年	自然科学と実社会	SS課題研究	自然科学分野における発展的探究（ベーシック講座とアドバンス講座を展開）
1～6年	自然科学その他	サイエンス研究会	個人探究（課外時間を中心に活動）

※学年表記は1年＝中学1年、6年＝高校3年に相当。1コマは65分授業。

図1の探究活動カリキュラムには大きく二つの側面がある。一つの側面は、「6年間の発達段階を意識した、段階的

な探究活動の実施」であり、1年から6年までに取り組む探究の対象を身近なものから学際的なものに発展させることを意図した授業設計を行っている。1、2年における「身近なテーマについて探究する」段階から、3年での「ESDやSDGsの視点からテーマを探究する」段階へ移行し、4年では「課題研究入門」として自然科学と人文科学での探究手法を本格的に学び始める。その後、5年では「文理の垣根を超えた視点の獲得」を経験し、6年では再び専門分野に戻り、探究活動の集大成として活動を行う。このように、授業時間に設定された探究活動は、6年間という長い期間を通して発達段階に応じた資質・能力を段階的に育む学びのストーリーが描かれている。対してもう一つの側面は異なる学びのストーリーを想定している。それは、サイエンス研究会の活動に代表される「発達段階に捉われない探究活動の促進」である。サイエンス研究会に所属する生徒の多くは、3年までに試行錯誤をくり返しながら探究活動の基礎スキルを獲得し、4年では自身が決めたテーマに取り組む。故に、4年で取り組む課題研究の授業実践において、探究活動の経験を持ち合わせた生徒と、そうでない生徒が混在する。本校ではこれらの生徒を意図的に混合した活動を設定し、多様な他者が互いに影響し合う環境づくりを行なっている。このように、「発達段階に応じた段階的なステップアップ」と「発達段階に捉われない探究活動」の両面を併せ持つ「共創型カリキュラム」として実施されている点が本校の探究活動の大きな特徴の一つである。

・多様な探究活動をつなぐ「課題研究ロードマップ」の作成

前述した異なる学びのストーリーを生かすために、本校の探究活動が目指す資質・能力を整理した「NWUSS課題研究ロードマップ（以下、ロードマップ）」を作成した（図2）。ロードマップでは、単に各課題研究の目標を示すのではなく、サイエンス研究会の生徒の活動までを含めた質的向上の過程を示した点が特徴である。教員および生徒が質の高い活動をロールモデルとしてイメージしながら、各生徒の状況や発達段階に応じた活動内容をイメージできることを目指した。資質・能力は①課題の設定　②研究活動　③データの処理と分析　④考察と結論　⑤記録と発表　⑥共創の六つから構成されている。自然科学分野における課題研究入門に相当する4年「課題研究　世界Ⅱ」をStage1、6年

		4年世界Ⅱ	6年SSベーシック	6年SS
NWUSS 探究活動のアプローチ		Stage1	Stage2	S
		探究活動の手法を学ぶ	数理的解釈を重視した 探究活動を行う	高校の学習 高度な探
①課題の設定 【PICASO:問題の発見】	課題の発見	・興味ある事柄の中から探究活動の対象につながる課題を見いだすことができる		
	課題の吟味	・課題設定において、検証可能な課題を選ぶことができる	・課題設定において、数理的解釈を深めることができる課題を選ぶことができる	・課題設定において、高 展的な課題に挑戦できる
	先行研究 の調査	・先行研究を調査し、探究活動に必要な情報を見いだすことができる	・先行研究を調査し、既習の学習内容から理論的・実験的な分析が可能な課題を設定できる	・先行研究を調査し、必 実験的な分析が可能な
	課題の 適切化	・課題の難易度が高い場合、自身の探究スキルに合わせて、適切なレベルの課題を再設定できる	・課題の難易度が高い場合、必要な知識を学習しながら適切なレベルの課題を設定できる	・課題の難易度が高い場 ら課題に挑戦できる
②研究活動 【PICASO:各ステージにおける「方法」の重要さ】	手法の構築	・課題の解決に適した調査方法を見いだすことができる	・数学や理科の知識を用いて、分析的な調査方法を見いだすことができる	・必要な調査方法を学び 法を構築できる
		・初めて使う実験器具や理論への理解を深めることができる	・適切な実験器具を選んだり、論理的解釈を行うことができる	・適切な実験器具を選ん 加え、必要に応じて実験 る
③データの処理と分析 【PICASO:データや情報の収集】	データ処理	・得られたデータが示す傾向を読み取るために、適切なグラフや表で整理できる	得られたデータが示す数理的な傾向を読み取るために、適切なグラフや表で整理できる	得られたデータが示す数 に、適切なグラフや表で
	分析	・先行研究の結果と比較し、誤差の要因について考察	・先行研究の結果と比較し、誤差の要因を分析的に考察するとともに、それらを改善するためのアプローチを	・先行研究の結果と比較 察するとともに、それらを

図2　NWUSS 課題研究ロードマップ（一部抜粋）

「ＳＳ課題研究　ベーシック」をStage2、6年「ＳＳ課題研究アドバンス」をStage3、探究活動の理想像を体現する「サイエンス研究会の探究活動」をExpertとする四つの段階を示した。４つの段階は、長年指導に携わってきたサイエンス研究会の生徒の成長過程とも重なっている。その成長過程は段階的であり、授業で初めて探究活動を体験する生徒においても相似的に成り立つものと考え、サイエンス研究会の指導経験をふまえた目標づくりを行なった。なお、ここでいう「相似的」とは過程の全体像についてのみあてはまるのではなく、学びの手順においても同じ軌跡を歩むことを意味する。

・ロールモデルの具体的提示

生徒と教員がロードマップの目指す資質・能力を具体的にイメージするためには、目標を体現した作品を示し、具体的な活動内容を共有することが必須である。そのような機会の一つとして、サイエンス研究会の生徒による成果発表会を実施している。発表会では、研究成果の発表のみではなく、仮説の設定方法や、研究に行き詰まった際の仮説や研究手法の練り直しに関する体験談を共有している。聴講する生徒は、ワークシートを活用し、「優れていると感じた点」や、「自分たちの活動との比較」を整理し、自分たちの探究活動に反映させる。聴講した生徒の記述に見られた優れた点として、「複数の視点からの検証の重要性」や「研究テーマの設定方法や困難な状況からの研究手法の練り直し」、「精密な研究手法と多様なアプローチ」、「応用力や発想力の高さ」、「実験目的の明確さ」が挙げられており、ロードマップで目指している目標の具体的事例を理解していることが読み取れる。実際に、発表会後の探究活動のパフォーマンスは向上する傾向があり、効果的な活動として位置付けられている。

加えて、授業運営においても両者の共創を意識している。4年の課題研究では、サイエンス研究会の生徒とその他の生徒を同じグループにして探究活動を実施している。6年の課題研究（アドバンス）では、サイエンス研究会の生徒とその他の生徒が同じ空間で探究活動を行えるような環境を作っている。時間と空間の共有により、自然発生的に「技の学び合い」が起こることを意図した。その効果として、4年生以上の生徒がサイエンス研究会に途中入部する事例や、外部コンテストに応募する事例が増加している。サイエンス研究会の生徒にとっても、自身の専門性からは見出せない怖いもの知らずの発想や、他分野を得意科目とする生徒からの指摘は貴重な資料となる。

▣ 生徒の学びのストーリー

〈事例1：サイエンス研究会に所属した生徒A〉

ここからは、ロードマップを意識して私が指導に関わった二つの探究活動の事例を紹介する。事例1は、3年生からサイエンス研究会に所属していた生徒Aである。生徒Aはものづくりとデザインセンスに長けており、直感的なイメージで探究する生徒であった。細かい理屈がわからなくても、手を動かしながら手法を習得していくことが強みで、当時は「眠気の強さを数値化する測定を自作する」という研究テーマを掲げていた。一方で、自身の研究を科学的根拠に基づいて分析したり、専門知識を貪欲に学ぶことがやや苦手で、探究活動が停滞する時期が続いていた。ロードマップにおける「課題の設定」での先行研究の調査や、「データの処理と分析」、「考察と結論」に課題を抱えていたため、私は以下のはたらきかけを行った。

①先行研究の論文を提示し、「検証すべき項目」を共有する

生徒Aは眠気と共に変化する血中酸素濃度に着目し、LEDの光を腕に照射した際の吸収率から酸化したヘモグロビン量を検出し、血中酸素濃度を割り出そうとしていた。装置づくりに関しては生徒Aの得意とする分野であり、指導者である私よりも必要な部品やその性能に詳しい。一方、私が先行研究の論文を読んだ印象として、眠気と相関のある要素が血中酸素濃度以外にも複数存在するため、生徒Aの自作装置のみでは眠気の評価が難しいことや、血中酸素濃度を正しく測定できていることを示す根拠データが不足している印象を受けた。そこで、生徒Aに対して先行研究と思われる論文を複数提示し、最終的に示したい事実のために収集すべきデータの特定とデータを分析するための科学的根拠について考察させた。結果として、目的に合致するデータを取得し、目的に合わない実験を減らすことができた。

②他分野の専門家に相談することで、新たなアイデアを獲得する

①の段階を経て、眠気の強さを正しく割り出すには、ノイズを高精度でカットしたり、脳波測定器など専門的な装置の併用が必要であることがわかった。私と生徒Aは議論の末に研究テーマを変える決断をし、同様の測定技術を使って眠気以外に測定できるものがないかを模索したが、自分たちの専門分野を超えて考察することが難しかった。そこで私は、専門分野の異なる同僚に研究の現状や困り感を共有した。すると、同僚の助言から、「食品成分の酸化（腐敗）の測定に応用する」というアイデアにたどり着いた。生徒Aと私は食品の成分分析に関する先行研究を調査すると共に、食品分析を専門とする教授を訪ね、自分たちのアイデアの可能性や、科学的根拠を見出すために必要な分析手法を相談した。加えて、化学を専門とする同僚から適切な分析方法を、数学を専門とする同僚からデータ分析に必要な数学的な解析手法を教えてもらった。このように、ロードマップにおける⑥「共創」に該当する活動を行った結果、生徒Aは最初のテーマで獲得した技術を生かし、特定の食品の酸化度合いを測定できる手のひらサイズの装置を自作できた。生徒Aの探究活動は外部コンテスト等でも評価され、現在もロードマップのExpertの事例として紹介されている。このように、サイエンス研究会の生徒であっても、1人では改善しにくい「苦手部分」を持っている。教員が本人の強みと不

足点を分析し、そのためのサポートを行うことで生徒の学びは飛躍すると感じている。

〈事例2：課題研究で行き詰まっていた生徒Bと生徒C〉

事例2は、授業時間の課題研究において成長を見せた生徒Bと生徒Cを紹介する。生徒Bと生徒Cは部活動に励む生徒であり、彼らの探究活動はほぼ授業時間での活動に集約されている。2人は5年でサイエンス研究会に入部したが、部活動との両立ができないまま6年を迎えた。建築分野への進学を考えていた2人は、5年の段階で「建築物の強度を測定する」という研究テーマを掲げ、図3右上に示すようなトラス構造についての実験を行なっていた。しかし、定量性に欠ける点が否めず、探究活動に消化不良感を抱いていた。先行研究は多数存在しているものの、論理式が難しく、次の一歩が見出せない。ロードマップにおける「研究活動」での停滞が見られる一方、「強度を数値データとして測定したい」というこだわりは強かった。6年で課題研究を担当した私は、以下の指導の流れをイメージした。

・指導の流れ（計11コマで指導）

①建築物の強度評価として知られている複数の要素を提示し、知識を獲得する（2コマ）
②予備実験を実施し、①の要素の中から定量化できそうなものを選定させる（2コマ）
③先行研究を参考に、結論をシミュレーションし、実験の留意点を事前に確認する（1コマ）
④必要な装置を自作し、データ収集・分析を行う（6コマ）

指導において意識したことは、②の段階で簡単な予備実験をさせ、目標を達成できる実験を検討させたこと、④において前述した生徒Aと装置づくりについて議論する環境づくりを行ったことである。ある程度の見通しがたった後は、④のように目的とする実験にできるだけ長い時間取り組むように設定した。その過程で、すでに多くの測定装置を自作してきた生徒Aとの共創を促すことで、目標とするデータの取得のための留意点や装置づくりのアイデアを獲得していた。結果、生徒Bと生徒Cは先行研究で紹介されていた市販の装置を安価な道具で自作し、レーザー光の反射角度を利

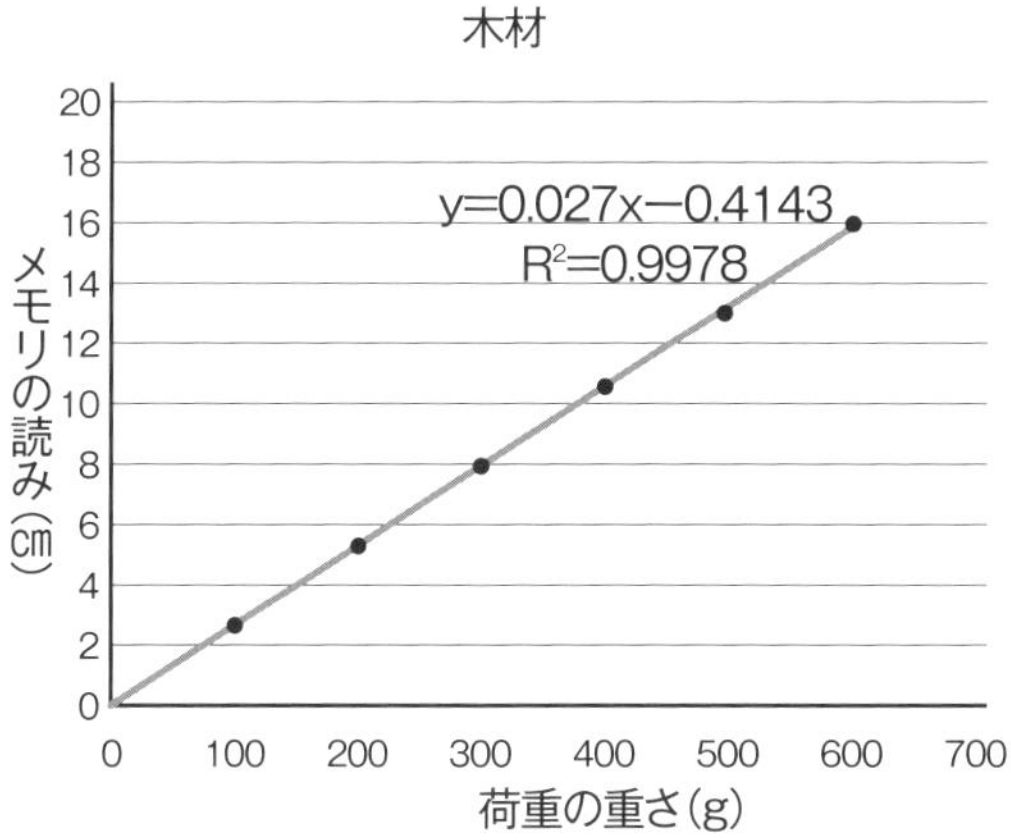

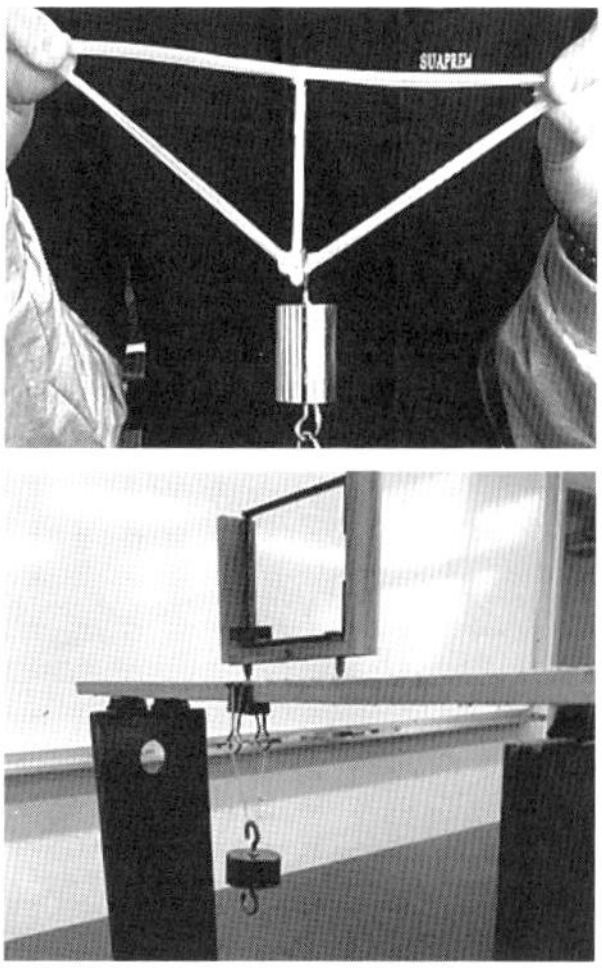

図3　5年次の実験（右）
6年次の実験とデータの定量化（左）

用して部材のたわみ率の定量化に成功した。

　このように、本校では、サイエンス研究会での探究活動を体験している生徒、授業での探究活動を主とする生徒、その両者と関わりを持つ教員という、多様な他者が相互に影響を与え合う探究活動がなされている。生徒が主体的に探究する上で重要なことは、探究したいと思うテーマに出会うこと、そして自身が目指す探究活動を体現した存在に出会うこと、その出会いによって具体的な活動をイメージできることであると考える。その両者の指導に関わる教員は、彼らの探究活動を統合し、探究活動に求められる資質・能力を段階的に捉えることができる。このような多様な他者の共鳴が、私が目指す探究活動のあり方である。（文責・藤野）

■ 真の高大接続への試み

・探究カリキュラムPICASO

　本校と奈良女子大学は、令和元年度から5・6年が異学年合同で探究活動を行う文理統合探究コース「PICASO」を開設し、大学につながる学力や大学入学後も剥落しない学力を〝探究する力〟と定め共同でカリキュラム開発を行っている。PICASOコースは、5・6年生が異学年融合で受講する【基盤探究】と6年で個人の課題研究を進める【実践探究】の2つで構成され、生徒は個人テーマを持って課題研究を行っている。基盤探究では、本学教員6名がリレー形式で具体的な研究事例を通して対象把握・問題設定・仮説構成・データ収集・検証という探究プロセスを意識した講義をおこない、実践探究では生徒の研究成果である「探究のアウトプット」の作成を通して、将来、剥落することのない真の探究する力の醸成を目指している。ここでは生徒の研究テーマに近い専門性を持つ大学教員が「距離を保ったアドバイザー」として、2回の研究相談を行い生徒への自発的な気づきを促している。

・文理統合的視点を獲得し、育つ生徒

「常識を疑え！教科書を信じない！」という言葉が基盤探究の講義では幾度となく使われる。探究活動のプロとして大学教員が高校生に伝えたいことは、研究に対して先入観を持たないことである。生徒が普段学んでいる教科書は、研究の成果ではあるがこれからも書き換えられていくものである。歴史を専門とする教員の講義では、高校世界史教科書の記述が変化してきている例を挙げて、史実は固定されたものではなく研究によって絶えず再検討がなされているものだということが示された。講義を受けた生徒の感想では、自分の視野が広がる感覚があり、自身の探究活動のなかで常識を疑う姿勢を一番意識したと答えた者がいた。また、授業中に新しい式などを学ぶたびに、その式の発見の過程を調べる生徒もいたようである。

・「架橋型スタッフ」で教員もレベルの高い授業

生徒が個人テーマで探究活動を進めるなかで探究担当教員の重要度が増しているが、その負担をどのように学校全体で支えるのかは大きな課題となっている。研究が進み生徒が指導者の知識を超えていく例もあり指導者の役割が変化している。教科の専門性を生かしながら生徒の活動を支え生徒と伴走しながら研究活動を指導すること、研究の進度に合わせて俯瞰的複眼的なアドバイスを行うことが求められるようになっていると感じている。本校では、その解決策の一つとして「架橋型指導スタッフ」としてOBの物理教員を雇用し、生徒の研究相談のために週1回放課後に理科準備室を開放している。架橋型指導スタッフとは、高校生でも可能な調査方法の選択や研究課題の発見・設定などの基礎の探究活動を理解しながら、大学で行われている研究分野の先端へと生徒の思考を導ける、幅広い知識と専門分野への深い理解を兼ね備えた存在である。今後の探究活動の充実には、中等教育から高等教育レベルへの橋渡し役となる存在が必要になっており、そのためにも環境設備の充実だけではなく、教員各自が専門分野への知識を広げるために、研究時間の充実や論文等を自由に検索できる機会の充実が必要である。（文責・長谷）

「真正の学び」への扉――実践を読み解く

広島県立広島高等学校の取り組みは、世の言説を問い直し自問することを体得した知的な主体を育て、高い志と相まって社会に活かされることを期待している。思索の深さを大切にし、テーマ設定においても好きなことと学問との接続を重視する一方で、どんなテーマでも社会を意識する。海外交流や校外活動への参加も重視している。論文の脱稿で終わらず、自らの学びを人に説明できることを大事にする。学問と社会、両方の視点をくぐらせて自己を見つめ、社会派な知性と志を育む。

広島県立御調高等学校の取り組みは、地域活性化に向けて、高校生としてできることを考え、目標や取り組みを話し合い、関係機関や地域住民との連携によって実践していく。学校外に出て活動し、連携先との連絡・調整も生徒たちが行い、失敗や挫折や試行錯誤からの学びを促す。地域の中での期待にも気づき、責任をもって自分たちでやり切る経験により、主体的に自分の役割を探して行動できるようになる。将来どこに住み、どんな仕事をするにしても生かせる社会人基礎力を育む。

京都市立堀川高等学校の取り組みは、「自立する18歳」の育成を最高目標に、無知と未熟さを自覚し、やりたいことを徹底的に掘り下げ、自分自身と向き合い、物事を突き止めていくことで、研究課題を具体化するプロセスを大事にする。自ら設定した課題について研究を進め、その成果をポスター発表し、そこで得た指摘をふまえ論文にまとめる。自分と向き合う「たのしんどい」経験や、探究が進むほどに新たな課題が出てくる経験を通じて、卒業後も自立的に学び続けることを促す。

奈良女子大学附属中等教育学校の取り組みは、自分だけの探究テーマを手繰り寄せ、大学の先端研究へのアクセスを大事にしている。大学との密な連携により、生徒のこだわりを起点にした、息の長い専門的研究という側面が強く、「サイエンス研究会」の生徒たちによるロールモデル等の役割も大きい。一方で、文理の垣根を越えたリベラルアーツ（一般教育）的な視点をくぐることも仕組まれている。科学・学問・文化をリベラルに味わいつつ、専門的に研究することが重視されている。

上記の四つの事例は、学問、社会、自己のどれに力点を置くのか、それらをどう関連付けるのかという点で違いはあるが、質と迫力を伴う「探究」が成立する条件やロジックは共通している。どんな生徒を育てたいのかという、学校としての確かな「ねがい」の下で、学びの連続性と成長のストーリーを想定しながらカリキュラムは構想されているし、テーマ選びをはじめ、悩みや試行錯誤を大事にし、教師はそこにコーチ的に伴走する。大学院生や地域の人たちやコーディネーターなどのつなぎ役の力も借りながら、学校の外へ飛び出し真正の活動に参加すること、生徒が社会や学びへの責任を引き受け自立・自走していくことが大事にされている。そうした探究する生徒たちの姿はナナメの関係で後輩たちにも継承され、探究する学校文化が生徒たちによって創造・更新されていく。

大学や地域からの出前講義や体験活動の束をスタンプラリーのようにこなすだけでは、点は線（生徒の学びと成長のストーリー）としてつながらない。探究サイクルを回すという形式に焦点化しすぎると、調べ学習やスキル練習にはなっても、主題への認識の深まりなくして学びはせりあがらない。学びに必然性と連続性をもたらす文脈、ホンモノとともに世界と向き合う経験、試行錯誤の先に周りの世界を動かせるという自己効力感や自己がゆさぶられる感覚など、視座変容と自立を志向する人間教育の視点が重要である。

表.「真正の学び」というレンズで見た各実践のポイント

	成長目標ベース（自立）：学校教育目標の意識	パースペクティブ変容（教養）：切実で自分事のテーマ設定の工夫や横断的・総合的な活動による深くて重い学びへ（視座が上がり、視野が広がる「突き抜け」経験）
小笠原成章先生	「知性を高め、感性を磨き、意志を鍛える教育活動を通して、国際社会に貢献できる全人的な力を持った人材を育成する」、世の言説を問い直し自問することを体得した知的な主体を育て、高い志と相まって社会に活かされることを期待している。	研究する一連の流れに一人で責任を持たせる個人研究としての卒業研究に向けて、社会・自己・研究の三領域で、総合的な探究の時間のカリキュラムは構造化されている。隅々まで指導できることよりも生徒の主体性を重視し、テーマは自由。進路に縛られず、身近なテーマなども設定される。卒業研究に入るまでは社会的な課題を積極的に取り上げるし、卒業研究で直接社会を扱う必要はないが、どんなテーマでも社会を意識する部分を大事にする。海外との交流など、異文化体験も重視。
高山望先生ほか	「自主・勤労・純真」の校訓のもと、地域活性化を通して、生徒が将来どこに住み、どんな仕事をするにしても生かせる力を育み、「個性がキラリと光り輝く生徒」を育てていく。「ここは次のテストに出すよ」「まず基礎・基本」と、生徒の力を見くびらない。	先輩たちが御調地域の強みや特徴を分析してまとめた「御調の5宝」でグループに分かれ、地域活性化に向けて、高校生としてできることを考え、目標や取り組みを話し合い、関係機関や地域住民との連携によって実践していく。テストや勉強を楽にやり過ごしたいと思わされてきた生徒たちに、「考えてみようかな」と思わせる。学校外に出て活動し、連携先との連絡・調整も生徒たちが行い、失敗や挫折や試行錯誤からの学びを促す。そうした大小の探究のサイクルを何度も繰り返す。
紀平武宏先生	「自立する18歳」の育成を最高目標に掲げて、社会が変化しようと将来にわたって自ら課題を見つけ、主体的に判断、行動し、問題を解決し、学び続ける学習者を育てる。無知の知、常識を学び疑い、手と頭を動かし、朋と愉しむ。日々の学習と探究活動の「二兎を追う」。	自ら設定した課題について研究を進め、その成果をポスター形成で公開発表し、そこで得た指摘をふまえ論文にまとめる。高校入学後すぐに、答えのない問いに対峙する体験を通して、探究を通して身につける力について考える。講義・実習で探究の「型」を学び、専門分野のゼミに分かれ探究の「術」を身につけ、様々な他者からアドバイスや批判を受けながら実際に探究を行い、論文を作成する。生徒の興味を徹底的に掘り下げることで、自分自身と向き合う「たのしんどい」経験。
藤野智美先生ほか	「幅広い教養と深い専門性を兼ね備え、既存の知に捉われない自由な発想により、多様な他者と協働し、未来社会の知見や価値を創出できる市民リーダーの育成」、自分だけの探究テーマを手繰り寄せ、大学の先端研究にもアクセスさせたい。	直感的なイメージで探究するが、科学的根拠に基づいて分析したりすることは苦手といった、生徒の持ち味を生かしながら、生徒のこだわりを起点に、息の長い専門的研究をしていく。行き詰まりや研究テーマの再設定なども経験しながら、アイデアを形にしたりしていく。5年生で文理の垣根を越えたリベラルアーツ（一般教育）的な視点をくぐって、再度6年生で専門研究に戻るといった具合に、専門知と総合知の往還が仕組まれている。

エージェンシーの育成（自治）：生徒が教師や学校を学び超え、ホンモノとともに歩みだす（学校学習からの卒業・自走）	力をつける工夫・活動に質と迫力を、点のイベントを線でつなぐ（学びがせりあがる工夫）	ホンモノ経験（形式的な探究を超えるための動詞）
「途中で、最初に立てた予想と違ってくること」など、失敗にこそ発見があることを大事にし、発問によって自明視している想定やテーマの土台を問う。困り果てたときに助けを求められるようにしたり、発表に対して議論できるように、傾聴の姿勢を育てたりする。学習としての完成を、論文の脱稿ではなく、学びをメタ認知し人に説明できることに置いて、卒業研究のマニュアルづくりに取り組み、生徒同士のナナメの関係で研究文化を継承する。校外活動にも積極的に参加し、生徒会が、自分たちの置かれた状況自体の改善提案を始めたりもしている。ポイントとなる時期で大学院生の指導を受ける。	根本的な思索の深さを大事にし、テーマ設定においても好きなことと学問との接続を大事にし、新書レベルを読む習慣をつける。パフォーマンス課題で身につけた各教科の見方・考え方を生かし、中学校の「ことば科」の土台を生かす。	そもそもを問い直し、思索を深め、社会を意識しながら、「何をどうやりたいか」を自問し、知の世界で創造し、社会的環境を動かす。
生徒同士の協議の場面で、教師は、進行の方法をリーダーにアドバイスしたり、議論に参加したりすることもあるが、基本的に生徒同士の話し合いを見守るし、生徒から質問された時も、「どうしたらいいと思う」と聞き返す。生徒の主体性に任せ、根気強く答えを待ち、信じて見守ることで、自分たちで達成できる喜びや、突拍子のない案でも尊重されることを生徒たちは経験している。地域内外の企業や関係機関との連携、イベントの企画・運営をすべて生徒主導で進めていく。同じく地域と深くつながり幅広い活動を行っている他校の生徒との交流も仕組む。	生徒の自己主導型学習にゆだねる分、目標の確認や振り返りや自己評価を工夫する。活動自体が目標にならないよう、大元の目標や課題を確認。責任をもって自分でやり切る経験で自分の役割を探して行動できるようになる。	地域や社会をしっかり見て、地域の中で高校生としてできること、期待されていることに気づき、自らのあり方・生き方を考える。
失敗させないような指導はしない。10人程度のゼミでは教師2名と大学院生1名がついて、生徒たちの気づきを生むきっかけとなる、教材、テキスト、実験を準備することを重視し、生徒同士が自分たちで対話し学び取っていくことを大切にしている。教師の側の問いかけから生徒たち自身が問い、考えを広げていくことを促す。異なるテーマで探究を進めていても、生徒同士は頻繁に議論したり相談したりする。探究ノートに学びの軌跡を残し、苦労をどう乗り越えたかを振り返り、探究が進むほどに新たな課題が出てくることに気づき、卒業後も自立的に学び続けることを促す。	「探究五箇条」をはじめ、探究的な学びの理念や作法や方法論が体系的に指導されている。発表会で先輩たちが自らの探究を自分の言葉で語る姿を見たりして、1年後の自分の姿をイメージし、生徒たちが学校文化を創る。	無知と未熟さを自覚し、やりたいことを徹底的に掘り下げ、自分と向き合い、物事を突き止めていくことで、課題を具体化させていく。
やりたいこととできることの間で研究テーマや計画を議論したりする教師のコーチ的なスタンスに加え、放課後を中心に継続的に活動する「サイエンス研究会」の生徒たちがロールモデルとして、チューター的存在としての役割を果たすよう、成果発表会や交流の機会が組織されている。サイエンス研究会の生徒の成長過程の実際もふまえて「課題研究ロードマップ」を作成し、探究の自走や異なる探究のステージにある生徒同士の学び合いの基盤としている。大学教員との連携や、「架橋型指導スタッフ」の充実などにより、学び超えを促す。	6年間の発達段階を意識した、身近なものから学際的なものへの発展を意図したカリキュラムの系統性。異学年合同などによるナナメの関係の活性化。大学との密な連携で教師自身も研究力量を高める。	こだわり、行き詰まり、テーマを練り直し、自身が目指す探究活動を体現した存在に出会い、アイデアを形にしていく。

エピローグ

研究する教師、教師の哲学、真の知育と人間教育

本書の最後に、この著作を作成する過程での先生方とのやりとりや実践事例の読み解きを通して考えたことを、原理的な考察も含めて記してみたいと思います。

「ホンモノ（一般化を容易にゆるさないリアルの割り切れなさや、人間の集合的な追究の営みの厚み）が人を育てる。そして、人を育てる授業の裏に哲学ありで、哲学が授業の迫力を生み出す」これが本書を編んだ私のもともと持っていた仮説であり、本書を通してその思いを強くしました。

そもそも人類史的視野で見れば、学びの基本形は徒弟的な学び（まねび）であり、よい仕事をする人やよい研究者がよき指導者ということであったのです。高校においては、そうした仕事場やゼミに近づくこと、さらにはそこに直接参加することもより可能になります。それが「学問やホンモノのかおりのする授業」といった高校教師の矜持の表明の背景に、そして、高校の授業の特質を考える上でのベースにあるように思います。

「真正の学び」を追求することは、「まねび」（徒弟的に師の背中からまるごとを学ぶ）のエッセンスを、「教える」（体系化された知や文化を計画的に分かち伝える）ことを制度化した学校において蘇生させることを意味しています。しかし、制度化された空間で、限られた時間で、すべての生徒たちに一定の認識や能力を保障していくことを任務とする学校教育においては、ただホンモノを生徒たちに突きつけるだけも、生徒の自由にゆだねるだけも基本的には許されず、何らかの形で目的意識的に教えることや学びへの技術的介入を伴います。たとえば、学ぶか学ばないかを生徒の責任に完全に丸投げしないからこそ、教材の選定において、生徒の関心や特性などを考慮しながら、その心をくすぐるよ

うな角度をもった問いをデザインしていると思います。また、教材と出会いそこに没入させていくために、計画立案において、あるいは、瞬間的なやり取りにおいて、なんらかの意図をもった働きかけがあるようにも思いますし、教材の内容をちゃんと受け止められるためには、背景知識や考え方等について足場かけが必要でしょう。ただし、ホンモノに近づけば近づくほど、教材と生徒が直接的に対話し没入するようになり、こうした技術性は弱まっていきます。

授業とは学びへの導入であり、教養は、その人が何に関心を持っているのか、その幅や切実さの程度に表れるものです。生徒たちの中で、自己、および、自己と社会とのつながりがゆさぶられ、切実な関心の範囲が広がり、問いが生まれるなど、授業が学び（追究）への導入となることが重要であり、授業の成果はそうした授業外や学校外での生徒の姿において確かめられるものでしょう。若者の受け身や主体性のなさが問題視されていますが、それは学校においても学校外においても、幼少期から、玩具は玩具として与えられ、モノを玩具化するような見立てる活動もないといった具合に、効率的に合理化された環境下で、保護者や教師、あるいは大人たちが作ったパッケージの明示的・暗示的指示に動かされていることに起因していると考えられます。そうしたシステム化に慣れた生徒たちのアンラーン（学びほぐし）において、ノイズや偶発性やわりきれなさや泥臭さを本質とする複雑系のホンモノの活動への参画やそこでの様々な人々との出会いは大きな意味を持ちます。

ただ、そうした泥臭さや割り切れなさは、生徒たちにとっては、わずらわしいもの、ダサいものと受け取られるかもしれないし、自分の当たり前や枠から外れた異質なものとの出会いに対して、馬鹿にしてみたり、逆に拗ねたりして、かたくなに自分の理解可能な価値観の殻に閉じこもることもあるかもしれません。社会的・経済的格差が拡大し、教育の市場化とペアレントクラシー化も進行する中、似たような家庭環境や考え方を持つ者同士が集まり、見えている世の中の現実や風景、それによって形作られるものの考え方や価値観においても分極化が進み、相互理解が難しいほどに社会的分断が進みつつあります。そして、そうした視野狭窄は、個々人のもともとある志向性に応じて、情報やサービスを提示してくるスマートで快適なデジタル空間においてさらに強まっています。

急激に進行する学校や生活のDX（デジタルトランスフォーメーション）で、学校や学びの当たり前は大きく変わりつつあります。ＩＣＴ化は、個々人のニーズに効率的に応じ、生活をスマートに便利にしていく「快適な教育」への志向性を推進力とするもので、視野狭窄や孤立化や機械的学習に陥るリスクを持っています。一方で、文房具としての一人一台端末は、ネットやクラウドを通して、さまざまな情報や知や人のつながりやアプリに生徒が直接アクセスしたり、生徒が直接世界に発信したりできることで、生徒による一人学びやホンモノへのアクセスや学び超えが実現しやすくなる可能性もあります。生徒をエンパワメントし、「真正の学び」につながる道具として用いることで、ＩＣＴ活用は、現実の割り切れなさやノイズを経験する機会を増やすかもしれません。

「真正の学び」の追求は、現実世界への認識と関心をゆさぶる、上述の意味での「教養」につながる学びであり、生徒が教師と競ることによる教室の権力関係の問い直しを志向する点で、学びにおける「自治」の追求を意味します。教養と自治の統合として、高校における授業改善は試みられる必要があるでしょう。「深い学び」が、当事者性が問われる「重い学び」でもあること、それが「真正の学び」の本来的な意味であろうと思っています。生き方に響く教科や総合での「重い学び」の可能性を追求する「真正の学び」は、エリート主義的な高度な思考を求める難問（高次さ）の追求ではなく、学びの意義や切実性を高め、地に足の着いた認識を形成することを追求するものであり、それはすべての生徒たち、むしろしんどい状況に置かれた生徒たちの学びを保障するものです。

そうした重さと迫力のある授業は、つまるところ教師の借り物でない信念や実践哲学が生み出すものであり、それが授業における生徒との対話の角度や生徒の思考の吟味の厳しさとゆさぶりの深さ、あるいは生徒の学びを見守れる余裕を生み出します。教え方を工夫する前に、目の前の生徒たちに伝えたいもの、育てたいことを教師は持てているでしょうか。生徒へのねがいを持つからこそ、失望もあればその成長に手ごたえも感じることもできるのです。そして、いい仕事をするために研究する教師の姿、ゆらぎや問いを引き受ける哲学ある仕事をしている教師の姿が、生徒を感化し、研究することを楽しむ生徒、自らの軸を問う哲学ある生徒を育てるのだと思います。

データ駆動型社会は、英会話アプリで自習して検定試験的に進めるといった具合に、知識・技能の習得の量的な部分は機械化していくかもしれませんし、入試でも量的学習は資格要件的な位置づけとなって、論述や作品や実演等で学びの質を見るパフォーマンス評価をベースにしたものに重点が移るかもしれません。他方、総合のみで知性を育てるのは難しく、教科において、アプリや動画で自習するのでは足りない、真の知性の育成が問われるでしょうし、総合も含めて、皆が集うからこそ保障できること、知性と社会性とを統合した人間教育や教師の専門性が問われるでしょう。「旅する高校生」という言葉が表すように、高校は、より生徒主語へ、そして、より修得主義の方向へとシフトしていくと思います。その際、主体的なスタンプラリーでスキルをゲットしていく貧弱な学びに陥らず、自立的・自治的に学びの物語とコミュニティを創り人間的に成長していく骨太な学びとしての「真正の学び」の追求が重要となるのです。

最後になりましたが、学事出版ならびに担当の二井豪氏には、本書の企画から刊行にいたるまで、多大なご支援をいただきました。ここに記して感謝申し上げます。

石井 英真

執筆者一覧（執筆順）

■国語

渡邉　久暢（福井県立藤島高等学校教頭）
松本　匡平（ヴィアトール学園　洛星中学校・洛星高等学校教諭）
小山　秀樹（大阪府立今宮高等学校教諭）
笠原　美保子（神奈川県立横浜翠嵐高等学校教諭）

■社会

高木　優（神戸大学附属中等教育学校教諭）
前川　修一（福岡県立ありあけ新世高等学校主幹教諭）
楊田　龍明（東京学芸大学附属国際中等教育学校教諭）

■数学

酒井　淳平（立命館宇治中学校・高等学校教諭）
竹歳　真一（鳥取県立倉吉西高等学校教頭）
北本　浩一（大阪府立岸和田高等学校教諭）

■理科

廣瀬　志保（山梨県立笛吹高等学校長）
佐藤　哲也（高松第一高等学校教諭）
吉新　聖二（大阪府立三島高等学校教諭）

■英語

田中　容子（元京都府立園部高等学校指導教諭）
多賀　由里（広島県立尾道東高等学校教諭）
富髙　雅代（文部科学省初等中等教育局教科調査官）

■探究活動

小笠原　成章（広島県立広島高等学校教諭）
髙山　望（元広島県立御調高等学校校長）
澄川　昭（広島県立御調高等学校教諭）
柴田　深月（広島県立広島叡智学園高等学校教諭）
紀平　武宏（京都市立堀川高等学校教諭）
藤野　智美（奈良女子大学附属中等教育学校教諭）
長谷　圭城（奈良女子大学研究院工学系工学領域教授）

※所属は2022年6月時点のものであり、実践・執筆時点から異動している場合もあります。

[編著者紹介]

石井　英真（いしい・てるまさ）
京都大学大学院教育学研究科准教授

1977年、兵庫県生まれ。京都大学大学院教育学研究科博士後期課程修了。博士（教育学）。日本学術振興会特別研究員（PD）、京都大学大学院教育学研究科助教、神戸松蔭女子学院大学人間科学部専任講師を経て、2012年より現職。専攻は教育方法学（学力論）。主著に、『未来の学校』（単著、日本標準、2020年）、『再増補版・現代アメリカにおける学力形成論の展開』（単著、東信堂、2020年）、『授業づくりの深め方』（単著、ミネルヴァ書房、2020年）など。

高等学校
真正《ほんもの》の学び、授業の深み
――授業の匠たちが提案するこれからの授業

2022年8月31日　初版第1刷発行

編著者――石井　英真
発行人――安部　英行
発行所――学事出版株式会社
〒101-0051
東京都千代田区神田神保町1-2-5
☎03-3518-9655
HPアドレス https://www.gakuji.co.jp/

●編集担当――二井　豪
●デザイン――田口亜子
●編集協力――株式会社にこん社
●印刷・製本――電算印刷株式会社

ISBN 978-4-7619-2859-9　C3037　Printed in Japan